庫

二十一世紀の資本主義論

岩井克人

筑摩書房

本書は2000年3月3日、筑摩書房より刊行された。

目次

III　長いエッセイ

IV　経済学をめぐって

V　時代とともに

二十一世紀の資本主義論

I　二十一世紀へむけて

二十一世紀の資本主義論──グローバル市場経済の危機

序章　投機と危機

1

一九九一年の一二月、二十世紀という世紀を貫きとおしてきた資本主義と社会主義との対立劇が、ソビエト連邦の崩壊という一方的なかたちで突然に幕を閉じた。国家統制の象徴であったレーニンの巨大な銅像が無惨に横倒しにされた光景をテレビの画面でながめながら、ひとはあのとき何を思ったであろうか。あるひとは自由主義と民主主義の勝利に喝采したかもしれない。あるひとは若き日の信条にひそかに別れを告げたかもしれない。あるひとは千載一遇のビジネス・チャンスの到来を喜んだかもしれない。またあるひとは世の有為転変に思いをはせただけかもしれない。だが、一度でも経済学の教科書をひもといた経験をもつひとは、世界がまさに「アダム・スミスの時代」になったことを実感したにちがいない。

「アダム・スミスの時代」――それは、市場が経済を支配する時代のことである。

通常、個人は、公共の利益を促進しようと意図しているわけでもないし、自分が社会の利益をどれだけ増進しているのかを知っているわけでもない。意図しているのは、自分自身の安全と利得だけである。だが、こうすることによって、かれは、見えざる手に導かれて、自分では意図してもいなかった目的を促進することになる。自分自身の利益を追求することによって、かれは実際にそうしようと思ったときよりもかえって有効に、社会の利益を促進することになる場合がしばしばある。

（アダム・スミス『国富論』一七七六年、第四編第二章）

「経済学の父」の手によるこの文章は、経済学の歴史のなかでおそらくもっとも有名な文章であろう。そのなかでアダム・スミスが「見えざる手（Invisible Hand）」とよんでいるのは、市場経済における価格メカニズムのことである。経済学の教科書をもう一度開いてみれば、市場とは価格の変化を通して分権的に生産と消費とを調和させる仕組みである、と書いてある。なんらかの理由でモノが不足すれば、市場で価格が上がる。それは生産をうながし、消費をおさえ、モノ不足を解消する。なんらかの理由でモノが余れば、市場で価格が下がる。それは生産をおさえ、消費をうながし、モノ余りを解消する。生産者も消費者も、価格が高いモノを生産し、価格が低いモノを消費しようとするだけでよい。国家のどのような命令にも、共同体のどのような申し合わせにもしたがう必要はない。市場経済においては、すべてのひとがじぶんの利益だけを合理的に追求するだけで、価格という「見えざる手」のはたらきによって、自動的に生産と消費との均衡が実現していくというわけである。

この「アダム・スミスの時代」が到来したとき、とりわけ華やかな成功をおさめていたのが東アジアの経済であった。日本に続いて比較的早くから資本主義的な発展をはじめていた香港、シンガポール、台湾、韓国のいわゆる「四小龍」は、一九六五年から九五年のあいだに、平均して年率八・〇パーセントの経済成長をし、四小龍に遅れて資本主義化したタイ、インドネシア、マレーシアですら、同じ期間に平均五・七パーセントの経済成長率を経験している。その結果、たとえばシンガポールの場合、六五年にはアメリカの一・五割程度しかなかった一人当たり国民所得が九五年にはアメリカにほぼ匹敵する水準にまで追いつき、タイの場合でも、六五年にはアメリカの一割以下であった一人当たり国民所得が九五年にはアメリカの四分の一を超える水準まで増大することになった。

かくも「奇跡」的な経済成長の要因にかんして、さまざまな説明がこころみられてきたことはいうまでもない。あるひとは国家主導の開発政策が成功したといい、あるひとは儒教の伝統による節約と勤勉と徳育の精神にその秘密があるといい、またあるひとは後発国としての大量の技術導入が重要な役割をはたしたといい、さらに別のひとは華僑による商業ネットワークが地域全体の相乗効果を生みだしたともいった。だが、そのなかで最終的にもっとも大きな影響力をもつことになったのは、世界銀行が数多くの経済学者を動員し、一九九三年に『東アジアの奇跡』という題名のもとに出版した研究報告書による説明であった。(1)

それによれば、東アジアの高度成長とは、基本的に「市場友好的」な経済政策によるものであるという。それは、国家がみずからの役割を最小限におさえる政策のことであり、具体的には、国家の仕事を、教育などの人的投資を奨励し、民間企業が自由に競争できる市場環境をととのえ、関税率を低くして外国との貿易を自由にし、健全な財政金融政策をとおして貨幣価値を安定化させることに制限することであると定義されている。すなわち、東アジアの経済は、アダム・スミスの教えに忠実に、市場の「見えざる手」のはたらきを最大限に活用したことによって、資本の急速な蓄積と労働の効率的な配分を自国にもたらすことができたというのである。

九〇年代にはいってから、東アジアの経済はさらに一段高い市場友好的な経済政策をとるようになる。「グローバル化」の旗振り役をみずから任じていたIMF(国際通貨基金)やアメリカ財務省の強力な後押しのもとで、積極的な資本自由化のプログラムを採用し、外国からの資本投資にたいしてもほぼ全面的に国境を開いたのである。それは、モノの移動だけでなく、資本の移動にかんしても国境の内外をとわずに国家の干渉を排除するという意味で、市場友好的な経済政策のまさに「総仕上げ」にほかならない。その結果、アメリカから、日本から、ヨーロッパから、「奇跡」的な高度成長の分け前をもとめる資本が、それこそ怒濤のように押しよせてくることになった。たとえば九六年一年間で、タイ、マレーシア、フィリピン、インドネシア、韓国の五カ国が外国から受け入れた直接投資、銀行融資、株式投資、債券投資の総計は、純額で一〇〇〇億ドルにものぼる。(2) それは、この五カ国の同じ年における国内総生産の一割にあたる莫大な金額であった。

2

だが、一九九七年七月、その東アジア経済の一角に異変がおこった。外国為替市場における投機筋の執拗な売り攻勢の前に、ついにタイ政府は自国通貨バーツを買い支える努力を放棄してしまったのである。バーツの相場はたちまち暴落をはじめ、半年後には五割をはるかに超す下落率を記録することになる。それと同時に株式市場も債券市場も大暴落し、同じ期間に平均株価は四割近くも下落し、三カ月ものの短期利子率は一四パーセントまで跳ね上がった。タイを襲ったこの金融危機は、近隣の東アジア諸国に大量の資金を投下していた外国投資家のパニックをまねく。大規模な資本逃避がひきおこされ、それによって、マレーシア、インドネシア、韓国といった国々も、為替レートや株式価格や債券市場の大暴落を経験する。東アジア経済は深刻な不況につきおとされ、九八年の国内総生産は前年度とくらべて、マレーシアと韓国では六パーセント、タイでは八パーセント、政情不安をひきおこしたインドネシアにいたっては一四パーセントもの減少をみることになったのである。

東アジアを襲った金融危機の影響は、東アジアだけにはとどまらなかった。しばらくの小康状態の後、それはロシアを襲いはじめ、九八年八月、ついにロシア政府は債務支払いのモラトリアムを宣言してしまう。市場経済への移行を模索するロシア経済は、いよいよ混迷を深めることになる。そして秋口にはいると、それはさらに太平洋を遠く越えて中南米を襲い、翌九九年の一月には、今度はブラジル政府が自国通貨レアルの買い支えを放棄することになったのである。(3)

二十世紀の世紀末を突如襲ったこの金融危機に、ひとびとは驚き、そして戸惑った。とりわけ深く驚き、深く戸惑ったのは、アダム・スミスを父と仰ぐ経済学者たちであった。なぜならば、その広範さと深刻さと急激さは、アダム・スミスが描いた市場経済の姿とあまりにもかけ離れているからである。

社会主義が崩壊し、世界はすでにアダム・スミスのものであるはずなのに、なぜ、市場の「見えざる手」は円滑にはたらいてくれないのだろうか?

東アジアで金融危機が勃発した当初は、それまで東アジアの「市場友好的」政策を賞めそやしていた多くの経済学者は、今度はその原因を東アジア経済に残りつづけている「市場敵対的」な制度や政策にもとめようとした。じっさい、アダム・スミスの教えに忠実にしたがうならば、もし現実の経済が不均衡であったり不安定であったりしているならば、それはほんらい円滑にはたらくべき市場の「見えざる手」が、なんらかの理由で束縛されているからなのである。それは、非合理的な慣習や制度によって市場そのものが未発達であるか、政府の恣意的な介入や規制によって市場がゆがめられているからだということになる。[4]それゆえ、あるひとは、身内（クローニー）を重視する閉鎖的な企業同士の関係や不透明な金融取り引きなどを一括して「クローニー資本主義」とよび、それによる国内金融市場の未発達こそ東アジアの金融危機の原因であると主張した。また、別のひとは、政府が外国資金の流入をうながすために自国通貨を人為的にドルにリンクさせる政策をとってきたことによる、外国為替市場のゆがみこそがその原因であると主張した。

だが、やがてこれらの主張も沈黙してしまうときがくる。それは、金融危機が東アジアからロシアに飛び火し、さらにそのあおりで九八年の九月、今度はアメリカの大手ヘッジ・ファンドの一つLTCM（ロングターム・キャピタル・マネージメント）が、デリバティブ（金融派生商品）投機で巨額な損失をだしたときである。LTCMは事実上の倒産状態におちいり、それを知ったアメリカの金融当局は救済のために、突如、介入をした。LTCMの債務のあまりの大きさを見て、それが実際に倒産したときの全世界的な影響の重大さをおそれたのである。ニューヨーク連邦準備銀行は有力な民間金融機関を招集してLTCMへの緊急融資団を組織し、さらに連邦準備理事会（FRB）は三度にわたって公定歩合を引き下げた。このミクロとマクロ両面からの介入は成功し、LTCMの事実上の倒産がグローバルな金融市場へあたえる悪影響を最小限にくいとめることができたのである。

LTCMの失墜は大きな波紋を生じた。LTCMの設立には、ウォール街で大成功した著名な債券トレーダーを中心に、FRBの元副議長と二人のノーベル賞経済学者が参加しており、かれらはウォール街のドリーム・チームとよばれていた。そして、LTCMは、この二人の経済学者がノーベル賞をうけたデリバティブ価格の数理金融モデルにもとづく科学的な投資戦略を実行しているという触れ込みで、数多くの有力な顧客をひきつけ、一時は年平均四〇パーセントの収益率を誇っていたという。だが、事実上の倒産後、その内情をしらべると、顧客から集めたファンドをそのまま投資していたのではなく、それをもとに五十倍もの資金をさまざまな金融機関から借り入れて大々的に空売り投機をしていたという事実が暴露された。(5) そして、そのほかにも、倒産にはいたらなかったが、それに近い借り入れ比率をもったヘッジ・ファンドが数多くあることもあきらかになった。ヘッジ(hedge)とは、本来は垣根で囲うという意味の英語であったが、転じて、リスクを回避するための保守的な投資戦略をとるという意味をもつようになる。そのヘッジという言葉を冠したヘッジ・ファンドが、まさにネズミ講ばりの危険度をもっていたというわけである。

このときを境に、世界の論調は大きく変化する。金融危機の最大の要因を、東アジア経済の国内事情にではなく、世界中の金融市場のあいだで短期的な利益をもとめて資金をつぎつぎと移動していくヘッジ・ファンドや国際投資銀行などの「投機活動」の行き過ぎに見いだすようになったのである。[6]

そして、それと同時に、それまで金融危機におおいに驚き、おおいに戸惑っていたひとびとのあいだに、一種の安堵感がひろがりはじめたのである。経済学者であるひとも経済学者でないひともふくめてである。それは、金融危機が去ったからでも、金融危機がもたらした被害を忘れ去ったからでもない。(金融危機はその後も続き、その被害は忘れようがないほど大きいものであった。)その安堵感とは、金融危機をひきおこした真の「悪人」を直接名指すことができたことによる安堵感なのである。その「悪人」の名は、もちろん、「投機家」である。

3

人類は、太古の昔から、「投機(speculation)」という活動、そして「投機家(speculators)」という存在を禍々《まがまが》しいものだとみなしてきた。投機とは、安く買い、高く売ることである。じぶんで消費するモノを買うのでもなく、じぶんで生産したモノを売るのでもない。値上がりの利益のみをもとめて、市場で安く買ったモノをそのまま同じ市場で高く売るのである。そこには、なんの実体的な経済活動もふくまれているようには見えない。それなのに、なぜ、投機家の手元には、普通のひとには手のとどきようのない巨額の利益が転がりこんでくるのか？　いや、投機家が安く買ったからには、投機家に安く売ったひとがいるはずである。投機家が高く売ったからには、投機家から高く買ったひとがいるはずである。投機家が手に入れる利益とは、汗水たらしてじっさいにモノを作ったひとや、日々生きていくためにぜひモノを必要とするひとの犠牲のうえに得たものなのではないか？　投機家は、太古の昔から今日にいたるまで、まさに生産者や消費者に対立する異質な存在として、多くのひとびとに猜疑心や嫉妬心や嫌悪感をいだかせつづけてきたのである。

その投機家が、金融危機の背後にいる真の「悪人」としてとうとう名指しされたのである。経済学者以外の普通のひとびとは、じぶんたちが投機家という人種にたいして内々いだいていた猜疑心や嫉妬心や嫌悪感が正当化されたことに、おおいなる安堵感をおぼえることになった。そして、経済学者のほうも、投機家の行き過ぎた投機活動というかたちで、アダム・スミスのいう「見えざる手」をかき乱す要因が特定化されたことに、おおいなる安堵感をいだくことになった。たしかに、現実の市場経済においては、「見えざる手」の指はときどき滑って失敗することがあるかもしれない。だが、ひとたびその失敗の原因を特定化できれば、あとはその失敗を矯正する手段を一生懸命考えればよい。そして、そのような手段が見つかれば、「見えざる手」は以前よりもさらに強力にはたらきはじめるにちがいない。事実、その後、ヘッジ・ファンドや国際投資銀行などの投機活動の行き過ぎを抑制するには、どのような方法が望ましいかという議論が、しばらく世界中で続くことになったのである。

経済学者でないひとも経済学者であるひとも、ともに安堵感にひたり、すべては一件落着の体をみせた。

だが、話はまさにここからはじまるのである。

二十世紀の世紀末をおそった金融危機の最大の要因がヘッジ・ファンドや国際投資銀行などの投機家の投機活動にあること――それはだれの目にもあきらかである。問題は、このような投機活動による市場の攪乱を、じぶんたちとは関係ない事柄であるとする世間一般の立場と、それを市場の「見えざる手」のたんなる指の滑りにすぎないとする伝統的な経済学の立場の両方にある。そこでは、投機を問題にしながら、ほんとうの意味では投機を問題にしていない。投機というものにたいする根源的な理解が欠けているのである。

「投機」とはいったい何なのか？

「投機」とは、これから見ていくように、市場経済にとってもっとも本質的な活動である。

市場経済のなかでは、モノを生産することも、モノを消費することも、必然的に投機の要素をはらんでいる。いや、それだけではない。じつは、市場経済のなかでは、貨幣を媒介としてモノを売り買いすること自体が、無限の将来に向けての投機そのものなのである。投機家とは、生産者や消費者に対立する異質な人種であるのではない。市場経済のなかで生産し交換し消費するすべての人間が、すでに全面的に投機家なのである。真の「悪人」はまさにわれわれ自身なのである。

そして、ひとたび投機が市場経済にとってもっとも本質的な活動であることが示されると、われわれはあのアダム・スミスの教えから決別しなければならなくなる。投機は「危機(crisis)」を生みだす。じっさい、以下でわれわれは、市場経済とは本来的に危機を内在させている社会であることを見いだすことになるだろう。それは、金融市場をめぐる危機であり、基軸通貨をめぐる危機である。とりわけ、いわゆるグローバル化によって、市場経済が世界をおおいつくせばおおいつくすほど、それに内在しているこれらの危機が外在化してしまう危険性が高くなる。すなわち、「アダム・スミスの時代」とは、まさに「見えざる手」がその力をますます失ってしまう時代であるというパラドックスがここにある。二十一世紀におけるグローバルな市場経済は、二十世紀のグローバルな市場経済にもまして危機に満ちた世界になるにちがいない。

それでは、これから、投機とそれがもたらす危機についての思考をはじめてみよう。

4

理論の正しさは経験からは演繹できない。いや、経験から演繹できるような理論は、真の理論とはなりえない。真の理論とは日常の経験と対立し、世の常識を逆なでする。それだからこそ、それはそれまで見えなかった真理をひとびとの前に照らしだす。

アダム・スミスの「見えざる手」の理論ほど、日常の経験と対立し、世の常識を逆なでする理論もないだろう。われわれの日々の経験からいえば、善い人間とは、仲間との信頼関係を重んじ、他人のためを思いやる人間である。悪い人間とは、仲間や他人のことを考慮せず、じぶんの利益のみを追求する人間である。そして、常識的に考えれば、善い人間が集まれば、善い社会ができ、悪い人間が集まれば、悪い社会ができる。ところが、アダム・スミスはこの常識をひっくり返す。「社会のためだと称して商売している連中が、社会の福祉を真に増進したというような話は、いまだかつて聞いたことがない」[7]。市場経済のなかではひとびとは「公共の利益を促進しようと意図」する必要などない。ただ「自分自身の安全と利得だけ」を考えればよい。それにもかかわらず、いや、それだからこそ、「見えざる手に導かれて、自分では意図してもいなかった目的を促進することになる」というのである。価格の調整をとおして、モノの過不足は自動的に解消され、モノの生産に必要な資本も労働も効率的に配分されることになるからである。すでに十八世紀初頭においてアダム・スミスの基本思想をアダム・スミスに先駆けてとなえていたバーナード・マンデヴィルの言葉を借りれば、「私的な悪は、公的な善（Private Vices, Public Benefits）」となる。(8) アダム・スミスの「見えざる手」の理論は、世にある数少ない真の理論である。

それゆえ、世間にひろく流布している経済学批判の多くは、まったくの的外れである。それらはたんにひとびとの日常的な経験をそのまままくり返すだけの批判でしかない。いわく、現実の人間は経済学が想定しているほど合理的ではない。いわく、現実の人間は経済学が想定しているほど利己的ではない。いわく、現実の市場における価格は経済学が想定しているほど自由には上下しえない。いわく、現実の市場における資本や労働は経済学が想定しているほど自由には移動しえない。いわく、……。それらは、真の理論とはなにかということを理解しておらず、したがって、アダム・スミスの偉大さも理解していない。

理論の批判は、理論によってしか可能でない。そしてそれは、それまでの理論が「思考せずに済ませていたこと」を思考することによってのみ可能なのである。アダム・スミスの理論が思考せずに済ませていたこととは何か？　それは、まさに「投機」の問題にほかならない。「投機」について思考するとは、アダム・スミスの理論が思考せずに済ませていたことを思考しなおしてみることなのである。

アダム・スミスの理論が投機というものについていかに思考せずに済ませていたか——それが、もっとも明らかになるのは、アダム・スミスの末裔たちが投機についてどう思考しているのかを見るときである。アダム・スミスの末裔たちは、投機について思考しながらも、投機について思考せずに済ませていた。すなわち、投機というものを、あくまでも市場の「見えざる手」のたんなる延長として位置づけようとしてきたのである。

そのような投機理論の代表として、現代における自由主義思想のチャンピオンであるミルトン・フリードマンの投機理論がある。

5

投機家とは、すでに述べたように、安く買って高く売る人間のことである。じぶんで消費するモノを買うのでもなく、じぶんで生産したモノを売るのでもない。短期的な値上がり益のみを目的に、モノが安いときに買い、モノが高いときに売るのである。

だが、とミルトン・フリードマンはいう、それは、生産者が価格が高いときにモノを売り、消費者が価格が低いときにモノを買うのと、本質的にはどこもちがわない。投機家も、生産者や消費者と同じように、たんにじぶんの利益を合理的に追求しているだけなのである。その行動は、したがって非合理的ではありえず、その存在は市場の「見えざる手」のはたらきを強めこそすれ、弱めることはないというのである。

一般に投機は不安定的であるよりも安定的である。……投機は一般に不安定的であると主張するひとたちは、じぶんたちの主張が投機家は資金を失うだけであると主張しているのと変わらないことにほとんど気がついていない。なぜならば、投機が不安定的であるのは、一般に投機家が平均すると……価格の低いときに売り、価格が高いときに買っている場合のみであるからである。(9)

すなわち、ミルトン・フリードマンによれば、市場を不安定的にする投機家とは、価格が低いときに売って、価格をさらに下げてしまい、価格が高いときに買って、価格をさらに上げてしまう投機家であり、そのような非合理的な行動をする投機家は必然的に投機資金を失ってしまうはずだというのである。いうまでもなく、自己利益を追求しない投機家とはほとんど定義矛盾であり、そのような非合理的な投機家はそもそも投機家として市場に参加するはずはない。いや、仮に市場に参加していても、利益を得られないならば、早晩ダーウィン的な自然淘汰の原理によって市場から消え去ってしまう運命にある。結果として、市場には安定的な投機家しか存在していないことになるというのである。(10)

したがって、明日にモノ不足が予想されるならば、市場にいる投機家が今日中にモノを買い貯めておき、明日それを売りさばいてくれるはずである。明日にモノ余りが予想されるならば、市場にいる投機家が今日中にモノを売りさばいておき、明日それを買い戻してくれるはずである。このような安定的な投機家の合理的な投機活動をとおして、市場ではたんにその日その日のモノの過不足が調整されるだけでなく、今日のモノの過不足と明日のモノの過不足とが平準化されることになる。市場の「見えざる手」の力は、投機家の投機活動によって、さらに強められることになるというわけである。

もちろん、ひとは言うであろう。歴史を見よ。十七世紀オランダのチューリップ・マニアから二十世紀末の日本の土地バブルまで、現実の歴史は不安定的な投機活動のエピソードに満ち満ちていたではないか。

だが、ミルトン・フリードマンはこのような反論にたいしても、「見えざる手」の教えを忠実にくりかえす。もし現実の市場における投機活動が不安定的な性格をもっているとしたら、それは、非合理的な慣習や制度がまだ残っていたり、政府の恣意的な介入や規制がまだ許されていたりすることによって、市場における自由な投機活動が束縛されていたり、市場をとおしたダーウィン的な淘汰が制限されていることの証拠でしかないというのである。それゆえ、投機ブームやパニックといった現象は、まだ世界の各地でときおり見られるとしても、「アダム・スミスの時代」の流れのなかで、非合理的な慣習や制度が一掃され、政府の恣意的な介入や規制も撤廃され、ひとびとが市場で投機活動をおこなう自由が増えていくようになれば、どんどん稀になっていくはずである……。

真の理論とは日常の経験と対立し、世の常識を逆なでする。だが、日常経験と対立し、世の常識を逆なでするというその理論のはたらきが、真理を照らしだすよりも、真理をおい隠しはじめるとき、それはその理論が、真の理論からドグマに転落したときである。そしてそのとき、その理論に内在していた盲点と限界とが同時に露呈されることになる。

6

ここで、書棚の奥にある経済学のもう一つの古典のほこりを払い落としてみよう。それは、「アダム・スミスの時代」のなかで、世間からすっかり忘れられてしまった感のあるジョン・メイナード・ケインズの『雇用・利子および貨幣の一般理論』(一九三六年)である。われわれが注目すべきは、そのなかで株式市場や債券市場のはたらきを分析している第一二章にあるひとつのパラグラフである。

このパラグラフでケインズが論じているのは、つい最近まで実際にイギリスでおこなわれていたある「美人コンテスト(beauty contest)」についてである。それは、新聞紙上に掲載された一〇〇人の女性の顔写真の中から読者が投票で六人の美人を選ぶという、一見するとなんの変哲もない美人コンテストである。だが、それが大変な好評を博していたのは、ヒナ壇に座った審査員が一定の基準のもとに選考をおこなう通常の美人コンテストとは異なり、読者からの得票がもっとも多く集まった六名の美人に投票をした読者に多額の賞金をあたえるという、読者参加の度合いを最大限にする趣向をこらしていたからであった。

さて、新聞の読者がこの美人コンテストに参加してほんとうに賞金をかせぎたいと思ったら、いったいどのように投票すべきだろうか。美のイデアを体現しているように見える顔に投票しても、じぶんにとってもっとも美しく見える顔に投票しても無駄である。なぜならば、このコンテストには、じぶんと同じように賞金をかせごうと思い、じぶんと同じように一生懸命に投票の戦略を練っているひとが多数参加しているからである。ケインズ自身の言葉を借りれば、

それぞれの投票者は、自分が美人だとおもう顔ではなく、自分とまったく同じ立場に立ってだれに投票しようかと考えている自分以外の投票者の好みに一番合うとおもわれる顔に票をいれなければならない。それは、自分が一番美人であると判断した顔を選ぶというのではなく、平均的な意見が本当に一番美人だと考えている顔を選ぶというのですらないのである。さらに第三段階にいたると、ひとは平均的意見が平均的意見をどのように予想するかを予想するために全知全能を投入することになる。そして、第四段階、第五段階、さらにはヨリ高次の段階の予想の予想をおこなっているひとまでいるにちが

いない。

（『雇用・利子および貨幣の一般理論』第一二章）

たくさんの読者が賞金ねらいのために投票するこの美人コンテストにおいて、読者に選ばれる美人とは、その顔が美人であると平均的な読者が予想すると平均的な読者が予想する……と平均的な読者が予想している美人なのである。そこでは、投票に参加するそれぞれの読者が、ほかの読者もみなじぶんとおなじように予想すると信じていればいるほど、すなわち、おたがいの合理性を信じていればいるほど、ある顔が美人であるということは、それぞれの読者の個人的な判断からも、読者全体の平均的な意見からも無限級数的に乖離していく。究極的には、たんにその顔が選ばれるという予想があるというだけで、その顔が美人であるということになってしまうのである。そこにあるのはもはや「予想の無限の連鎖」だけなのである。

ここでとつぜんにケインズの「美人コンテスト」の話をもちだしてきたのは、それがミルトン・フリードマン以前に提示されたものであるにもかかわらず、ミルトン・フリードマンのような投機理論にたいするもっとも根底的な批判の手がかりを提供してくれることになるからである。

7

ミルトン・フリードマンの投機理論は、ある暗黙の想定のうえに成立している。それは、市場における投機家は、生産者と消費者との中間に立って、生産者からモノを買い、消費者にモノを売っているという想定である。（そして、じっさい、投機家がそのような投機行動だけをしているならば、その活動は市場に安定的にはたらくことが多いかもしれない。）だが、市場における投機家は、なにも生産者からだけモノを買う義務も、消費者にだけモノを売る義務もない。投機家はほかの投機家からモノを買い、ほかの投機家にモノを売ることもできるのである。

ジョン・メイナード・ケインズが、経済学者としてだけでなく、投機家としても大成功をおさめたことはよく知られている。（じぶん自身の資産を築いただけでなく、財務担当理事（Bursar）として資産管理をまかされたケンブリッジ大学のキングス・カレッジの資産をも大幅に殖やしたのである。）そのケインズが、じぶんの経済理論のなかで投機活動について論ずるさいにモデルとしたのは、当時のイギリスやアメリカにおける発達した株式市場や債券市場である。そして、それは、投機家がたんに生産者から買い消費者に売っているような牧歌的な市場ではなく、ケインズ自身のような専門的な投機家が多数参加し、短期的な利益をもとめておたがい同士で売り買いをする、言葉の真の意味での「投機的市場」である。

それでは、このような市場において、投機家が合理的ならば、いったいどのような行動をとるだろうか？　もちろん、あの「美人コンテスト」で賞金をかせごうとしている読者のように行動するはずである。すなわち、ここで合理的な投機家にとって重要なのは、将来モノ不足になるかモノ余りになるかを自分がどう予想するかではない。自分と同じように市場を眺め、自分と同じように合理的に思考するほかの投機家が、将来モノ不足になると予想しているのかモノ余りになると予想しているのかを予想し、それに先駆けて売り買いすることに全知全能を集中することなのである。それはまさに「知力の闘い（battle of wits）」である。そして、それぞれの投機家がおたがいの合理性を信じていればいるほど、さらに高段階の予想の予想……の予想をしていく必要がうまれてくることになる。

すなわち、多数の専門的な投機家が、たんに生産者と消費者のあいだを仲介するだけでなく、おたがい同士で売り買いをしはじめると、市場はまさにケインズの「美人コンテスト」の場に変貌してしまうのである。そして、そこで成立する価格は、実際のモノの過不足の状態から無限級数的に乖離する傾向をしめし、究極的には、たんにすべての投機家がそれを市場価格として予想しているからそれが市場価格として成立するというだけになってしまう。それはまさに「予想の無限の連鎖」のみによって支えられてしまうことになる。そのとき、市場価格は実体的な錨《いかり》を失い、ささいなニュースやあやふやな噂などをきっかけに、突然乱高下をはじめてしまう可能性をもってしまうのである。

ここで強調しておかなければならない。このような市場価格の乱高下は、ミルトン・フリードマンが主張するような投機家の非合理性によるのではない。いや逆に、ここでは、投機家の合理性が、ミルトン・フリードマンが想定したよりもさらに高次のものとして想定され、投機家の合理性がなにを市場にもたらすかが、ミルトン・フリードマンが思考したよりもはるかに徹底して思考されている。投機家同士が売り買いする市場のなかで、投機家同士がおたがいの行動を何重にも予想しあう結果として、市場の価格が乱高下してしまうのである。個人の合理性の追求が社会全体の非合理性をうみだしてしまうという、社会現象に固有の「合理性のパラドックス」がここにある。そして、実際に市場で価格が乱高下しはじめると、今度は消費や生産といった実体経済が攪乱され、経済全体におおいなる不安定性をもたらすことになってしまうのである。

ここに、同じく市場をあつかいながらも、そして同じく人間の利己性と合理性とを仮定しながらも、アダム・スミスと真っ向から対立する理論が提示されたことになる。それは、たとえ非合理的な慣習や制度がなくても、たとえ恣意的な政府の介入や規制がなくても、市場には本来的に不安定性がつきまとうことを主張する理論である。いや、それはグローバル化による市場の拡大によって、非合理的な慣習や制度が一掃されたり、政府の恣意的な介入や規制が撤廃されたりすることによって、ひとびとが投機活動をおこなう自由が拡大すればするほど、市場はますます「美人コンテスト」の場となり、不安定性が逆に増大してしまう可能性があることを主張する理論なのである。

しかも、投機は市場から切り離すことはできない。ミルトン・フリードマンはいう、投機家も生産者や消費者とその根本においてなんら変わるところはない、と。だが、真実は、生産者や消費者こそ、その根本において投機家となんら変わるところがないということである。そのことを教えてくれるのは、ほかならぬアダム・スミスである。

> 分業がひとたび完全に確立すると、人が自分自身の労働の生産物によって満たすことができるのは、かれの欲望のうちごく小さい部分にすぎなくなる。かれは、自分自身の労働の生産物のうち自分自身の消費を上回る余剰部分を、他人の労働の生産物のうち自分が必要とする部分と交換することによって、自分の欲望の大部分を満たす。このようにして、だれでも、交換することによって生活し、いいかえると、ある程度商人となり、……。
>
> （『国富論』第一編第四章）

アダム・スミスの『国富論』がまさに「分業論」から書き始められているように、市場経済とはそもそも分業社会なのである。分業社会とは、右のアダム・スミスの文章にあるように、生産されるモノの大部分が市場で他人に売られ、消費されるモノの大部分が市場で他人から買われる。それゆえ、生産者は、将来どのような価格でモノが売れるのかを予想して生産に従事しなければならず、消費者は、将来どのような価格でモノが買えるのかを予想して消費を計画しなければならない。そして、生産者が将来の価格の予想に応じて原材料の仕入や販売品の在庫を調整するとき、また消費者が将来の価格の予想に応じて保有している貨幣の量や資産の構成を調整するとき、そこにはすでに投機の要素が入り込んでいるのである。

市場経済のなかで生きている人間は、その意味で、意識するにせよしないにせよ、すべて市場で投機家としてふるまわざるをえないのである。

8

もちろん、いくら投機が市場経済から切り離しえないといっても、その活動の大きさが生産や消費の規模にくらべてはるかに小さければ、それによる価格の乱高下は、「見えざる手」のたんなる震えにすぎないだろう。だが、いま世界には、まさに専門的な投機家によって支配されている市場が数多く存在し、その数は日に日に増え続けている。

それは、いうまでもなく、「金融市場」のことである。世紀末の危機がまさに金融市場の危機であったという事実が示唆するように、金融市場とは「アダム・スミスの時代」のパラドックスをだれの目にも明らかなかたちで表現しているのである。

金融市場とは何か？

金融市場の古典的な形態は、債券市場や株式市場や外国為替市場や商品先物市場である。金融とは、文字通りには、他人に資金を融通してもらうことである。だが、現代では一般に、金融という言葉はもうすこし広い意味に用いられている。すでに述べたように、分業を前提とした市場経済のなかでモノを生産したり消費したりすることは、必然的に投機の要素をふくむことになる。それは、時間を費やし、リスクに身をさらすことになる。だが、市場経済では、すべて価値あるものは、たとえそれが実体的な意味でのモノでなくても、市場で売り買いされる商品となる。とうぜん、この世のなかに時間を節約したい人間がおり、リスクを回避したい人間がいれば、時間を節約することにもリスクを回避することにも価値がつき、ともに市場で売り買いされる商品となりうる。このように時間やリスクやそれらのさまざまな組み合わせを有価証券というかたちで商品化したものを一般に金融商品とよび、その金融商品を売り買いしている市場のことを金融市場とよぶのである。

たとえば債券市場で五年満期の債券（借金証文）を売ることは、五年後に貨幣を利子付きで支払う約束と引き換えに現在の貨幣を手に入れることである。それは、貨幣の調達にかかる時間を五年間短縮するという意味で、時間を買っていることに等しい。また、たとえば石油先物市場で三カ月先の石油を先物で買うことは、三カ月先の不確実な現物価格ではなく現在の先物市場で決められる確実な先物価格で三カ月先の石油を確保しておくことである。それは、石油価格の変動リスクを回避するという意味で、リスクを売っていることに等しい[11][12]。（後者の場合、本来ならば、リスク負担を買うとか、確実性を買うとかいうべきだろうが、ここでは市場でよく使われる「リスクを売る」という言い回しを採用した。ただ、この言い回しで注意すべきなのは、商品としてのリスクの価格はマイナスであり、リスクを売るためには相手にお金を渡さなければならないということである。）

したがって、市場経済における生産者や消費者は、金融市場で時間を買ったりリスクを売ったりすることによって、生産や消費にともなう時間やリスクをすくなくとも部分的に節約したり回避したりすることができるようになる。それによって、生産や消費のための資源配分がより効率化され、経済全体の成長と発展とが促進されることになるのである。

だが、話はこれだけでは済まない。なぜならば、生産者や消費者が時間を買ったりリスクを売ったりするためには、かれらに時間を売り、かれらからリスクを買ったりする人間がいなければならないからである。そしてここでも、分業の原理がはたらく。金融市場でもっぱら時間やリスクを売り買いする役割をはたしているのは、専門的な投機家なのである。いや、専門的な投機家とは、じぶんの時間を売り、他人のリスクを買うことを商売にしている人間のことであるというべきだろう。

すなわち、金融市場とは、実体的な経済活動が必然的にふくんでしまう投機的要素を切り離して商品化し、それを実際の生産者や消費者から専門的な投機家へと転嫁していく仕組みである。その円滑な機能のためには、専門的な投機家の参加が大前提となっているのである。

ここに、市場経済をめぐる大きなパラドックスがうかびあがってくる。

金融市場とは、市場をとおした商品の自由な売買は経済全体の成長と発展をうながしていくという、アダム・スミス以来の伝統的な経済学の基本理念が現実化されている場である。それは、時間の節約やリスクの回避を商品として売り買いする機会をつくることによって、実体的な経済活動の拡大にたちはだかる非効率性を取り除いてくれる。だが、それは同時に、金融市場という市場が、時間の犠牲やリスクの負担をみずからひきうけてくれる専門的な投機家が多数活動して、はじめて成立する市場であることも意味している。そして、すでに見たように、専門的な投機家がおたがい同士で売買をはじめると、それはケインズの「美人コンテスト」の原理によって支配される場となってしまうのである。その結果は、価格の乱高下であり、市場の不安定性である。

すなわち、市場経済の効率化と不安定性とは、おなじ金貨の両面にすぎないのである。金融市場の媒介によって生産活動や消費活動が効率化すればするほど、市場における価格の不安定性が増していくという根源的な「二律背反」がここにある。

9

一九七〇年代にはいって、市場経済のこの二律背反をさらに一層強めてしまう金融市場の一大革新がはじまることになる。それは、アメリカのシカゴやニューヨークをおもな舞台とした、金融先物市場や金融オプション市場や金融スワップ市場といったデリバティブ市場の急拡大である。

すでに述べたように、債券市場や株式市場や外国為替市場や商品先物市場といった古典的な金融市場は、実体的な経済活動にともなう時間やリスクを商品にして売り買いしている市場である。だが、それは同時に「美人コンテスト」の原理によって支配される投機的な市場でもある。ということは、今度は、まさにそこでの価格や利子率の乱高下が、あらたな形の時間の犠牲やリスクの負担をまねいてしまうことになる。それは、皮肉なことに、このような時間を節約したりリスクを回避することをさらに商品化するという可能性をあらたに生みだすことにもなる。そして、ブレトン・ウッズ体制の崩壊による固定為替レート制から伸縮為替レート制への移行や、産油国の輸出カルテル（OPEC）が主導した二度にわたる石油価格の大幅な値上げといった、世界経済全体をまきこんだ七〇年代の大変動は、古典的な金融市場に大きな振幅をもたらし、この可能性を必要性に転化することになったのである。そこで登場したのが、金融先物や金融オプションや金融スワップである。

金融先物とは、債券や株式や外貨などを一定期間の後に一定価格で手わたす約束のことである。それをいま買えば、金融商品の将来の価格変動のリスクを全面的に回避することができることになる。また、金融オプションとは、債券や株式や外貨などを一定期間の後に一定の価格で買う（コールする）権利と売る（プットする）権利のことである。たとえば、買い（コール）オプションの契約をいま一定の手付け金（プレミアム）をはらって結んでおくと、金融商品が一定期間後に現物市場でオプション価格以上に値上がりしたときには、それをあらかじめ約束してあるオプション価格で手に入れることができ、逆に値下がりしたときには、手付け金だけを犠牲にさえすればそれを現物市場の価格で買うことができる。すなわち、それによって、金融商品の値上がりのリスクを全面的に回避することができることになる。同様に、売り（プット）オプションを買えば、今度は金融商品の値下がりのリスクを全面的に回避することができることになる。さらにまた、金融スワップとは、自国通貨建て株式と外国通貨建て株式あるいは固定金利債券と変動金利債券などを直接交換する契約のことである。それを商品として買えば、じぶんの手元にある金融商品の価格や利子率の時間構造やリスク・パターンを、じぶんの好みにあった時間構造やリスク・パターンに仕立て直すことができるのである。これらの金融商品は、債券や株式や外貨といった金融商品から派生した金融商品という意味で、金融派生（デリバティブ）商品、略してデリバティブ（derivatives）と総称されている。[13]

さらに、おなじ原理をつかって、デリバティブのデリバティブやデリバティブのデリバティブを作ることも可能であるし、実際に作られてもいる。いや、そもそも債券や株式や外貨や商品先物といった本来の金融商品自体も、貨幣や実体的な商品から派生した商品という意味ではすでに立派にデリバティブなのであり、デリバティブ自体、すでにデリバティブのデリバティブだともみなしうるのである。

商品をあつかう先物市場は、江戸時代の大坂堂島のコメ市場の帳合い取り引きを先駆けとして古くから存在していた。オプションについても、その基本原理は手付け金をわたす売買予約にほかならず、スワップにいたっては、たんなるモノとモノとの直接交換という意味でしかない。だが、これらの原理を金融商品に応用した金融デリバティブ商品の場合は、一般に収益構造が複雑で価格の計算が難しいこともあり、いわゆるCAP（資本資産価格）モデルやオプション価格モデルなどを代表とする数理金融理論の精緻化と、それらのモデルを実践しうる情報処理技術や通信ネットワークの高度化によって、その多くは七〇年代にはいってはじめて商品化が可能になったのである。そしてそれは、金融技術革命の名のもとに、いまでもその種類や規模を日々拡大させている。

当然、実際の生産や消費から二重にも三重にも隔たった抽象的で複雑な商品をとりあつかうこれらのデリバティブ市場においては、そこに参加する人間はほぼ全面的に専門的投機家に限られてしまうことになる。その日々の拡大は、それゆえ、あのケインズの「美人コンテスト」の原理が支配する場が日々拡大していることも同時に意味しているのである。そして、ここで強調すべきことは、このような専門的な投機家が、生産者や消費者と対立する異質な存在ではないということである。

たしかに、今日、古典的な金融市場においてであれ、デリバティブ市場においてであれ、そこで活躍する専門的な投機家は、あたかも普通のひとびとには入り込めない、まったく異質な集団をなしているかのように見える。だが、専門的な投機家と普通の生産者や消費者とのあいだの差異性は、あくまでも分業の結果でしかない。そして、分業による差異性とは、市場経済のなかのどの人間とも取り替え可能な差異性であり、太古からのカーストや宗教や民族にもとづく差異性とは、はっきりと区別されなければならない。現代の市場経済においては、だれが投機家になり、だれが投機家にならないかは、ひとびとのあいだの時間を犠牲にする能力やリスクを負担する意欲の相対的な大きさによって決められているだけなのである。その意味で、投機家とほかの人間とのあいだに本質的な境界線をひくことは、絶対に不可能なのである。

いや、じつは、生産者も消費者もその根本において専門的な投機家となんら変わるところはないといういまの主張には、このような意味を超えたさらに根源的な意味がこめられている。だが、それがいったいどういう意味であるかを明らかにするのは、次の第二章まで待たなければならない。(14)

10

ところで、第二次大戦後に最初に成立したグローバルな金融市場は、いわゆるユーロドル市場であった。その起源は、冷戦下の一九五〇年代においてソ連や東欧諸国が、西側との貿易で獲得したドルがアメリカ政府に凍結されてしまうことをおそれて、そのドルをロンドンを中心とするヨーロッパの銀行に預けたことであった。だがじきに、アメリカの銀行自身も、国内の銀行規制からのがれるために、ヨーロッパの支店をとおして参加するようになった。五〇年代末から六〇年代にかけてのユーロドルのおもな供給源は、アメリカの継続的な貿易赤字によってアメリカから流出したドルであり、しかもその大部分はアメリカに再投資されるか、ヨーロッパの政府や企業に貸し付けられていた。だが、七〇年代に入ると、アラブの産油国の余剰資金が大量に流れこむとともに、投資先も一部は中南米や東アジアの新興資本主義国に向かうようになり、ユーロドル市場はそのグローバル性を強めるようになった。そして、八〇年代において、イギリスのサッチャー政権とアメリカのレーガン政権による自由主義的な経済政策に刺激された全世界的な規制緩和の波のもとで、それは国境を越えて急速に拡大し、言葉の真の意味での「グローバル金融市場」へと変貌をとげることになる。いつのまにやら、ユーロドル市場という言葉自体が死語となってしまったのである。

いまや、世界各地の債券市場や株式市場や外国為替市場や先物市場、そしてシカゴやニューヨークにある多種多様なデリバティブ市場は、情報も資金も瞬時のうちに移動する通信ネットワークをとおして、おたがいに緊密に結びあわされている。それは全体として、全世界から資金を吸収し、全世界へ資金を放出する、ひとつの巨大な金融市場を形成しているのである。そしてそれは同時に、世界中の資産家から莫大な資金を託された国際投資銀行やヘッジ・ファンドから、自宅の地下室でパソコンのキーボードをたたいているホーム・トレーダーまで、数限りない専門的投機家が短期的な利益をもとめておたがいに競い合う、ひとつの巨大な「美人コンテスト」の場ともなっているのである。

九〇年代にはいってタイ、マレーシア、インドネシア、韓国といった新興の東アジア諸国が急速な資本自由化のプログラムを採用したとき、これらの国々の金融市場がそれに向けて開放されたグローバルな金融市場とは、まさにこのような巨大な「美人コンテスト」の場にほかならなかったのである。

二十世紀の世紀末を突然おそった金融危機とは、それゆえ、ケインズの「美人コンテスト」原理によってひきおこされる金融市場の本質的な不安定性のひとつの例にすぎない。そして、多くのひとびとを驚かせたその広範さと深刻さと急激さとは、たんにグローバル化によって金融市場が全世界を網羅するようになり、金融技術革命によってデリバティブ市場などの投機性の高い市場が数多く登場し、さらに情報通信革命によって情報や資金が移動する速度が飛躍的に高まったことの結果でしかないのである。

たしかに、金融危機の発端となった東アジアの国々は、それぞれ投機家の攻撃目標となるような問題をいくつもかかえていた。(その経済がクローニー資本主義的な要素をもっていたことは紛れもない事実であるし、その政府が外国資金導入のために自国通貨を人為的にドルにリンクさせる政策をとってきたこともたしかである。)だが、それらの経済の為替レートや株式価格が現実に経験することになった三五パーセントから八五パーセントという下落率は、いかなる意味でも実体的な根拠を見いだしえないほど大幅なものであった。[15] 事実、金融危機がおさまると、為替レートも株式価格も迅速な回復力を示すことになった。美人とはたんに美人であるといわれるから美人であるのと同様に、不美人とはたんに不美人であるといわれるから不美人であるというわけである。

二十一世紀のグローバル市場経済においても、金融危機はくりかえしくりかえし起こることになるだろう。

第二章　ドル危機論

11

第一章の末尾においてわたしは、二十一世紀においても金融危機はくりかえしくりかえし起こることになるだろうと述べた。

実は、この言葉には、二つの意味がこめられている。ひとつは、二十世紀の世紀末を襲った金融危機のような危機は市場経済にとって本質的な現象であり、この地球が市場経済化されているかぎり、けっして消えてしまうことがないという意味である。これはまさに、第一章の結論にほかならない。だが――そして、これは大きな「だが」であるのだが――この第二章においてより重要なのは、それにこめられたもうひとつの意味である。金融危機がこれからもくりかえしくりかえし起こるということは、それによってグローバル化された市場経済そのものが崩壊することはないということも意味している。それは、グローバル市場経済にとっての真の危機ではないということなのである。

もちろん、世紀末の金融危機がグローバル市場経済にあたえた損失は多大なものであった。それによって、東アジア経済は国内総生産が急激に落ち込む深刻な不況におちいり、ロシア経済は市場経済への移行の可能性すら疑わせるほどの混乱状態になり、中南米の経済成長も大幅な後退を余儀なくされた。さらに、その影響は、新興国や旧社会主義国だけにはとどまらず、日本やEU（欧州連合）といった先進資本主義経済にも波及した。とくに日本経済は一時は金融恐慌の様相さえ示すにいたり、それに加えた財政金融政策のたび重なる失敗によって、バブルの崩壊以降低迷していた景気が、さらにいっそう低迷することになった。そして、世界経済全体も、金融危機がもたらした有効需要の急激な冷え込みによって過剰供給の状態になり、未曾有の好景気を維持しつづけたアメリカを例外として、多くの国々で物価と需要とが螺旋的に下落していく累積的なデフレーションがひきおこされたのである。一時は、三〇年代の世界大恐慌の再現さえ心配されたほどであった。[16]だが、二十世紀末の金融危機のような危機は、いかにグローバル市場経済にたいして大きな損失をあたえるとしても、それがバーツやレアルの危機にとどまっている限り、いやバーツやレアルや円やユーロの危機にとどまっている限り、グローバル市場経済の根底を揺り動かすような危機にはなりえない。

これは、グローバル市場経済には危機がないということではない。それどころか、グローバル市場経済には、その存立構造そのものを崩壊させてしまうような危機が内在している。ただ、それは、二十世紀の世紀末におこった金融危機のようなかたちではあらわれない。実際、この二十世紀の世紀末の金融危機は、まさにそのあまりの広範さと深刻さと急激さによって、二十一世紀のグローバル市場経済にとっての真の危機が何であるかを、逆にひとびとの目から覆い隠してしまう役割をはたしてしまってさえいるのである。

それでは、ここでいう二十一世紀のグローバル市場経済にとっての真の危機とは、いったい何のことなのだろうか？

基軸通貨としての「ドルの危機」が、それである。

ドルが「基軸通貨」であることは、だれもが知っている。だが、それがほんとうはどういう意味であるかは、経済学者ですら誤解していることが多い。

たとえば、世界中のひとびとがアメリカの製品を買うためやアメリカの債券や株式を買うためにドルを保有しているというだけでは、それがいくら大量であっても、ドルのことを基軸通貨とはよばない。それは、たんにドルが国際性をもった通貨であるというにすぎない。その意味でならば、円もユーロも、程度の差はあれ、国際性をもっている。

ドルが基軸通貨であるとは、タイの商社がロシアの企業からキャビアやウオッカを買うとき、その支払いが、バーツでもなくルーブルでもなく、ドル建てでおこなわれるということであり、ブラジルの企業やブラジルの政府が韓国の銀行から借り入れをするとき、借入金も返済金もともに、ウォンでもレアルでもなく、ドル建てでおこなわれるということなのである。すなわち、それは、世界中の貿易取り引き（通常の商品の売買）や金融取り引き（金融商品の売買）が、直接アメリカが介在していない場合においても、アメリカの通貨であるドルを使っておこなわれているということなのである。

基軸通貨とは〈key currency〉の日本語訳である。それは、どのような国の扉でも開けられる鍵（key）となる通貨（currency）、という意味である。

だが、この基軸通貨について論ずるためには、ここで「貨幣」なるもの一般にかんして論じておく必要がある。なぜならば、どのような国のどのような商品とも交換しうる基軸通貨とは、まさに「グローバル市場経済の貨幣」にほかならないからである。(17)

12

貨幣とは何か？　この問いに答えることは簡単である。貨幣とは世のすべてのひとびとが商品と交換に受け入れてくれる「一般的な交換手段」である。たとえば一〇〇円硬貨や一万円札や一〇〇万円の電子マネーをもっていれば、それぞれ一〇〇円、一万円、一〇〇万円の価値をもつどのような商品でも買うことができるはずである。だが、いったいなぜ、一〇〇円硬貨や一万円札や一〇〇万円の電子マネーがそれぞれ一〇〇円や一万円や一〇〇万円の価値をもつ貨幣としてひとびとに受け入れられるのか、という問いにたいする答えは簡単ではない。いや、なぜ貨幣が貨幣であるかという問いをめぐっては、古代から現代まで、二つの対立する学説が争ってきたのである。貨幣商品説と貨幣法制説である。

一方の貨幣商品説とは、貨幣が貨幣として受け入れられるのは、それがモノとして商品価値をもつからであるという主張である。他方の貨幣法制説とは、貨幣が貨幣として受け入れられるのは、それが共同体的な申し合わせや政府の命令や国家の法律によって貨幣として指定されたからであるという主張である。だが、古代から現代までの長い長い対立の歴史にもかかわらず、貨幣商品説も貨幣法制説もともに誤りなのである。

貨幣商品説が誤りであることは自明だろう。一〇〇円硬貨も一万円札も一〇〇万円の電子マネーも、モノとしては、たんなる刻印を押された金属片であり、精巧な印刷をされた紙切れであり、暗号として伝達される電磁波にすぎない。いずれも貨幣としての価値はモノとしての価値を大きく上回っているのである。たしかに戦前であったならば、日銀が発行した一円札は、兌換券として一円の価値をもつ銀との交換が保証されており、貨幣商品説が間接的なかたちで成立していたように見える。だが、そのときでも、日本中で流通しているすべての一円札が同時に日銀に兌換をもとめたら、日銀は支払い不能におちいってしまったはずである。一円札と一円の銀とのあいだには一対一の対応関係はなかったのである。たしかにまた、金銀や米や絹が貨幣として使われていた古き良き時代には、貨幣商品説が直接的に成立していたように見える。だが、そのときでも、金銀や米や絹の貨幣としての価値が商品としての価値を決めたのであって、その逆ではなかったのである。

貨幣法制説も、民間の企業が発行する電子マネーを考えれば、正しくないことはすぐわかる。ただ、一万円札をはじめとする日銀券にかんしては、日本銀行法四六条という法律によって公私いっさいの取り引きに無制限に通用する「法貨」であると定められており、あたかも貨幣法制説が成り立っているように見えるかもしれない。(硬貨の場合も「法貨」であるが、その強制通用力は二〇枚までに制限されている。)しかし、いくら法律であっても、ひとびとが「法貨」を嫌って、ほかの支払い手段を使ったり、物々交換にもどったりすることまで止めることはできない。(実際、ひとびとが貨幣一般を嫌って物々交換にもどってしまう状態が、後に論ずる市場経済にとっての真の危機なのである。)歴史は、日本古代の皇朝十二銭をはじめとして、国家に貨幣として指定されながら貨幣として流通しなかった貨幣の例に満ちている。そして、歴史は、古代の金銀米絹から現代の銀行預金や電子マネーにいたるまで、共同体的な申し合わせによるのでも政府の命令によるのでも国家の法律によるのでもなく、ただひとびとの自己利益の追求のみによって流通している貨幣の例に満ち満ちているのである。

それでは、なぜひとは、一〇〇円硬貨や一万円札や一〇〇万円の電子マネーを一〇〇円や一万円や一〇〇万円の価値をもつ貨幣として受け入れるのだろうか？

それは、いつでもどこでもほかのひとびとがそれを一〇〇円や一万円や一〇〇万円の価値をもつ貨幣として受け入れてくれると予想しているからである。すなわち、自分ではなく他人が将来それに価値をあたえると予想しているからなのである。

だが、話はここでは終わってくれない。なぜならば、自分ではなく他人が将来において価値をあたえるというだけでは、貨幣と商品とを概念的に区別することはできないからである。商品も、貨幣と同様、将来他人に買われることによってはじめて価値を実現することができるのである。実際それだからこそ、前章にあるように、市場経済における商品生産は必然的に投機の要素をもってしまうのである。それゆえ、ふたたび質問を続けなければならない。なぜ、ひとは、将来においてほかのひとびとが一〇〇円硬貨や一万円札や一〇〇万円の電子マネーを貨幣として受け入れてくれると予想しているのだろうか？

それは、さらに将来においてほかのひとびとがそれを一〇〇円や一万円や一〇〇万円の価値をもつ貨幣として受け入れてくれると予想しているからである。そして、その将来の将来においてほかのひとびとが一〇〇円硬貨や一万円札や一〇〇万円の電子マネーを貨幣として受け入れてくれると予想しているのは、さらに将来ほかのひとびとがそれを貨幣として受け入れてくれると予想しているからである。そして、……。この予想の連鎖は将来に向かって無限に続いていくことになる。

ここにいたって、貨幣と商品とのちがいがあきらかになる。商品の場合、ひとがそれを受け取るのは、消費財であればモノとして消費するためであり、生産財であればやはりモノとして生産に投入するためである。そして後者の場合も、最終的にはモノとして消費されるモノを作ることを目的としており、結局、商品の価値はモノにたいするひとびとの欲望を実体的な根拠としているのである。

これにたいして、貨幣の場合は、モノとして消費されることも、モノとして生産に投入されることもなく、ひとからひとへと永遠に受け渡されていくだけである。いや、ひとびとの欲望とは永遠に触れあうことなく、その欲望をたんに媒介していくだけだからこそ、モノとしてはたんなる金属片や紙切れや電磁波でしかない貨幣が、モノとしての価値をはるかに上回る価値をもつことができるのである。貨幣の貨幣としての価値を支えているのは、まさに「予想の無限の連鎖」そのものなのである。[18]

13

どうやらわれわれは、ふたたびあの「投機」というものとの邂逅をはたしたようである。ひとが貨幣をモノと交換に他人から受け取るのは、それを別のモノと交換に別の他人に手渡すためである。貨幣をモノと交換に受け取るということは、日常的な言い方では、モノを売ることであるが、逆にいえば、貨幣を買うことでもある。また、貨幣をモノと交換に手渡すということは、日常的な言い方では、モノを買うことであるが、逆にいえば、貨幣を売ることでもある。その意味で、貨幣とは、他人に売るために他人から買うモノなのである。たしかに、貨幣をもつことは、短期的な値上がり益をもとめて安く買って高く売るという、狭い意味での投機とは同一視することはできない。だが、それは、じぶんで生産したモノを売るのでもなく、じぶんで消費するモノを買うのでもなく、たんに他人に売るためにのみ他人から買うという広い意味での投機にほかならないのである。

同時にわれわれはここで、あのケインズの「美人コンテスト」にも再会することになった。貨幣の場合も、それが貨幣としてもつ価値はそれがモノとしてもつ価値から浮遊し、ほかのひとびとがその価値で受け取るとほかのひとびとが予想する……とすべてのひとびとが予想するという「予想の無限の連鎖」によって支えられている。すなわち、貨幣の貨幣としての価値を支える原理とは、投機市場における商品価格の動きを支配する「美人コンテスト」の原理の極限形態にほかならないのである。

だが、こういったからといって、商品と貨幣とのあいだの区別がふたたび消え去ってしまうわけではない。いくら投機と市場経済とは切り離すことができないといっても、商品の場合は、その市場価格の本源的な部分（fundamentals）は、人間の欲望が最終的な根拠となるモノとしての価値である。商品価格のなかで「美人コンテスト」の原理によって投機的に揺り動かされてしまう部分は、あくまでもそれからの逸脱（deviations）でしかなく、まして「予想の無限の連鎖」が支配するのは、その「極限」形態においてでしかないのである。これにたいして貨幣の場合は、そのような本源と逸脱という二分法自体がそもそも意味を失っている。貨幣の貨幣としての価値を支配する原理が「美人コンテスト」の原理の極限形態と一致しているということは、貨幣においては、もはや本源的な価値などど存在しないこと、いや、まさに逸脱それ自体が本源的な価値になってしまっていることを意味している。「予想の無限の連鎖」そのものによってその価値が全面的に支配されている貨幣とは、いわば「投機」という無根拠性がそのまま実体化された存在であるといってもよい。貨幣をもつとは、「投機」そのものをもつことなのである。

そして、さらに重要なことは、市場経済のなかでは、だれもが一般的交換手段としての貨幣をもたなければ経済生活を営むことができないということである。それは生産者も消費者も、そして投機家もなんら変わるところはない。すなわち、市場経済においては、すべての人間は本質的に「投機家」として生きていかざるをえない。そして、そのなかでひとびとが貨幣を媒介としてモノを売り買いするとき、意識するにせよしないにせよ、それは貨幣という投機商品を「投機家」としておたがい同士で売り買いしていることにもなるのである。

市場経済とは、たんに「投機」と切り離しえないだけではない。それはまさに「投機」そのものの上に成立しているのである。

14

以上の考察はただちに、市場経済にとっての真の危機とは何かという大問題に、われわれをみちびいてくれる。(19)

一八四八年にマルクスとエンゲルスが発した『共産党宣言』以来、大多数の社会科学者や社会実践家は、左右を問わず、「恐慌」に資本主義の危機を見いだしてきた。恐慌とは、経済全体の商品にたいする総需要がその総供給を下回る状態が長く続くことである。それは、たとえば金融危機をきっかけとした不安心理から、世の多くのひとびとが具体的な商品よりも一般的な交換手段である貨幣そのものを欲してしまうことによってひきおこされる。その結果、ひとびとが商品の購入を同時にひかえてしまうと、売り手全体が商品を売ることが困難になり、企業の生産が縮小し、労働者の失業が増大する。それにくわえて、もし価格や賃金が伸縮的であれば、経済全体の物価が累積的な下落をはじめる。このような生産の縮小や失業の増大や物価のいっそうの下落の予想が商品全体にたいする需要をさらに縮小させてしまうという悪循環が起こると、経済は恐慌にはいりこんでしまうのである。

たしかに、われわれの日常的な意識の次元では、市場において商品を手にしている売り手のほうが貨幣を手にしている買い手よりも、はるかに不安である。一般的な交換手段である貨幣はだれもが受け入れてくれるのに、商品は特定の用途をもつひとしか受け取ってくれないからである。市場経済の危機を、すべての売り手が同時に商品を売ることが困難になる恐慌に見いだしてきた伝統的な見方は、まさにこのような日常意識の延長線上にある。

だが、ひとたび視点を、日常意識の次元から、貨幣の存立構造全体を見渡せる次元にまで引き上げると、結論はまったく逆転してしまう。だれもが受け入れてくれるとひとびとが信じている貨幣とは、それ自体は頼るべきなんの価値も内在させていないモノの数にも入らないものである。それをだれもが受け入れてくれるのは、たんにだれもがそれを未来永劫にわたって受け入れてくれるという「予想の無限の連鎖」があるからにすぎない。そして、恐慌においては、この危うい「予想の無限の連鎖」がおびやかされることはないのである。

いや逆に、恐慌において、ひとびとが商品よりも貨幣を欲しているということは、具体的なモノの有用性などよりも、まさにその「予想の無限の連鎖」の存続を信頼しているということである。すなわち、それは、いま貨幣として受け入れられている貨幣をそのまま貨幣として受け入れてくれる現存の市場経済の永続性にたいする、信頼の表明とみなすことができるのである。その意味で、恐慌とは、それ自体がいくら望ましくない状態であったとしても、市場経済にとっての真の危機とはなりえない。事実、歴史は、襲いくる恐慌の試練を乗り越えるごとに、市場経済がますます強靭になってきたことを教えてくれているのである。

それでは、市場にとって真の危機とは何なのだろうか？

それは、貨幣を貨幣として支えている「予想の無限の連鎖」そのものが崩壊してしまうことである。そして、それは「ハイパー・インフレーション」とよばれる事態にほかならない。

ハイパー・インフレーションとは、ひとびとが貨幣を貨幣として受け入れることを拒否し、先を争って貨幣から遁走している状態である。それは、恐慌とは逆に、何らかの理由で、世の多くのひとびとが貨幣よりも商品を欲してしまうことによってひきおこされる。ひとびとがそれまで保蔵していた貨幣を使って商品を買いはじめ、経済全体の商品にたいする総需要が総供給を上回ると、物価も賃金も累積的に上昇しはじめることになる。もちろん、このようなインフレーションが一時的でしかないという予想が支配しているかぎり、実際にインフレーションは一時的でしかない。だが、もしどこかの時点で、インフレーションが将来さらに加速するという予想が強まると、事態は不可逆的になる。インフレーションとは貨幣の貨幣としての価値が持続的に減少していくことである。ひとびとは減価していくだけの貨幣をなるべく早く手放そうとして、商品にたいする需要をさらに増やすことになる。それによってインフレーションが実際に加速してしまうと、インフレーションがハイパー・インフレーションに転化するのである。もはやほかのひとびとが将来貨幣を貨幣として受け入れてくれないのではないかという恐れが拡がり、その恐れによって、実際にひとびとは貨幣を貨幣として受け入れることを拒否してしまうのである。恐れが自己実現し、ひとびとは先を争って貨幣から遁走しはじめる。貨幣を貨幣として支えていたあの「予想の無限の連鎖」が崩壊し、それまで貨幣であったものがたんなる金属片や紙切れや電磁波にすぎなくなってしまうのである。

そして、そのとき、貨幣の媒介によって可能となっていた商品と商品との交換も不可能となってしまう。市場で交換されることによってはじめて価値をもつ商品それ自体もたんなるモノになり下がり、ひとびとは物々交換をはじめるよりほかはなくなってしまうのである。ハイパー・インフレーションの行き着く先は、市場経済そのものの解体にほかならないのである。

貨幣とは、この世にあるすべての商品の交換を可能にする一般的な交換手段である。物々交換経済においては、自分の欲しいモノをもっているひとが同時に自分のもっているモノを欲しがっていなければ、交換は不可能である。だが、ひとたび貨幣が導入されると、どのようなモノをもっていても、それを欲しているひとさえ見つかれば、貨幣と交換に売ることができ、どのようなモノを欲していても、それを手放したいひとさえ見つかれば、貨幣と交換に買うことができる。貨幣の媒介による売りと買いの分離は、モノとモノとを直接に交換することの困難を解決し、物々交換経済がかかえる絶望的な非効率性をとり除いてくれる。それによって、人間の交換活動の範囲が時間的にも空間的にも社会的にも飛躍的に拡大することになったのである。市場経済とは、すべての有用なモノが商品として売り買いされる経済体制である。その市場経済を市場経済として存立させているのは、まさにこの貨幣というモノとしてはものの数にも入らないモノの媒介によってなのである。

だが同時に、貨幣による売りと買いの分離は、市場経済のなかに大きな不安定性をもちこんでしまうことにもなる。ひとは商品を売った後に、あわてて別の商品を買う必要はない。貨幣の保有量を積み増せばよいのである。ひとは商品を買う前に、あわてて別の商品を売る必要はない。貨幣の保有量をとり崩せばよいのである。そして、じっさいに、なんらかの理由で、世の多くのひとびとがそろって貨幣の保有量を積み増そうとすると、経済全体の商品にたいする総需要が総供給を下回ってしまう。逆に、なんらかの理由で、世の多くのひとびとがそろって貨幣の保有量をとり崩そうとすると、経済全体の商品にたいする総需要が総供給を上回ってしまう。貨幣を使う経済では、商品全体の総需要と総供給とはつねに一致するといういわゆる「セーの法則」が破綻してしまうのである。そして、すでに見たように、経済全体の商品にたいする総需要が総供給を下回ると、恐慌が引き起こされ、逆に、経済全体の商品にたいする総需要が総供給を上回ると、インフレーションが引き起こされてしまうことになる。[20]（いうまでもなく、売りと買いとがつねに同時におこなわれなければならない物々交換経済においては、「セーの法則」が支配しており、恐慌もインフレーションも原理的に起こりえない。）

すなわちここに、市場経済をめぐる効率性と不安定性との根源的な「二律背反」が、金融市場というミクロの次元だけでなく、市場経済全体というマクロの次元においても見いだされたことになる。そしてインフレーションの場合、それが加速してハイパー・インフレーションへと転化してしまうと、この「二律背反」は、たんに効率性と安定性という次元にとどまらず、市場経済そのものの存立と解体という、もっとも根源的な次元における対立として立ちあらわれることになるのである。

だが、と、ここで疑問がさしはさまれるだろう。たしかに、ここで論じたハイパー・インフレーションという現象は理論的には可能であるかもしれない。しかし、発展途上国や市場経済体制への移行をはかっている旧社会主義国ならいざ知らず、マクロ経済の管理が行き届いている現代の先進資本主義国においては、ハイパー・インフレーションなどおこるはずがない。そのようなおこるはずがないことにかんしていくら論じてみても、それはたんなる知的な暇つぶしにすぎないのではないか？

しかしながら、このグローバル化された市場経済のなかに、ハイパー・インフレーションがたんなる理論的な可能性には終わらない場所がすくなくともひとつある。それは、グローバル市場経済それ自体である。

15

わたしたちがいまそのなかに生きているグローバル市場経済とは、おどろくべきほど「非対称的」な構造をもった世界である。一方には、世界中で自国の通貨ドルを使うことができる唯一の基軸通貨国アメリカがあり、他方には、そのアメリカの通貨ドルを使っておたがい同士で取り引きをするほかのすべての非基軸通貨国がある。

たとえば、タイ人がロシアで買い付けをしたとき、自国通貨バーツをドルに換え、そのドルで代金を支払わなければならない。ブラジル人が韓国から借り入れをしたとき、自国通貨レアルをドルに換え、そのドルで利子や元本の支払いをしなければならない。だが、アメリカ人の場合は、ロシアで買い付けをするときでも、韓国で借り入れをするときでも、その支払いはすべて自国通貨であるドルで済ますことができる。アメリカ人にとって、自

国と世界とを区別する必要はないのである。(21)

ソビエト連邦が崩壊したとき、冷戦時代の思考にいまだにしばられていた多くの評論家は、まさにこのような非対称性をみて、アメリカが唯一の覇権国として世界を一元的に支配する構図を一生懸命に描きつづけていた。しかしながら、ここで重要なことは、基軸通貨国アメリカとそれ以外の非基軸通貨国との関係を古典的な支配と従属という関係になぞらえてしまうことは、事の本質を見誤ることになるということである。

たしかにドルが基軸通貨となった契機は、第二次大戦直後の世界におけるアメリカ経済の圧倒的な支配力であった。たとえば一九五〇年の時点で、アメリカの生産性は西ヨーロッパの二倍、日本の六倍であり、一国だけで全世界の財サービスの三〇パーセントを生産していた。戦争によって生産能力を大きく失った西ヨーロッパも日本も、経済復興に必要な資材や技術を得るためには、資本主義世界の唯一の工場であったアメリカとの貿易に依存するよりほかに道はなく、それによって生じた大幅な貿易の赤字も、西ヨーロッパの場合はマーシャル・プラン、日本の場合はガリオアやエロアといったアメリカからの援助によって埋め合わせなければならなかったのである。だが、じきにアメリカの凋落が語られはじめる。五〇年代の後半にはアメリカの貿易収支が赤字に転じ、七〇年代から八〇年代にかけてアメリカの生産性は西ヨーロッパや日本に並ばれ、さらに東アジアの四小龍にも急追される。九〇年代におけるアメリカ経済の繁栄は著しいが、それでも二十世紀の世紀末におけるアメリカの国内総生産は全世界の二〇パーセント、アメリカの輸出は全世界の一四パーセントにまで低下している。いま、世界中のひとびとがドルを保有しているのは、かならずしもアメリカ製品を輸入するためではないのである。

一九七一年までは、専門の経済学者もふくめた多くのひとびとは、このようなアメリカの経済支配力の低下にもかかわらずドルが基軸通貨であり続けているのは、アメリカ政府が外国政府の保有するドルにたいして三五ドル＝一オンスの固定比率で金との兌換を保証していたからだと信じていることができた。それ自体が実体的な価値をもつ金との交換可能性に支えられて、ドルが基軸通貨として流通しているのだというのである。だが、一九七一年の八月、アメリカのニクソン大統領はドルと金との兌換の保証を放棄するという演説をおこない、この素朴な信心を一気にうち破ってしまうことになる。（このときを境に、多くの国々が伸縮為替レート制を採用しはじめるようになった。）以来、ドルは金とのつながりをまったく失ってしまった。しかし、それにもかかわらず、世界中のひとびとはそのドルを基軸通貨としてあいかわらず使い続けたのである。いや、いくたの紆余曲折はあったが、ドルは最近、基軸通貨としての地位を逆に強めてさえいるのである。

そして、もちろん、ドルを基軸通貨として使うという申し合わせがひとびとのあいだにあるわけでも、アメリカ政府の強制があるわけでも、国際的な法令があるわけでもない。基軸通貨にかんしても、貨幣商品説と貨幣法制説はともに成立しないのである。

それでは、いったいなぜ、いま世界中のひとびとはアメリカのドルを基軸通貨として保有し続けているのだろうか？

この問いにたいする答えは、すでにあきらかであろう。それは、世界中どこでも将来ひとびとがドルを基軸通貨として受け入れてくれると予想しているからなのである。そして、将来世界中のひとびとがドルを基軸通貨として受け入れてくれると予想できるのは、さらに将来世界中のひとびとがドルを基軸通貨として受け入れてくれると予想しているからである。そして、……。この予想の連鎖は将来に向かって無限に続いていくことになる。すなわち、ドルが基軸通貨であるのは、そのドルが基軸通貨として使われ続けていくという「予想の無限の連鎖」があるからなのである。そして、まさにこの「予想の無限の連鎖」の支えによって、本来はアメリカの通貨でしかないドルが、アメリカ経済の浮き沈みとは独立に、世界中のひとびとに基軸通貨として保有されているのである。

ここに、グローバル市場経済の本質的な脆弱性がある。

16

基軸通貨とは、すべての国のすべての商品と交換しうるまさに「グローバル市場経済の貨幣」である。それゆえ、もしグローバル市場経済において「恐慌」が起こるとしたら、それは、世界中のひとびとが具体的な商品よりも基軸通貨ドルを欲してしまうことによっ事実、二十世紀の世紀末をおそったあの金融危機は、まさにその可能性をわれわれにかいま見させてくれたのである。世界中のひとびとが、外国為替市場でバーツやリンギットやルピアやウォンやルーブルやレアルを投げ売り、タイやマレーシアやインドネシアや韓国やロシアやブラジルの実体経済におおきな打撃をあたえることとなった。さらに、大規模な「日本売り」も起こり、EU統一通貨として生まれたばかりのユーロまで軟調になり、世界経済全体は総需要不足から累積的なデフレーションを経験しはじめたのである。世界経済は、一時はほんとうに恐慌の瀬戸際に立たされた。

だが、ここで注意すべきなのは、東アジアやロシアや中南米、さらには日本やEUから引き上げられた資金は、どこかに消えてしまったわけではないということである。また、金《きん》などの貴金属の購入に向かったわけでもない。(世紀末の金融危機のあいだに金の価格は逆に大幅に低下してしまい、それが世界貨幣としての機能をまったく失ってしまったことをあらためて証拠立てることになった。[22]) その多くは、ほかならぬ基軸通貨ドルのかたちで保有されるようになったのである。もちろん、その一部は株式や債券の購入に向かうことになり、その結果として、LTCMが事実上の倒産をした九八年の九月以降の数カ月をのぞけば、アメリカの株式市場は大ブームを続け、アメリカの債券市場も低金利を維持することができたのである。

たしかにこの世紀末の金融危機は、東アジアの新興国や旧ソ連や中南米諸国、さらには日本やEUといった非基軸通貨国の経済にたいする不満や不信の表明、しかも「美人コンテスト」の原理によって実体から大きく乖離させられた表明ではあった。だが、それは、すくなくとも基軸通貨ドルにたいする不満や不信の表明ではなかった。いや、逆にそれは、ドルにたいするひとびとの需要を高めたという意味で、そのドルを基軸通貨としたグローバル市場経済にたいする信頼の表明にほかならなかったのである。

もはやあきらかだろう。グローバル市場経済にとっての真の危機とは、金融危機でもなければ、それにつづく恐慌でもない。ハイパー・インフレーションである。そして、グローバル市場経済におけるハイパー・インフレーションとは、もちろん、基軸通貨ドルの価値が暴落してしまう「ドル危機」のことである。それは、基軸通貨としてのドルを支えているあの「予想の無限の連鎖」の崩壊過程にほかならないのである。

さて、このドル危機がグローバル市場経済のなかでおこるとしたら、それは何らかの理由で、世界中のひとびとが基軸通貨として保有しているドルを過剰に感じることから出発するはずである。[23] 世界各地の外国為替市場でドルがほかのすべての通貨にたいして売られ、ドル価値の下落がはじまるのである。もちろん、このようなドル価値の下落が一時的でしかないという予想が支配しているかぎり、ドル危機にはいたらない。だが、もしどこかの時点で、ドル価値がさらに下落するという予想のほうが支配的になってしまうと、事態は後戻りできなくなる。ほかのひとびとがもはや将来ドルを基軸通貨として受け入れてはくれないのではないかという恐れが広がり、その恐れによって、実際にひとびとはドルを基軸通貨として受け入れることを拒否するようになるのである。恐れが自己実現し、世界中のひとびとはドルから遁走しはじめる。それは、たんにドルが世界各地の外国為替市場で売り浴びせられるというだけではない。それまで基軸通貨として、タイからロシア、ロシアから韓国、韓国からブラジルへとアメリカの国外を回遊しつづけていた膨大な量のドルが、アメリカ国内に大挙して押し寄せ、アメリカ製品との交換を要求することになるはずである。ドル紙幣をたんなる紙くずにしてしまうよりは、なんでもよいからモノのかたちにしておいたほうがはるかにましだからである。アメリカ国内もたちまちハイパー・インフレーションに突入してしまうだろう。(その結果、ドルがほんとうにたんなる紙くずになってしまうかもしれない。)ドルを基軸通貨として支えていたあの「予想の無限の連鎖」が崩壊し、ドルはほかの通貨と同様の、たんなるアメリカの通貨、しかも大幅に価値を失った一国通貨になり下がってしまうのである。

もしこのような「ドル危機」が実際におこることになれば、そのとき、基軸通貨ドルの媒介によって可能となっていた貿易取り引きも金融取り引きも、その大部分が不可能となってしまうはずである。世界は細かく国ごとに分断されるか、いくつかのブロックに分割され、貿易も金融も各国同士のバーター取り引きかブロック内の取り引きに制限されてしまうことになる。ドル危機の行き着く先は、グローバル市場経済そのものの解体にほかならないのである。

17

では、このような危機をふせぐような仕組みは現在のグローバル市場経済のなかにあるのだろうか？

不幸にして、この問いにたいする答えは「否」である。

すでに何度も述べているように、貨幣が貨幣であるかぎり、その貨幣としての価値はモノとしての価値を大きく上回っている。ましてや、その生産費をはるかに上回っている。そしてそれは、一〇〇円硬貨や一万円札を発行している日本政府も、一〇〇万円の電子マネーを発行している民間企業も、それぞれ硬貨や紙幣や電子マネーを発行するたびに、その生産費を上回る貨幣の貨幣としての価値がそのままじぶんの利益となることを意味することになる。これは、なんの労力もなく手に入るまさにボロ儲けである。

貨幣の発行者が貨幣の発行によって手に入れるこの利益のことを、一般に「シニョレッジ（seigniorage）」という。それは、貨幣が貨幣であるかぎり、その発行に必然的にともなう利益である。

もちろん、グローバル市場経済の貨幣であるドルを発行しているアメリカも、このシニヨレッジを大いに享受しているはずである。たとえば日本の円がなんらかの理由で海外にもちだされても、それは日本の製品しか買うことができず、いつかはかならず日本にもどってくることになる。非基軸通貨国は、自国の生産に見合った額の自国通貨しか流通させることはできないのである。(それ以上流通させても、インフレーションになるだけである。) これにたいして、アメリカ政府の発行するドル紙幣やアメリカの銀行が創造するドル預金は、そのまま外国製品の購入に使うことができ、しかもそのようにして外国に支払われたドルの一部は、それがまさに基軸通貨であることによって、タイからロシア、ロシアから韓国、韓国からブラジルへと回遊し続け、アメリカ製品の購入のために戻ってくることはない。アメリカはその分だけ、なんの労力もかけずに、自国で生産している以上の商品を外国から手に入れたことになるのである。すなわち、基軸通貨として国外で保有されているドルの価値分が、基軸通貨国アメリカがうけとる「シニョレッジ」にほかならない。(24)

ところで、「シニョレッジ(seigniorage)」という言葉は、ヨーロッパにおいて主人や君主を意味する seignior という言葉に -age という接尾辞が付いたものである。それは、もともとは「君主であること」という一般的な意味であった。だが、中世のヨーロッパのひとびとの思考にキリスト教とならんで大きな影響をあたえたものにローマ法があり、そのなかでおもに取り引きにかんする法律を集めた万民法の定めによれば、君主が君主であることの特権のなかに、価値の尺度としての貨幣を自由に鋳造できる権利があった。（もちろん、このローマ法の規定は貨幣法制説にのっとっている。）そして、君主の数多くの特権のなかでも、この貨幣鋳造権ほど君主に大きな利益をあたえた特権はほかになかったのだろう。いつのまにやら、シニョレッジという言葉が、君主が君主であることによって得る「貨幣発行の利益」という卑俗な意味に転じてしまったのである。君主であるから貨幣発行の利益を独占しうるのではない。貨幣発行の利益を独占するものこそ君主である、というわけである。

つぎの文章は、ヨーロッパ中世の最大のスコラ哲学者であったトマス・アクィナスの著書『君主統治論』（一二六五—六六年）からの引用である。

貨幣の製造自身、王の尊厳に基づいて、彼に利益をもたらすものである。すなわち同一形状の或いは同一記銘をもつ貨幣を鋳造することは万民法（Jus Gentium）にも云える如く、王以外の他の何人にも許されて居らざるがためである。この点において各王侯或いは国王は、仮令貨幣鋳造によって、彼の権利と主張し得るとしても、金属内容の減少に関しては常に節度を守らねばならない。何故なら上述の如く貨幣は平物の尺度であるが故に、このことは人民に多大の害悪を及ぼすからである。従って貨幣或いは鋳貨の改鋳は度量或いは重量の変更と同じきことを意味するものである。(25)

この文章の前半部分は、まさにローマ法の万民法を典拠にして、君主の貨幣鋳造の特権とその利益について述べている。だが、同様に注目すべきなのは、その後半部分である。それは、「シニョレッジ」を独占する君主の特権が、つねにその乱用の可能性と背中合わせになっていることを警告している。なにしろ、貨幣を発行すればするほど利益があがるのである。宮廷での贅沢な生活による出費やたび重なる隣国との戦争などで、恒常的に財政難に悩まされていたヨーロッパ中世の君主たちが、このシニョレッジによってみずからの窮状を救おうと試みたとしてもなんの不思議もない。当時ヨーロッパで流通した貨幣は、君主の肖像を刻印した金貨や銀貨であり、その素材となる金銀の量はかぎられていた。それゆえ、君主が貨幣の発行量を増やす手段はただひとつ。それは、おなじ額面の金貨銀貨にふくまれている金銀の量を減らすこと、すなわち悪鋳である。そして、実際、ヨーロッパ中世の君主たちはくりかえしくりかえし、金貨銀貨の悪鋳をおこなったのである。(26)

たとえば、よく知られた例では、中世のフランスにおいて、フィリップ四世の統治下の一二八五年から一三一四年までのあいだに一〇回、フィリップ六世の統治下の一三二八年から一三五〇年のあいだに二四回、ジャン二世が統治した一三五〇年から一三六四年のあいだにはなんと七一回も悪鋳がおこなわれたという記録がある。その結果、フランスの一グロッサスという銀貨の単位は、十三世紀初頭には一二デナリウスの純銀をふくんでいたのが、ジャン二世が死去したときにはわずか三デナリウスの純銀しかふくまなくなったといわれている。（一デナリウスは純銀約一・七グラムにあたる。）このような貨幣価値の急激な下落が、ひとびとの経済生活を大いに混乱させたことはいうまでもない。

日本でも事情はおなじである。金属貨幣の悪鋳からうまれるシニョレッジは、徳川時代には「出目《でめ》」とよばれていた。徳川幕府は、全国制覇後ただちに貨幣の鋳造権を独占し、一六〇一年（慶長六年）に大判、小判、一分判、丁銀、豆板銀のいわゆる慶長金銀の鋳造を開始するが、はやくも一六九五年（元禄八年）には、あらたな「出目」をもとめて最初の悪鋳をおこなっている。その後、新井白石による正徳・享保期の改革を大きな例外として、徳川幕府は、元文、明和、文政、天保、嘉永、安政、万延年間に、それぞれ貨幣の悪鋳をおこなっているのである。(27)

もちろん、金属貨幣の悪鋳は、ヨーロッパの中世や日本の近世にかぎったことではない。古今東西、金属貨幣を鋳造する権利をもった君主のなかで、シニョレッジをもとめてその悪鋳をこころみなかった君主をさがすほうが難しい。さらに、金属貨幣に代わって紙幣が流通しはじめると、シニョレッジを手に入れる方法ははるかに簡単になる。たんに紙幣を印刷すればよいのである。実際、シニョレッジの誘惑にかられて紙幣を過剰に発行し、経済をおおきな混乱におとしいれてしまった君主の例は枚挙にいとまがない。

トマス・アクィナスはまさにこのような事態がおこることをおそれ、君主にたいして警告を発したのである。君主はほかの人民のように振る舞ってはならない。君主は君主であるかぎり、じぶんの利益の追求には節度を守り、人民の利益を考慮して貨幣を発行しなければならないというのである。(28)

18

そしていま、アメリカという名の「君主」が、ヨーロッパ中世の王侯や日本近世の将軍家と同様の誘惑に身をさらしている。なにしろ、ドルを基軸通貨とするグローバル市場経済のもとでは、アメリカは自国通貨ドルを多く供給すればするほど、多くのシニョレッジが手に入る仕組みになっているのである。こんなにうまい話はほかにはない。

しかし、もしこのシニョレッジの誘惑に負けて、アメリカが実際にドルを過剰に供給しはじめたとしたらどうなるだろうか。そのとき、ドルは暴落をはじめてしまうだろう。そして、それが基軸通貨としてのドルを支えているあの「予想の無限の連鎖」を崩壊させてしまうところまで進展すると、おこりうる悲劇は中世ヨーロッパや近世日本における経済混乱の比ではない。それは、まさにグローバル市場経済全体を解体してしまうのである。

それゆえ、トマス・アクィナスの警告が、七百五十年後のいま、ふたたび生きてくる。基軸通貨国アメリカは、普通の国としてふるまってはならない。基軸通貨国は基軸通貨国であるかぎり、好むと好まざるとにかかわらず、その行動にはグローバルな責任が課されてしまうのである。たとえそれが自国の通貨であろうとも、ドルの発行はグローバル市場経済全体の利益を考慮しておこなわれなければならないのである。

事実、第二次大戦の終結とともにはじまった米ソの冷戦時代には、アメリカは資本主義陣営のまさに盟主としての自負のもとに、一種の自己規律をもってドルを管理していた。だが、広大な領土と豊富な資源と多様な人口をもつアメリカという国は、伝統的に孤立主義的である。そして、冷戦も末期に入り、一方で社会主義諸国の政治的経済的な窮状があきらかになり、他方でおなじ資本主義陣営の西ヨーロッパや東アジアとの経済競争が激しくなるにつれて、アメリカは先祖返りをはじめる。内向きの姿勢を強めるようになったのである。近年では、国内産業の保護のために意図的にドルの価値を低めに誘導する、危険なゲームを試みたりするまでになっている。皮肉なことに、まさに社会主義という大きな「敵」の消滅が、アメリカからグローバル市場経済の基軸国としての自覚を奪いつつあるのである。そして、アメリカが純債務国に転落した一九八六年以降は、ドルの過剰発行はたんにシニョレッジを増やすだけではない。それがもたらすドル価値の下落は、対外債務の実質的な負担を軽減するという一石二鳥の効果までもつようになっている。ドル切り下げの誘惑はますます強まっているのである。

幸いにして――いや、不幸にして、世紀末の金融危機のあいだは、このようなドルの問題が表面化することはなかった。世界各地をつぎつぎに襲った金融危機にもかかわらず

——いや、まさにそのおかげで、基軸通貨ドルにたいする信認は相対的に高まり、アメリカ経済は未曾有の繁栄をつづけることができたのである。

世紀末の金融危機は終わり、世界恐慌は避けられた。すでに東アジアにおいても西ヨーロッパにおいても、経済成長軌道への復帰がはじまっている。そして、これらの経済がふたたびアメリカとの競争を始めるときこそが、問題である。アメリカは、国内政治の圧力におされて、ふたたび内向きの姿勢を強めはじめることになる。そしてまさにそのとき、ドルを基軸通貨とするグローバル市場経済の真の危機がはじまるだろう。

この来るべき危機に向けて、一体どのような方策がありうるのだろうか？

いまヨーロッパや日本を中心として、ドルが基軸通貨を独占している体制から、ドルとユーロと円という複数の基軸通貨が共存する体制への移行をめざす動きがある。そしてそれは、一九九九年にユーロがEUの共通通貨として現実化してから、さらに強くなっている。だが、もしそのような動きが、複数の基軸通貨のあいだの勢力均衡をもとめているのならば、それはもっとも危険な筋書きである。

基軸通貨の問題にたいして、政治における覇権（hegemony）理論や勢力均衡（balance of power）理論を応用することほど愚かなことはない。ドルが基軸通貨であるのは、それが世界中の多くのひとびとに受け入れられているから世界中の多くのひとびとに受け入れられているという、一種の自己循環論法の結果にすぎない。それは、そのドルを発行しているアメリカという国の経済支配力とはかならずしも一対一対応していないのである。もしドル以外の通貨がドルより多くのひとに基軸通貨として受け入れられはじめるならば、さらに多くのひとびとがそれを基軸通貨として使いはじめ、その通貨がただちに基軸通貨という位置を独占してしまうだろう。基軸通貨体制とは、どの通貨であれ、ひとつの通貨が基軸通貨の地位を独占してはじめて安定(balance)するのである。複数の基軸通貨が競合している状態とは、言葉の真の意味での不安定(unbalanced)な状態であり、複数の基軸通貨の勢力均衡などありえない。事実、歴史は、複数の基軸通貨が競合していた時代がいかに不安定な時代であったかを教えている。(29)

それだけではない、仮に大混乱のうちに基軸通貨がドルから別の通貨に移行するようなことがあったとしても、それは「ドル危機」を「ユーロ危機」や「円危機」におきかえるだけにすぎない。基軸通貨体制がつづく限り、基軸通貨をめぐる本質的な矛盾はそのままつづくことにならざるをえないのである。

19

グローバル市場経済の真の危機にたいする真の解決がもしあるとすれば、それはグローバル中央銀行の設立以外にはありえない。

そもそも貨幣という存在そのものが、「矛盾」をはらんでいる。貨幣が貨幣であるかぎり、その貨幣としての価値はその生産費用を必然的に上回る。貨幣の貨幣としての価値がその生産費用を上回るかぎり、貨幣の供給は必然的にシニョレッジをうみだす。貨幣の供給がシニョレッジをうみだすかぎり、貨幣の供給者は貨幣を過剰に供給する誘惑にさらされる。そして、貨幣がじっさいに過剰に供給されると、貨幣が貨幣でなくなってしまうハイパー・インフレーションがひきおこされてしまうのである。すなわち、貨幣が貨幣であることがまさに貨幣が貨幣でなくなってしまうための条件をつくっている。

この「矛盾」を最終的に解決するには、シニョレッジと貨幣の過剰供給のあいだの因果連鎖を断ち切るしかない。そしてそれは、自由放任主義のもとでは不可能である。じぶん自身の利益のためではなく、公共の利益のために貨幣を供給する独立した機関を設立する以外に道はないのである。まさにそれが、「中央銀行」にほかならない。

歴史のなかで最初に登場した中央銀行は、一六六八年に設立されたスウェーデン国立銀行である。だが、その後の中央銀行制度の模範となったのは、それについで一六九四年に設立されたイギリスのイングランド銀行である。イングランド銀行の出自自体は、あまり誉められたものではない。それは、一六八八年の名誉革命によってイギリスの王位についたウィリアム三世の財政の窮状を救うために、新王を支持してきたロンドンの商人たちが出資してつくった銀行であった。それは、国王の特許をうけた唯一の銀行ではあったが、銀行券の発行を独占していたわけでも、銀行券の発行を主たる業務にしていたわけでもなく、たんに規模の点で他を圧した巨大銀行でしかなかった。しかしながら、そのイングランド銀行が、じぶんの銀行券がイギリス国内で圧倒的なシェアを占めるようになると、しだいに「銀行の銀行」としての意識をもちはじめ、ほかの銀行と競争して利益を追求するという目的を放棄するようになる。その後、一八四四年の国立銀行条例によって、銀行券の発行を独占する権限をあたえられ、しかも銀行券の発行業務をほかの業務から切り離すことができるようになった。十九世紀の後半までには、イングランド銀行は、平時には貨幣や信用が過剰に供給されることを防ぐ「貨幣価値の番人」としてふるまい、金融危機やそれに続く恐慌においては資金の「最後の貸し手」の役割をはたすという、中央銀行の基本的な機能を確立することになるのである。[30] そして、ひとたびイングランド銀行が内発的に中央銀行へと進化をとげた後は、日本をふくめた後発の資本主義国は、イングランド銀行を模範として、国家権力によって上から中央銀行を設置するようになったのである。

しかしながら、あきらかに、いまのグローバル市場経済には、グローバル中央銀行が誕生するための基本条件が欠けている。(そして、いまのところ、基軸通貨国アメリカの連邦準備理事会(FRB)が自国の利益追求を放棄して、内発的にグローバル中央銀行へと進化していくという可能性もまったく見えない。) その理由はほかでもない。グローバル市場経済とは、まさにその言葉が示すとおり、国民国家を超えた存在だからである。

イングランド銀行やそれを模範とした多くの中央銀行が、「貨幣価値の番人」という役割にかんしてある程度の成功をおさめてきたのは、それらが国民国家のなかの中央銀行であったということが決定的に重要な意味をもっていた。国民国家とは孤立した存在ではない。それは、ほかの国民国家の存在を前提とし、それとの対抗意識を原動力として、運命共同体としての国民という観念のもとに作りあげられた文化的政治的経済的な統一体である。このような国民国家どうしの競争のなかで、それぞれの中央銀行は、(その具体的内容はともかく) 国民全体にたいする奉仕というまさに国民国家の存在理由に根ざした目的を盾に、国内のさまざまな政治的圧力から一定の独立性を保つことができたのである。

だが、いまだに文明が衝突し、民族同士が憎悪しあい、持つ北と持たざる南とが反目しあう現状のグローバル市場経済のなかでは、仮にグローバルな中央銀行が生まれたとしても、それに国民国家のあいだの錯綜した利害関係を超越する独立性を保証しうる、文化的政治的経済的な共通基盤はなにも存在しない。もちろん、そのようなグローバル中央銀行が発行するグローバル通貨が、ひとびとのあいだで信認を得ることはありえない。そして、信認を得ることを期待できないようなグローバル通貨を発行するグローバル中央銀行の設立に、各国の支持が集まることもない。

あのヨーロッパという文化的にも同質性の高い地域においてすら、欧州中央銀行 (ECB) が設立されるまでにすくなくとも五十年の年月を要している。しかも、それは、両大戦の悲惨な体験をきっかけとし、アメリカや東アジアとの対抗意識を原動力とした政治的統一への強力な意思を背景にして、はじめて可能になったものなのである。

もしグローバル中央銀行の設立にむけての世界的なコンセンサスがいつか生まれるとしたら、それは文明の対立や民族の抗争や南北の格差を超えて、地球全体がひとつの運命共同体となってしまうような大きな経済危機がおきたときでしかないだろう。だが、そのような経済危機とは、地球規模の自然災害によるものをのぞけば、まさにグローバル中央銀行の設立によって回避しようとしている当のドル危機以外にはありえない。グローバル中央銀行の設立は、いまのところたんなる学者の夢物語に終わっている。

二十一世紀のグローバル市場経済は、その真の危機にたいして、ヨーロッパの中世や日本の近世となんら変わるところはない、無防備な状態にあるのである。

終章 市場経済と資本主義

20

いままでわたしは、市場について、市場経済について、そしてグローバル市場経済について語ってきた。市場とは、モノが商品として自由に売り買いされる場のことであり、その市場をとおしてひとびとが生産や消費に必要なモノの大部分を調達していくようになると、市場経済がうまれ、その市場経済が地球全域をおおうとき、それはグローバル市場経済となる。

だが、わたしはまだ、市場を市場経済にし、市場経済をグローバル市場経済にしていく原動力について論じていない。その原動力とは、もちろん、「資本主義」である。

資本主義――それは、資本の無限の増殖を目的とし、利潤を永続的に追求していく経済活動の総称である。

資本主義の歴史は古い。それは「ノアの洪水以前」から、商業資本主義というかたちで存在していた。太古からこの地球で活躍していた商業資本主義とは、マルクスの言葉を借りれば、「いろいろな世界のあいだの隙間にいたエピクロスの神々のように」生きていた。たとえば古代メソポタミアの商人は、すでに六千年以上も前から、大きな船団を組んでユーフラテス川を行き来したり、小さな隊商を組んで砂漠地帯を渡ったりして、石英ガラスや黒曜石や天然アスファルトなどさまざまなモノを広範に交易していたことが知られている。かれらは地理的に離れたふたつの市場のあいだに入り込み、一方の市場で安いモノを他方の市場で高く売って、利潤を生みだしていたのである。そして、このような商人資本の活動によって、太古から近代まで、地球上に点在する大小遠近さまざまな市場が、紆余曲折を経ながらも次第次第に結びつけられていくことになった。だが、商業資本主義のもとでは、その結びつきはあくまでも一次元的なものでしかなく、市場が地球の表面を二次元的におおっていくことはなかった。点と線の外へ一歩足を踏み出すと、いまだに市場化されていない地域が茫漠とひろがっていたのである。

十八世紀後半からの産業革命とともにイギリスに登場した産業資本主義は、十九世紀から二十世紀にかけて西ヨーロッパや北アメリカや日本にも根をおろすことになった。それは、大量のスモッグを吹き上げる近代的工場で大量に生産される工業製品を安価に売りさばく場として、それぞれの国民国家の内側にいわゆる国民市場(national markets)を形成していくことになる。スモッグが地球をおおいはじめるのとほぼ比例して、それまで地球上に点在していただけであった市場も、その表面を二次元的におおいはじめることになる。市場をとおして大部分の経済活動がいとなまれる市場経済が世に登場したのである。しかしながら、産業資本が産業資本として利潤を生みだすためには、農村共同体に滞留する過剰な労働人口や海外からの移民の圧力によって都市の工場労働者の賃金がその生産性にくらべて低く抑えられていることが必要であり、しかもその産業資本自体、経済的な自立をもとめる国民国家、とりわけ後発の国民国家によって、さまざまな方法で外国との競争から保護されていた。たしかに近代の産業資本主義のもとで、市場経済はおおいなる拡大をとげることになったが、それが支配する領域は依然として部分的であり、しかも国民国家ごとに色分けされたままであった。

二十世紀の最後の四半世紀、市場経済は言葉の真の意味で「グローバル化」しはじめることになる。

それは、農村共同体に滞留していた過剰な労働人口が枯渇し、海外からの移民も制限され、もはや国内では低賃金で労働者を調達できなくなってしまった先進資本主義国の産業資本が、相対的に賃金の安い発展途上国や新興工業国に積極的に投資するようになったからである。それはまた、規模の経済性をもとめて巨大化し、国内市場を狭く感じるようになったおなじ先進資本主義国の産業資本が、ＧＡＴＴ（関税と貿易に関する一般協定）にもとづく数次の多国間交渉によって関税率や輸入割当などが大幅に引き下げられた機会に乗じて、国民国家の国境を越えて積極的に販売活動をおこなうようになったからでもある。それはさらに、グローバル化と同時に進行するいわゆるポスト産業化の流れのなかで、コンピューターのキーボードをたたくだけで瞬時に情報の伝達や資金の移動をおこなうことが可能になり、金融を中心とした商業資本が、古き良き時代における遠隔地交易とは比較にならないほどわずかな価格の差異をもとめて、積極的に資本移動をおこなうようになったからでもある。

資本主義とは、それまで市場化されていなかった地域を市場化し、それまで分断化されていた市場と市場とを統合していく。そして、まさにこのような資本主義の力によって、ついに市場は地球全域をおおいつくし、グローバル市場経済が成立することになった。地球がまさにひとつの市場経済になってしまったのである。

もちろん、地球がひとつの市場経済になったといっても、地域と地域のあいだの賃金の格差が消え去ってしまうことはないだろうし、国と国とのあいだの価格の差異は残りつづけていくだろう。いや、一部のひとびとは、グローバル化から避難するためのニッチ（棲み分け空間）として、自給自足的な地域共同体を意識的に作りはじめさえするだろう。そして、もちろん、ポスト産業化のなかでくりかえされていく「創造的破壊」としての技術革新や新製品開発は、たえず市場を攪乱し、グローバル市場経済をけっして静態的にはしておかないだろう。

しかしながら、重要なことは、このような格差や差異やニッチや攪乱は、すべてグローバル市場経済の「内部」における格差や差異やニッチや攪乱でしかないということである。産業資本主義の時代に国民国家の内側で成長をとげていた国民市場の場合は、一歩国境を越えると、そこにはそれぞれ独自の変動パターンをしめす数多くの国民市場がひかえていた。また、おなじ国境のなかにも、まだ資本主義に浸食されていない農村共同体と、その農村共同体からの人口圧力によって市場の論理を貫徹しえない労働市場をかかえていた。そして、その中心には、国民国家全体の立場から国民市場を統御することを使命とした中央政府と中央銀行が、厳然としてそびえ立っていた。だが、グローバル市場経済には、このような意味での「外部」はもはや存在しない。それは、人類が歴史上はじめて経験するまさに「純粋な市場経済」にほかならないのである。

そして、この「純粋な市場経済」とは、まさに「純粋」であるがゆえに「危機」に満ちたものになるはずである。ほかでもない、市場経済とは、効率化すればするほど不安定性が増していくという、根源的な「二律背反」をかかえた存在だからである。その市場経済が、あのアダム・スミスの「見えざる手」を曲がりなりにもはたらかせることができたのは、市場経済を「不純」にするさまざまな「外部」の存在が、その本来的な不安定性の発現を一定程度におさえてきたからなのである。だが、その「外部」は消えてしまった。もはや市場経済の本来的な不安定性の発現をおさえるものはなにもない。グローバルな金融市場は、ケインズの「美人コンテスト」原理に支配される投機活動によって、これからくりかえし危機をひきおこすことになるだろう。グローバルな市場経済全体は、基軸通貨を基軸通貨とする「予想の無限の連鎖」を崩壊させてしまうドル危機に、いつの日か直面することになるだろう。

くりかえそう。「アダム・スミスの時代」である二十一世紀とは、アダム・スミスのいう「見えざる手」がその力をますます失ってしまう時代なのである。

21

わたしたちは後戻りすることはできない。共同体的社会も社会主義国家も、多くはすでに遠い過去のものとなった。ひとは歴史のなかで、自由なるものを知ってしまったのである。そして、いかに危機に満ちていようとも、ひとが自由をもとめ続けるかぎり、グローバル市場経済は必然である。自由とは、共同体による干渉も国家による命令もうけずに、みずからの目的を追求できることである。資本主義とは、まさにその自由を経済活動において行使することにほかならない。資本主義を抑圧することは、そのまま自由を抑圧することなのである。そして、資本主義が抑圧されていないかぎり、それはそれまで市場化されていなかった地域を市場化し、それまで分断化されていた市場と市場とを統合していく運動をやめることはない。

二十一世紀という世紀において、わたしたちは、純粋なるがゆえに危機に満ちたグローバル市場経済のなかで生きていかざるをえない。そして、この「宿命」を認識しないかぎり、二十一世紀の危機にたいする処方箋も、二十一世紀の繁栄にむけての設計図も書くことは不可能である。

注

(1) The International Bank for Reconstruction and Developement (The World Bank), *The East Asian Miracle—Economic Growth and Public Policy*, (Oxford University Press, 1993), 邦訳『東アジアの奇跡——経済成長と政府の役割』(東洋経済新報社、白鳥正喜監訳、一九九四年)。

(2) Institute of International Finance による推計値。この推計値は、一九九九年度のアメリカの大統領経済教書の表6-2から引用した。

(3) 二十世紀末のグローバル金融危機についての重要な論文や記事や統計は、ニューヨーク大学のスターン・スクール・オブ・ビジネスのヌリエル・ルビーニ教授が管理しているインターネットのホーム・ページがほぼ完璧に網羅しており、わたしも多くの情報をこのホーム・ページから収集した。残念ながら、このホームページは、本書の単行本の出版後、Roubini Global Economics (RGE) Monitor (http://rgemonitor.com) として有料化されてしまった。ただし、二週間の Free Trial は可能である。

(4) このような思考方法をわたしはかつて「経済学的思考」と名付けておいた。「〈経済学的思考〉について」、『ヴェニスの商人の資本論』(筑摩書房、一九八五年、ちくま学芸文庫、一九九二年)所収。

(5) "Turmoil in Financial Markets." *The Economist*, October 17th, 1998 による。

(6) このような論調の変化をいち早く取り上げたのは、Nicholas Kristoff, David Sanger, Sheryl WuDunn のチームが "Behind the Global Economy" という総題で *The New York Times* に一九九九年の二月一五日から一八日にかけて連載した記事であろう。(*International Herald Tribune* では二月一六日―一九日に連載。)

(7) 『国富論』第四編第二章。これは、この論考のはじめのほうに引用した文章の後にある言葉である。

(8) この言葉は、Bernard Mandeville, *The Fable of Bees*, 1729, 邦訳、バーナード・マンデヴィル『蜂の寓話:私益すなわち公益』(泉谷治訳、法政大学出版局、一九八五年)の副題である。

(9) "The Case for Flexible Exchange Rates," in *Essays on Positive Economics*, University of Chicago Press, 1953. 邦訳『実証的経済学の方法と展開』(富士書房、一九七七年)。さらに、フリードマンはここで引用した文章に続けて次のような文章を書いている。「もちろん、このことから投機が不安定的ではないと結論はできない。専門的な投機家は平均的に利益を得る一方、次々と入って消えていく素人は定常的に大損をしているのかもしれない。だが、そのようなことは可能であったとしても、そうであると仮定する理由は見いだしにくいし、実際そうではないだろう。」

(10) 右に引用した論文が収録されている本のなかの別の論文で、ミルトン・フリードマンは「合理的な経済人」という伝統的な経済学の仮定を、次のようなダーウィン流の自然淘汰の原理によって正当化している。「利益最大化の仮説にたいする信頼は、[次のような] 根拠からも正当化される。……経営者の行動が多かれ少なかれ利潤の最大化と両立しうる行動に近似していないかぎり、長らく経営を存続させていくのは困難であろう。企業行動の直接的明示的な決定要因は慣習的反応、確率的偶然その他――なんであってもよい。この決定要因から導き出された行動が、合理的で適切な情報にもとづいた利益最大化とたまたま両立しうるものである時にはつねに経営は成功し、拡張のための資金を獲得することになる。また、そうではない時にはつねに経営は資金源を失うようになり、外部からの資金の追加的供給を受けない限り経営を継続できないことになる。このように〈自然淘汰〉の過程は、この仮説の正当化の手助けをする。いや、むしろ自然淘汰のもとでは、それが生存条件を適切に要約しているという判断によって、ほぼこの仮説を受け入れることができると言える。」("The Methodology of Positive Economics," in Milton Friedman, *Essays in Positive Economics*, p. 22.)

(11) このほかにも古典的な金融市場としては、外国為替市場と株式市場とがある。外国為替市場とは、外国の貨幣をそのまま金融商品として売り買いする市場である。それによって、異なった国家のあいだを行き来するのに要する時間やリスクが節約されることになる。また、株式市場とは、実体的な資本設備を売り買いする代わりに、その法律的な所有者である会社(法人企業)にたいする配当請求権、残余資産請求権、総会議決権、情報閲覧権などの権利の束である株式を商品として売り買いする市場である。(それは、じつは、会社をモノとして売り買いする市場と見なすことができる。このことについては、本書所収の「ヒト、モノ、法人」を参照のこと。)このように、株式という金融商品は、その構成要素のなかに総会議決権を中心とする会社にたいする支配権をふくんでおり、その商品価値は、同じ会社が発行する社債と異なって、たんなる時間の節約やリスクの回避には還元できない。その意味で、それは金融商品のなかでは特殊な位置を占めているのである。(不幸にして、通常の金融市場論ではこの問題は無視されてしまっている。)

(12) より正確に言うと、債券には倒産などによる債務不履行の可能性がともなうので、債券を売ることは、時間を買うだけでなくリスクも売っていることになる。また、三カ月先の先物を買うことは、たんにリスクを売るだけでなく、三カ月という時間も同時に買っている。

(13) デリバティブにかんしてのより詳しい解説は、たとえば、ロバート・C・マートン+大野克人編著『金融技術革命』(東洋経済新報社、一九九六年)などを参照のこと。

(14) ここで、金融市場には以上で論じた投機による不安定性をさらに増幅させてしまう仕組みが内在していることを、長いが、以下で付け加えておく必要があるだろう。それは「信用貨幣」の膨張収縮のプロセスである。

金融市場が人類の歴史とともに古いならば、信用貨幣とはおそらく金融市場の歴史とともに古いはずである。すでに紀元前二〇〇〇年のバビロニアにおいて現在の手形や銀行券にあたる信用貨幣が使われていたことが知られており、さらに同様の信用貨幣の痕跡は、ギリシャ、ローマ、ビザンチン、インド、中国といった大文明地からも発見されている。そして日本でも、いまの手形に対応する切手や切符はすでに平安時代にあらわれており、手形という言葉自体も古くから存在していた。また、江戸時代初期には、いまの銀行券に当たる両替商発行の預り手形が、ひろく大坂で流通していた。

手形とは、ひとや企業が商品の購入代金を将来支払うことを約束した証文のことである。それは、本来はたんなる借金証文(債券)にすぎない。だが、それは現実の市場経済のなかでは、ほぼ必然的に貨幣の代役をはたすようになるのである。その理由を説明してみよう。

どのような手形であれ、それを受け取るひとにとって重要なことは、約束された額の貨幣が満期にリスクなしに支払われることである。貨幣は貨幣であり、その貨幣をだれが実際に支払うかは問題ではない。それゆえ、商品の売り手が買い手から代金支払いの猶予を求められたとき、もし買い手の手元に十分信用のおけるひとや企業が振り出した手形があるならば、買い手が新たに振り出す手形を受け取る代わりに、すでに存在するその手形を受け取ってもかまわないはずである。いや、その手形の振り出し人のほうが買い手よりも高い信用をもっているならば、そのほうがむしろ望ましい。実際、多くの取り引きにおいて、売り手は率先して買い手から、買い手自身の手形ではなく他人の手形を受け取ることになるのである。

そして実は、この一見すると自然な取り引きには、大きな飛躍がふくまれている。なぜならば、そのとたんに、買い手と売り手との支払い関係は、すくなくとも買い手にかんしては完結してしまうからである。買い手は、じぶんで手形を振り出したときとちがって、もはや売り手に支払う貨幣を自分で用意する必要はない。貨幣の実際の支払いは、売り手に手渡した手形の振り出し人がその満期におこなってくれるはずである。すなわち、ここでは、他人の振り出した手形が買い手から売り手へと流通し、買い手にとっては決済手段としての貨幣の代役をはたしているのである。もちろん、それを受け取った売り手も、今度は自分が買い手となるときに、条件さえととのえば、いまと同じ取り引きをくりかえすことができる。同じ手形がひとからひとへと手渡され、満期にいたるまで数多くの取り引きを媒介していくようになる。それは、たんなる借金証文でしかない手形が、信用にもとづく決済手段、すなわち「信用貨幣」に転化したことを意味しているのである。

このプロセスを組織化したのが、銀行活動である。銀行券とは、銀行が額面の貨幣をいつでも支払うことを約束した要求払い預金証書のことであり、それも本来はたんなる借金証文の一種でしかない。(銀行がひとりの人間や企業に発行した銀行券を一箇所に寄せ集めたものが、預金口座である。)だが、銀行という商売は、そのたんなる借金証文が、自分の大きな信用力を背景とすれば、貨幣の代わりとしてひとびとのあいだを流通していくことをあらかじめ予期し、それを直接借り手に手渡すかたちで貸し付けをおこなうことによって成り立っている。もちろん、このようにして発行された銀行券はいつかは銀行にもどり、銀行はその持参人にたいして貨幣を支払わなければならない。だが、銀行券が貨幣の代役をより良くはたせばはたすほど、それがひとびとのあいだを流通している時間は長くなり、銀行が支払いのために準備しておかなければならない貨幣の割合は小さくなる。発行した銀行券の総量と準備金との差額が、まさに銀行による信用貨幣の創造にほかならないのである。

信用貨幣にかんする以上の簡単な説明から、その供給がいかに不安定になりうるかが容易に推察できるだろう。なぜならば、なんらかの理由で投機家が強気になり、投機資金にたいする借り入れ需要が高まったとき、銀行は原理的にはたんに銀行券を印刷するだけで(あるいは預金口座に金額を書き入れるだけで)即座にその需要に応じることができるからである。もちろん、貸し倒れのリスクや準備金を積み増すコストなどを考慮しなければならない。だが、そのようなリスクやコストを補って余りあるほどの貸し出し利子率さえ設定できれば、銀行は利潤を目的とする私企業として当然貸し出しを増やしていくことになるだろう。いや、場合によっては、銀行自体が強気になり、積極的に投機のための貸し出しを増やしていくことすらありうる。現にそのようなことは（一九八〇年代後半の日本経済の土地バブルが典型であるように）、過去に何度も何度もあったのである。

それだけではない。仮に銀行が貸し出しに慎重であったとしても、投機家の資金需要を満足させる方法は無尽蔵にある。歴史のうえでは銀行の登場以前から存在していたあの手形流通の原理を使えばよいのである。いや、手形でなくても、信用のおけそうなひとや企業が発行した債券であるなら、貨幣の代わりとして多くのひとのあいだを流通し、何人もの投機家に投機資金を提供することができるはずである。それに、どのように疑わしげな出自をもつ債券でも、ひとたび流通をはじめると、流通していること自体がそれに信用をあたえ、すくなくとも満期がおとずれるまでは信用貨幣としての役割をつとめ上げることができるようになる。そしてさらに、たとえ債券の信用度があまりにも低くてその流通がまったく望みえない場合でも、借り入れのための担保物件として受け入れられさえするならば、それはやはり投機資金の膨張におおいに貢献することになるはずである。事実、一九二八年から二九年にかけてのニューヨーク株式市場の投機ブームにおいては、一夜満期の債券であるコール・マネーがその役割をはたしたといわれているし、一九八〇年代のアメリカのM&A（合併買収）ブームにおいては、ジャンク・ボンド（くず債券）と名づけられた高リスク債券がその役割をはたしたのである。いったんはじまった投機ブームは、まさにこのような信用貨幣の膨張によって「火に油を注がれてしまう」ことになる。

そして、何らかの理由で投機ブームが終わり、パニックがはじまると、今度は逆に、手形の流通が滞りはじめる。それまでだれもが支払い代金として問題なく受け入れていた優良手形すらも、受け入れ先を見いだすのが難しくなる。さらに状況が悪化すると、銀行券までもが現金との交換をもとめて銀行に押し寄せはじめる。支払い不能のリスクを避けるために銀行は、大幅に準備金を積み増しし、いわゆる貸し渋りをはじめる。また、投機に加担しすぎて大量の不良債権をかかえてしまった一部の銀行は、取り付け騒ぎによって、実際に支払い不能におちいってしまうことになる。信用貨幣の供給は必要以上に収縮し、たんに投機家だけでなく、実体的な生産活動をしている生産者や消費者の資金需要までもが、大幅に削減されてしまうことになる。「すでに冷え切った企業マインドがさらに凍りついてしまう」ことになるのである。

いうまでもなく、手形が信用貨幣として流通することも、銀行券が信用貨幣として貸し出されることも、それ自体としては、貨幣の使用を節約し、市場経済全体の効率性を高めていく役割をはたしている。だが同時に、その供給が投機家の資金需要に応じて容易に膨張したり収縮したりしてしまうことは、「美人コンテスト」原理による市場経済の不安定性をさらに増幅してしまう効果をもってしまうことにもなる。すなわち、ここでは、市場経済を特徴づける効率化と不安定性との「二律背反」がまさに二重化されたかたちであらわれているのである。

(15) 金融危機の震源地となったタイの場合、危機以前には巨額の貿易赤字や破裂寸前の不動産バブルなどをかかえており、政府がそれらの問題を無視してバーツの対ドル・レートを高水準に固定しようとしたことが暴落のきっかけになったことは、疑いえない。だが、危機以前のタイの実体経済をいくら調べてみても、それが五〇パーセントを超すバーツの価値の切り下げを正当化するほど悪化していたという証拠を見いだすことはできない。タイに続いて危機におちいったほかの東アジアの国々にいたっては、危機以前の為替レートが大幅に割高であったという証拠、ましてタイのバーツに匹敵するほど割高であったという証拠はなにもない。いや、たとえばインドネシアの場合などは、もっとも深刻な落ち込みを経験したにもかかわらず、危機以前には世界銀行からそのマクロ経済政策にかんして「優等生」という評価をもらっていたほどであった。

(16) *The Economist*, Feb. 20, 1999 の特集記事は "The new danger" と題し、世界デフレーションが世界恐慌に転化する可能性に警鐘を鳴らしていた。またあのポール・クルーグマンも "The Return of Depression Economics," *Foreign Affairs*, Jan. /Feb., 1999 (邦訳は「恐慌型経済への回帰」、「論座」一九九九年三月号)で、同じ可能性について論じていた。

(17) 以下の「貨幣」にかんする議論は、ほぼ全面的に『貨幣論』(筑摩書房、一九九三年、ちくま学芸文庫、一九九八年)に依拠している。

(18) ここで重要なのは、貨幣を貨幣として維持していくこの受け渡しの連鎖は、無限に続くか、すくなくとも無限に続く可能性をもっていなければならないということである。たとえば将来のある確定した日に、貨幣がモノとして消費されることが確実に知られているとしよう。その日は、もちろん、貨幣は貨幣としてではなく、モノとしての価値しかもたない。そうすると、その日の一日前においても、貨幣は次の日にはモノとしての価値しかもたないことから、だれもそれを貨幣として受け入れようとはせず、貨幣はやはりモノとしての価値しかもたなくなる。そして、その日の二日前においても、……。結局、暦を逆にめくっていけば、同じ論法で、今日という日においても、だれも貨幣を貨幣として受け入れようとはせず、結局、貨幣はモノとしての価値しかもたなくなるのである。それゆえ、貨幣が貨幣であるためには、貨幣が貨幣として使われていく可能性が未来永劫にわたって残りつづけなければならないことになる。

(19) 市場経済の「危機」にかんする以下の議論も、『貨幣論』、とくにその四章、五章に依拠している。

(20) ここでは、便宜上、インフレーションのなかに、貨幣供給量の成長率と比例して物価が上昇する均衡インフレーションはふくめていない。

(21) ここでは、議論の単純化のために多少の誇張をしている。非基軸通貨国が別の非基軸通貨国と取り引きするときでも、多くの場合、外国為替市場で自国の通貨を相手国の通貨と交換して支払いをすることも可能であるし、実際に行われてもいる。だが、その場合、非基軸通貨同士の取り引き量が少ないために交換レートが不安定であり、一般にドルと交換するときよりもはるかに大きな取り引き費用を支払わなければならないのである。また、マルクにかんしては、ドイツに隣接している国々のあいだでは基軸通貨的に使われることがあるという。だが、その規模はいまのところまだ小さい。

(22) たとえば、一九九九年七月二九日の「日本経済新聞」の夕刊は、金の地金の店頭小売価格が、一グラム当たり九九九円となり、日本が金輸入を自由化した一九七三年以来、ほぼ二十六年ぶりに一〇〇〇円を割り込んだことを報じている。その後、ふたたび金価格が上昇したが、それは、金融危機が終わり、将来のインフレーションにたいするヘッジとして、ひとびとが金をまさにモノとして保有しはじめたことを意味しているにすぎない。

(23) 基軸通貨としてのドルにたいする需要が伸び続けているかぎり、アメリカの国際収支はその分だけ赤字傾向をもつ。だが、皮肉なことに、しばしばアメリカのこの国際収支赤字がひとびとのあいだでドル不安をひきおこすのである。

(24) 上の議論は、基軸通貨として保有されているドルにはまったく利子率が支払われていないと仮定してある。もし外国によって保有されているドル預金にたいしてアメリカの銀行が利子を支払っているならば、その利子率とほかの通貨の預金に支払われる利子率との差異を現在価値化したものが、シニョレッジの大きさとなる。

(25) この翻訳は、ヨハンネス・ラウレス『スコラ学派の貨幣論』(有斐閣、一九三七年)の一〇五ページ注一からとった。ただし、『君主統治論』のこの章(第二編第一三章)の実際の執筆は、トマスの死後、トマスの立案にもとづいて、その弟子ルッカのトレマスがおこなったといわれている。だが、ここでは一応トマスが立案したということで、トマスの著作と見なしておく。

(26) ただし、ここで悪鋳がつねに悪い政策であると主張しようと思っているわけではない。いや、ヨーロッパ中世においては、有効需要不足による恒常的な経済停滞がみられたが、悪鋳は当時の国家が利用可能な数少ない有効需要喚起策であったのである。

(27) たとえば、三上隆三『円の誕生』(東洋経済新報社、一九七五年)参照。もちろん、江戸幕府のおこなった悪鋳がすべて「出目」ねらいであったわけではなく、また、そのいくつかは有効需要不足の状態にたいする適切な政策でもあったということは付け加えておいてもよいだろう。

(28) このトマス・アクィナスの主張は、その後の中世のスコラ哲学者によって繰り返されることになる。たとえば、ヨハンネス・ラウレス『スコラ学派の貨幣論』に収録されているニコル・オレームやホアン・デ・マリアーナの論考を参照のこと。

(29) 金と銀とが基軸通貨として共存するいわゆる二重金属本位制(Bimetalism)については、たとえば Barry Eichengreen, *Globalizing Capital—A History of the International Monetary System* (Princeton University Press, 1996)の第二章が要を得た解説をあたえている。

(30) イングランド銀行およびほかの中央銀行制度の進化発展については、たとえば Charles Goodhart, *The Evolution of Central Banks* (The MIT Press, 1988)を参照のこと。

インターネット資本主義と電子貨幣

以下の文章は、一九九五年の春におこなわれた上野俊哉氏によるインタビューから抜粋したものである。インタビューゆえの語り口調もまとまりのなさも、そのまま残してある。

1

これから、インターネット時代における資本主義の行方や貨幣システムの動向について話してみたいとおもいます。その基本テーマをあらかじめ一言で述べておけば、"There is nothing new under the sun"――つまり「太陽の下には何も新しいことはない」ということになるとおもいます。インターネットを舞台とした情報化社会の急速な拡がり、それからそのインターネットを通してやりとりされる貨幣である電子貨幣の発明というのは、一見するとひどく新しいことのように見えるけれども、原理的には何も新しいことはないということです。

資本主義に関してわたしが『ヴェニスの商人の資本論』以来なんべんもなんべんもくり

かえしてきたことをもう一度くりかえしてみれば、資本主義とはそもそも形式的な原理でしかないということです。わたしは資本主義を一応、商業資本主義、産業資本主義、ポスト産業資本主義という三つの形態に分類していますが、この分類は、それらが違うということをいうためではなく、それらが原理的には同じであるということをいうためなのです。たとえば、いわゆるポスト産業資本主義、あるいは情報資本主義と言われているものは、一見新しい事態のように思えるけれど、それは資本主義の基本的な原理を誰の目にもわかるようなかたちで示しているに過ぎない。

それではその資本主義の基本原理は何かというと、それはノアの洪水以前からの商業資本主義、とりわけそれを特徴づける遠隔地貿易を思い起こしてみればわかるように、複数の価値体系のあいだに差異があれば、その差異を媒介して利潤を生み出す。差異性こそが利潤の源泉であるということです。産業資本主義がいつから始まったかについては論争があるのですが、通説では十八世紀の半ばあたりからだと言われています。その産業資本主義でもまったく同様です。それは結局、一国経済の中に市場化された都市と市場化されていない農村が共存していることによって生みだされる労働生産性と実質賃金率との間の差異が利潤の源泉となっていた。だが、この産業資本主義の勃興期の一七七六年にアダム・スミスの『国富論』が出版され、近代科学として経済学が誕生したわけですが、それは差異の原理を否定し、その代わりに労働価値説に代表されるような徹底的な人間中心主義にもとづいて資本主義を理解しようとしたものです。これが、その後のひとびとの資本主義に対する見方を非常に限られたものにした。つまり、産業資本主義と資本主義を同一視し、資本主義を実体的なものとしてとらえる近代のイデオロギーを成立させたのです。いわば資本主義の形而上学の成立です。

ところが、ダニエル・ベルが『脱工業化社会の到来』を著した一九七三年を一つの区切りとすると、それ以降先進資本主義国において顕著になったポスト産業資本主義的あるいは情報資本主義的な傾向が、アダム・スミス以来の人間中心主義的な資本主義像に対して、事実によって異議を唱えたわけです。なぜならば、それは企業間の情報の差異性を媒介したり、さらには差異性そのものでしかない情報そのものを商品化することによって利潤を生みだしていく資本主義の形態であるからです。そこでは、まさに資本主義の原理が意識化されている。差異性から利潤を生みだすという資本主義の基本原理が誰の目にも明らかなかたちで日々実践されているわけです。

それと同時に、ポスト産業資本主義になって、ひとびとは、ヴァーチュアル・リアリティ(仮想現実)などという言い方をし始めた。だが、そういう言い方には、仮想の背後にはなにか実体がありうるという近代の幻想が宿っているのです。おそらく産業資本主義的思考に対する批判を意図しているのでしょうが、逆に資本主義の形而上学がいかに強いものかを示してしまっている。なぜならば、実体に対比された意味での仮想ではなく、仮想といわれているものがそのまま実体となってしまうのが資本主義であるからなのです。

いま、このポスト産業資本主義あるいは情報資本主義という時代において、資本主義が差異性を媒介として利潤を生み出すという形式性にすぎないのだということがだれの目にも明らかになったと言いましたが、同じことが貨幣についても言えるのです。貨幣の歴史をみると、最初は貝殻や金などの、それ自身価値のあるものが貨幣としてやりとりされていた。そこで、ひとびとは誤解をするわけですね、貝殻や金はそれ自体がモノとして価値があるから貨幣として使われるのだというわけです。貨幣の形而上学の成立です。ところがその後、たとえば金が砂金とか金の塊ではなくて、額面を刻印した金貨として使われるようになってくると、金そのものの価値が貨幣として流通しているのではなくて、貨幣というものは貨幣として流通しているときは、その素材の価値を上回る価値を持っているのではないかとひとびとは気づきはじめる。そして、それは、本来は金貨と交換するという証文にすぎない紙幣それ自体が貨幣として使われるようになると、もっとはっきりしてくる。金が金貨になり、金貨が紙幣になるという貨幣の歴史のなかで、貨幣はこういう風にだんだんとその実体性を失ってきている。ときどき逆もどりもあるのですが、時代をおって貨幣がその実体性を失っていくこの動きの中でひとびとは、貨幣というものが、何らかの実体的な価値によって支えられているのではなく、貨幣として使われるから貨幣であるという自己循環論法によって支えられている純粋に形式的な存在であるということを認識するようになる。すなわち、貨幣の形而上学の解体です。さらに最近では、エレクトリック・バンキングという言葉があるように、銀行間の決済では、もはや紙幣でもなくて、通信回線の上で電子的な情報がやりとりされるだけにまでなってきている。

問題を整理すると、わたしは資本主義にかんする問題と貨幣にかんする問題とを一応分けて語ってみたわけです。一方の資本主義は、産業資本主義からポスト産業資本主義あるいは情報資本主義へと動いていき、他方の貨幣は、金から金貨、そして紙幣から電子情報にもとづくエレクトロニック・バンキングへと移っていくことによって、ともにその非実体性、あるいは形式性がだんだんと明らかになってきたわけです。一方の資本主義にかんしては差異性の原理、他方の貨幣にかんしては自己循環論法です。

そして、この二つの流れが最終的に合体し、そのもっとも純粋な姿をあらわす場となったのがあのインターネットにほかならないのです。

2

実は、わたし自身はインターネットを使ったことはありません。Nifty Serveで電子メールをやりとりするときにインターネットのゲートを経由した経験が数回ほどあるだけです。だから、ほんとうはインターネットについてしゃべる資格はないのですが、無知を棚に上げて、いや無知であることを利用して、多少大胆に語ってみることにします。[注:

その後、わたしもインターネットを頻繁に利用するようになった。」ともかく、このインターネットを舞台にしておもしろいことが起こりつつあることだけはたしかです。

そもそもインターネットは科学者間の単なるコミュニケーションの手段として誕生したわけですが、それがさまざまな使われ方をし、さまざまな人間や企業が参入するようになってくると、当然、それを商売の道具に使おうという試みがおこってくる。もちろん、インターネットにおいては、コンピュータを使ったほかのすべてのコミュニケーション・ネットワークと同じで、モノそのものを流通させることはできません。いわば電子的にビット化されうる情報しかやりとりできない。だから、最初のうちは、商品のカタログなどをおずおずと送ったりするだけであったのが、だんだんそれを映像やプログラム・ソフトや経済データといった情報そのものを売り買いする場としても使おうという動きが出てきたわけです。つまり、インターネットの上では、資本主義といってもポスト産業資本主義の形態しか可能ではなく、そして、実際それはいま、まさに情報そのものを商品としてやりとりするポスト産業資本主義の純粋な実験場となっているわけです。

問題は、コンピュータ・ネットワークの上では、すべての情報が他人に簡単にコピーされてしまうということです。とりわけ、インターネットではすべての情報はバケツ・リレー式に伝達されますから、その上でやりとりされる情報は原理的には完全な公開性をもってしまっている。ところが、資本主義の立場からいうと、価値とは差異性です。どのように貴重な情報でも、それはコピーされてしまえば差異性を失ってしまいますから、インターネット上でやりとりされる情報はそのままでは原則的に商品化することはできません。そこでこの大問題を解決するために登場したのが、数学における暗号システム論です。そして、実は、すでに七〇年代において、原理的には情報の暗号化の問題は解かれている。たとえば有名なRSAシステムを使えば、公開キーと秘匿キーとを組み合わせることによって、どのような情報でも、ほぼ完全に秘密を保ったかたちで送ることができます。そして、この暗号システムをうまくプログラムできれば、インターネットを通してどのような情報でも秘密のまま送れることになりますから、それを商品として売り買いすることができることになる。まさに、純粋なポスト産業資本主義の成立です。

貨幣についても同じことが起こっている。いや、もっと極端なかたちでおこっている。わたしはいわゆる電子貨幣にかんして非常な興味を覚えるのですが、それは、ポスト産業資本主義が、『ヴェニスの商人の資本論』で展開した資本主義の利潤創出原理を誰の目にも明らかにしたと同じように、「電子貨幣」の登場は、わたしが『貨幣論』において展開した貨幣をめぐる基本命題を、誰の目にも明らかにしてくれるからです。なぜならば、インターネット上で直接支払いに使うことができる電子貨幣とは、まさに文字通り電子化された情報そのものが貨幣になったのであって、つまりインターネットの上を行き来する0と1という二進法の数字の連鎖そのものが貨幣として使われるということです。そこには、貨幣とはそれ自体にモノとして価値があるから貨幣であるのではなく、また政府がそれを貨幣として使うことを強制するから貨幣であるのでもなく、たんにひとびとが貨幣として使うから貨幣なのであるという、貨幣のもっている純粋な形式性が純粋に浮き彫りにされている。

もちろん、すでにいわゆるエレクトロニック・バンキングが貨幣の形而上学の解体であったわけです。つまりここでも電子的情報そのものが貨幣として使われているからです。ただ、それは、電子貨幣に比べたら貨幣としてまだ若干不純さを残しています。一般に、AというひとがBというひとから商品を買ったとき、その代金の支払いにはすくなくとも二つの方法があります。一つは小切手や手形で支払うこと。もう一つは、現金で直接支払うこと。ここで重要なのは、小切手や手形で支払うといっても、小切手や手形そのものは貨幣ではない。これらは単なる借金証文です。AからBに小切手が渡されても、その時点ではまだ本当の支払いは済んでいない。Bはその小切手を自分の銀行に持って行き、Bの銀行はもらった小切手をAの銀行に渡して代わりにお金をもらい、その金額をBの口座に書き込んだとき、はじめてAからBへの支払いが完了する。大昔は、銀行間で金貨や紙幣を直接やりとりしていたのが、すぐ手形交換所で毎日おたがいの手持ちの手形と帳簿をつきあわせて決済するようになり、とうとう最近では、おたがいの間を専用回線で結びその上でほぼ瞬間的に電子情報を流して決済するようになった。これがエレクトリック・バンキングにほかなりません。しかし、このような小切手による支払いというのは、貨幣システムとしてまだ一〇〇パーセント純粋ではない。なぜならば、ここで実際に貨幣のやりとりがおこなわれるのは少数の銀行の間であり、あくまでも銀行の信用がその背後にあるからです。

これに対して、電子貨幣とは、AからBへの支払いをインターネットを通じて直接おこなってしまおうということなのです。暗号システムにおける公開キーと秘匿キーとを巧みに組み合わせて使うことによって、銀行を介在させずに、個人と個人とのあいだでも、たんに電子情報をやりとりするだけでそのまま決済をおこなってしまうのです。まさにインターネットの上を流れる電子情報がそのまま貨幣の役割をはたしてしまうのです。エレクトロニック・バンキングとちがって、貨幣の決済をする場がここではまったくの公開性をもったインターネットであって、銀行と銀行の間の閉じられた通信回線ではない。そして、貨幣の決済をする主体がここでは、多くの場合お互いに面識のない個人同士であって、銀行同士ではない。

しかも、たとえばデヴィッド・チョウムが案出した乱数署名のテクニックを使えば、たとえ電子貨幣の発行元が銀行であっても、その支払いは銀行からも秘密にすることができる。さらに言えば、現在かれが設立したデジ・キャッシュ社が提唱しているシステムでは、一つの電子貨幣は一回しか支払いに使えないという不純さが残っているのですが、この前一生懸命考えたら、それをちょっと手直しすれば、電子貨幣をまったくコインと同様にインターネットの上で何人ものあいだを流通させ続けることができることに気がつきました。［注：この問題についてのわたしの簡単な論考は、英文でインターネットに公開されている。http://www.nttdata.co.jp/rd/riss/ndf/1997/01/essay.htm を閲覧のこと。また、私のホームページ http://iwai-k.com/index-j.html の「論文・その他」のページからも閲覧可能である。］

実は、『貨幣論』を書いたときには、貨幣の形態としてはエレクトリック・バンキングで究極だろうと思っていたのですが、電子貨幣はさらにその先をいっており、貨幣というものの形式性が純粋に純粋化されてしまっている。

インターネットという場がなぜ面白いかということをもう少し哲学的に敷衍すると、たとえばエレクトリック・バンキングの場合は、閉じたネットワークを必要としており、その上で電子情報化された貨幣をやりとりするのはお互いを知り合い、お互いを信用し合っている銀行同士です。そこでは、まだ名前というものが何らかの意味での実体を指し示しているのです。ところが、インターネットの場合は、原則的に誰でもその中に入れて、しかもどのような名前でも名乗ることができる。つまり、名前は何も実体を指し示さず、純粋な名前、いやシステム内のたんなる差異性になってしまうのです。したがって、インターネットの上では、システムの外部にある実体にまったく依存しない、まさに純粋に抽象的な原理にもとづくコミュニケーションのシステムしか作動することができない。それは、考えられうるかぎりもっとも抽象的なコミュニケーションの空間なのです。

そして、暗号システムを応用することによって、まさにこの抽象的なインターネット上で資本主義も貨幣も可能であることが示されたということは、その資本主義も貨幣もその本質において純粋な形式性であるということがはからずも実証されたことになる。つまり、インターネットの発達によって、われわれが資本主義なるものに対して持っていた実体主義的なイデオロギー、すなわち資本主義の形而上学、およびわれわれが貨幣に対して持っていた実体主義的なイデオロギー、すなわち貨幣の形而上学、これらすべては事実の力によって消えてしまうはずだ、ということになります。そういう意味で、インターネットは興味深いものがあります。

3

ところで、現在、インターネットを舞台にして二つの力が争っています。一方はインターネットをさらに資本主義化してしまおうという力と、もう一方はそれを贈与交換の世界へ引き戻そうという力です。

インターネットは、その出発点においては、アメリカ国防省に軍事研究を委託されていた研究者のあいだの科学研究の情報のネットワークであったわけです。そして、もともとの参加者である科学者にとっては、インターネットを経済的な側面に使うのは抵抗があるようです。科学者の集団というのは、科学というすべての人間に普遍的な原理を探求する集団ですが、その集団自身は、逆説的ですが、お互いの信用によって結ばれている世界なんです。科学者がおたがいに論文を交換する、科学情報や技術情報を交換するとき、それはおたがいに同じ科学コミュニティーの一員としておたがいの名前を認めあっているからです。たとえ個人的には名前を知らないばあいでも、博士号をもっていたり、名のある研究機関や大学に属している人間であれば同じです。そこでは、名前はまさにネーム・ヴァリューを担っており、信用の源泉となっている。

そして、この名前が重要な役割を果たしている世界とは、基本的には、贈与交換の社会なのです。たとえば、古代ギリシャのホメロスが歌った『イーリアス』や『オデュッセイ』のなかに出てくるあの英雄たちは、他人から贈与を受けたらみずからの名誉を守るために、つまり自分の名前の信用を守るために、かならず贈与をした人間に対して返礼をする。ここでは、まさにおたがい同士の名前にたいする信用が、人間と人間との間の交換を可能にしている。贈られるモノそのものに価値があるから返礼するのではなく、贈った人間と贈られた人間との一種の信用関係によってモノが交換されるのです。

昨年（一九九四年）、あるコンピュータ・サイエンス関係の会合に呼ばれて講演をしたときに出会った何人かのひとたちは、コンピュータ・コミュニケーションの世界に資本主義的な要素が入り込んでくるのをなるべく排除しようとしていました。それは、いうなれば、それを原初における贈与交換の世界のままに保ちたいという必死の抵抗でしょう。その極端な例が、ソフトウェアを全部タダにしようと、それをネットを通じてタダでばらまこうという運動――コピー・レフトという運動です。あれはインターネットから資本主義の原理を排除して、なるべく古き良き贈与交換の世界に留めておこうという動きだと思います。これがインターネットのなかで働いている一方の力です。

しかし、インターネットのなかでは、もう一方の力が厳として存在している。それはいうまでもなく資本主義化への動きです。そして、コピー・レフトのような動きに対する全面的な対抗手段となるのが暗号化の技術です。まったくの公開性をもつインターネット上では、暗号化されない情報は、原理的にはだれも簡単にコピーできますから、それは資本主義的にはまったく無価値になってしまう。これにたいして、インターネット上の情報をたとえばRSA体系を使った公開キーと秘匿キーを組み合わせて暗号化すると、その情報の内容はまさに秘匿キーを持っている人間のみしか知ることができなくなります。すなわち、それはその人間の所有物となるわけです。つまり、ここに所有権が確保され、その所有権をもとにした商品交換が可能になるというわけです。そして、まさにこの事実が、逆に、所有権とは何かという古くからの社会科学の根本問題に解答を与えてくれるはずです。

いま、インターネットを舞台にして、この二つの力が争っているのです。ただ、不幸にして、わたしは経済学者ですから、資本主義化への動きなるものがいかに強いものであるかを良く知っています。そして、さらに不幸なことに、じつは贈与交換を維持しようとしている動きには自己矛盾がはらまれている。なぜならば、インターネットとは、原則として全てのひとが自由に参加できることを前提にしているわけですが、おたがいのあいだの信用を基礎にして成立する贈与交換の世界とは、まさにそれが何らかの意味で閉じられていることを必要とするのです。たとえば、科学的な情報や知識が、贈与的な原理によってインターネット上をタダで自由に行き来していくと、それがだれでも参加できるインターネット上であることから、それを欲しがる人間を増やしてしまい、そのなかにはもちろん信用のない人間も当然ふくまれますから、みずからの基盤である信用にもとづくコミュニティーを破壊してしまうことになる。インターネットがこれだけ拡大してしまうと、今度は、贈与的な世界を維持しようとするひとびとは、インターネットから離れた小さなネットワークをつくったり、あるいはもっと皮肉なことに、自分たちの仇敵である暗号システムを使ってインターネット上に閉じたコミュニティーをつくることになるかもしれない。

4

さて、インターネットは、その中での資本主義的な力によって、いわば新たな経済地域へと発展していく可能性がある。いままでは、地球という地理的、物理的な制約、さらには国家という制度的な制約があるから、伝統的な意味での経済地域はなかなか新たには作れない。新しく経済地域をつくるためには、他の経済地域を削らなければならないわけです。その結果、かならず地域間の戦争、国家間の戦争がひきおこされることになる。ところが、このインターネットの世界とは、まさに地理的な場所も国家的な保護も必要としない情報空間ですから、大げさにいえば、その拡大はこの地球上に新たな大陸、新たなフロンティアがつくられたことに等しい。しかも、先ほどから述べてきたように、このインターネットの上で、商品を交換することも、貨幣を流通させることも可能である。それは、まさに、旧来の地域や国家を越えた、新たな資本主義経済圏の創出にほかなりません。

それでは、このインターネット資本主義とは、はたしてこれからも何の問題もなく発展し続けていくのだろうか？　この問いに対しては、わたしは必ずしも確信をもってイエスとはいえないのです。いや、逆に、それにたいして大いなる危険を感じているのです。なぜかというと、資本主義とは、それが純粋化すればするほど不安定になってしまうという本質的な逆説をかかえたシステムであるからです。

この問題を考える手がかりをあたえてくれるのは、やはり電子貨幣です。仮に電子貨幣がインターネット上で大々的に流通をはじめたとします。そうすると、それをいったい誰が発行するのかが非常に重要な問題になってくるのです。つまり、一般に、貨幣の貨幣としての価値は貨幣のモノとしての価値を大幅に上回っている。とくに電子貨幣については、その実体は電子情報にすぎないからモノとしての価値はゼロです。もっとも初期投資としては、コンピュータ装置や磁気カードを作成しなければなりませんが、それらは一度作ってしまえば、何万回、何億回と使えるわけです。だから、銀行なり企業なり個人なりが電子貨幣を発行することができるようになると、その経済力は膨大なものになってしまう。なにしろインターネット上を走るまったく原価ゼロの電子情報をひとびとが貨幣として受け入れてさえくれれば、それによってこの世のありとあらゆるモノが買えることになるわけですから。そして、この電子貨幣の発行元は、インターネットを舞台にして拡大していくポスト産業資本主義に対して、ほぼ独占的な資金供給者としての地位を確保することすらできてしまうことになる。

電子貨幣にかんしては、デヴィッド・チョウムの提唱したデジ・キャッシュものだけではなく、他にもたくさんの類似のプロポーザルがあって、現在、様々な企業や銀行が激しい主導権争いをおこなっている。だれが勝つかはわからない。だが、なぜいま激しく争っているかという理由はよくわかる。貨幣の発行にかんしてははじめが肝心です。何しろ、貨幣とはひとびとがそれを貨幣として使っているから貨幣であるという自己循環論法の産物です。それが貨幣として使われているのは、それをほかの多くのひとが使っているという以外には何の理由もない。そこにあるのは自動的な累積過程です。したがって、電子貨幣の流通に関しても、最初に主導権を握りさえすれば、独占力はあとで自動的についてくることになるはずなのです。［注：どうやら、デヴィッド・チョウムの設立したDigiCash社は、この競争に敗退したようである。一九九八年一一月に会社更生法を申請し、翌九九年八月にその技術をすべてeCash Technologies社に売却してしまった。」

ところで、このような電子貨幣の発行に関する競争で、一つの企業や銀行が勝ち残り、最終的に発行権を独占したとしましょう。インターネット資本主義の不安定性の問題は、まさにここから始まることになるのです。たとえば現実の資本主義で、もし貨幣の発行を独占した企業なり銀行なりが、通常の民間企業や民間銀行と同様に私的な利潤を求めて動くとしたらどうでしょうか。その場合かならず貨幣を過剰に発行してしまいます。なにしろ、貨幣の貨幣としての価値はモノとしての価値をはるかに上回っているわけで、それを発行すればするほど儲かるからです。このような貨幣発行権を持っている人間が新しい貨幣を発行することで得られる利潤のことを英語では君主特権を意味するシニョレッジ(seigniorage)とよびますが、それはかつては貨幣発行の特権を王様が握っていたからです。そして、経済の歴史をひもとけば、王様が貨幣を過剰発行したり、その品質をどんどん悪くしていった歴史に満ち満ちています。この誘惑に勝てる王様は少ない。そして、多くの王様は、この誘惑に負けて、貨幣を過剰発行し、インフレーションをひきおこし、国家崩壊の危機を招いてしまっています。

同じことは、インターネット資本主義のなかで電子貨幣の発行権を握ることになる企業や銀行にかんしてもいえるのです。もちろん、それほど遠くない将来においてインターネットのなかにも国家論理が入り込み、貨幣発行権を私的利益のために使ってしまうことを規制しようとする動きがおこるでしょう。でも、インターネットの世界とは、まったくプライベートな個人の集まりで、本来的に国家を超えた存在であるわけです。というか、そもそもインターネットとは本質的に国家規制を嫌うひとの集まりなのです。たとえば、デヴィッド・チョウムはラディカルなまでの個人主義者です。かれが導入しようとしているデジ・キャッシュの最大の特徴は、そのほぼ完全なまでの匿名性です。かれの提唱した乱数署名とは、だれがどこで電子貨幣を使ったかをそれを発行した銀行すらトレースできない仕組みです。このように、インターネットの世界の住民はありとあらゆる手段を使って国家の介入を排除しようとしている。したがって、いったん一つの企業や銀行が電子貨幣の発行権を握ったら、その発行権を外部から規制するのはたいへんに難しい。そして、かれらが実際に電子貨幣を過剰に発行してしまうと、インターネット資本主義はハイパー・インフレーションに陥り、崩壊してしまうことになる。

しかも、インターネットが反国家的な色彩を帯びていることは、国家の介入を嫌うマフィアとかヤクザとかいった裏経済のひとたちがこれにどんどん参入してくる可能性も示唆します。たとえば、税金のがれの場所として、これほど格好の場所もない。すでに繰り返し述べたように、インターネット上でやりとりされる情報は、原則的にはだれでもコピーすることができる公開性をもっているのですが、ここに逆説があり、逆にそれだからこそ、情報を純粋に匿名的にする暗号システムが導入されたわけです。これに対して、インターネット以前の国民国家経済において使われる伝統的な貨幣にかんしては、金属であったり紙であったりという若干の実体性をもっているから、それに匿名性を確保する試みも中途半端になってしまう。たとえば、われわれの使っている日銀券をよく見れば、ちゃんと番号をふってあり、その意味では完全なコピーは不可能です。だから、誘拐事件などで、身代金に支払われた銀行券の番号から犯人の足がついてしまったりすることがあるわけです。

5

資本主義にかんしては二つの対立する見方があります。一つは資本主義というのは自由放任にしておいても「見えざる手」の働きによって自己完結性を保っていくシステムであるというもので、アダム・スミス以来の伝統的な経済学の立場です。これに対して、わたしが『不均衡動学』以来論じてきたことは、純粋資本主義というのは自己矛盾的なものなのだということです。それは、本来的に貨幣なるものを使う経済であるということから、商品全体に対する総需要と総供給とが常に一致していることを主張するセーの法則を成立させることができません。そして、商品全体に対する総需要と総供給とが乖離するマクロ的な不均衡に対しては、「見えざる手」は働きません。「見えざる手」とは、商品と商品との間の相対価格を調整することによって個々の市場を均衡化させるメカニズムにすぎないからです。すなわち、純粋な資本主義とは、完全な自由放任にまかしておいては、必ず恐慌におちいったりハイパー・インフレーションへと暴走してしまうはずなのです。ところが、現実の資本主義経済は、絶えざる景気循環を経験しているのだけれども、なかなか崩壊しなかった。大々的な恐慌は三〇年代に一回経験しただけだし、ハイパー・インフレーションには何回もおそわれましたが、それはすべて局所的で、全世界をまきこむものではなかった。それでは、現実の資本主義がこのようにチョボチョボの安定性を保っていたのはなぜかといえば、それはそれがどこかで不純なものを含んでいるからだというのが、わたしの議論です。たとえば、労働市場で市場原理が働いていないとか、国家が存在しそれが必ずしも利潤動機で動いていないとかいったことが、結果として、資本主義が自己崩壊することから救っているのです。

しかし、これにたいして、インターネット上の資本主義はまさに純粋化された資本主義です。そして、それだからこそ、そこでは、資本主義が本来的にもっている不安定性が、これまでの不純な資本主義にくらべて、はるかに増幅されたかたちで発現することになるはずです。

ただ、皮肉なのは、このようなインターネット資本主義の不安定性を救う救い主として、コピー・レフトのような運動が何らかの役割をはたす可能性があるということです。たとえば、市販されているソフトウェアと同じものをインターネットで自由に配布するという贈与交換的な動きによって、コピー・レフトの人たちは、インターネット世界が資本主義化していく力にたいして何とか抵抗しようとしているわけです。そして、まさにこのような動きが、インターネット資本主義をあくまでも不純なものに保ち、純粋資本主義のもっている本質的な不安定性からそれを守る一種の防波堤の役割をはたすことになるかもしれないのです。

いずれにせよ、インターネット上の資本主義はようやく始まったばかりです。生まれおちたばかりのこの赤ん坊が大人になってかかる病気について今から心配するのは、気が早いかもしれません。でも、この赤ん坊は驚くべき速度で成長している。今から、そのための心構えだけはしておいても、無駄ではないと思います。

II 短いエッセイ

売買と買売

担当した「経済理論」の期末試験が終わり、机の上にそれこそ山のように積み重なっているる三百枚以上の答案用紙を絶望的な気持ちとともに採点していると、「販買」とか「購売」といった誤字がやたら目につく。ひどいのになると、「買売」なんていうのもある。ものの売り買いにかんする学問である経済学を専攻している学生なら、せめて売買といった言葉ぐらいはちゃんと答案に書いて欲しいとますます絶望を深めているうちに、ふと、あることに思いあたった。

1

われわれにとって「買う」ことと「売る」ことはまさに正反対の概念である。一方はお金を支払ってモノを手にいれる行為をあらわし、他方はお金を手にいれるためにモノを他の人に渡す行為をあらわしている。この正反対の意味であるはずの二つの言葉が、ともに同じ「バイ」という音をもっていることの背後にはきっとなにか歴史的な理由があるにちがいない。そう考えながら、答案用紙の山を横におしのけ、手もとにあった角川の『漢和中辞典』を開いてみると、つぎのような説明がわたしの目のなかに飛び込んできた。

「買」という言葉は、あるものと別のものとを取り替える意味である「貿」という言葉を語源としており、はじめボウと発音されていたが後になってバイと発音されるようになったというのである。そして、もともとは売り買い両方の意味に用いられていたこの言葉は、後になって一方の買うの意味にのみ用いられるようになり、他方の売るという意味には「買」という字にモノを差し出すという意味の「出」という文字を組み合わせてつくられた「賣」という文字が使われるようになったという。もちろん、現在の「売」という字はこの賣という字の略字体である。

買という言葉と売という言葉とは、中国ではもともと同じ言葉であったのである。

そこで、つぎに日本語ではどうなっているのかと思って『大言海』を開いてみると、あった、あった、そのなかの「買ふ」の項には「交ふ（かふ）の他動の意のものか」という説明がつけられている。さらに岩波の『古語辞典』で「かひ」という項目を調べてみると、この言葉には「交ひ、替ひ、買ひ」という漢字の表記が当てられており、その基本的な語義として「甲乙の二つの別のものが互いに入れちがう意」という説明があたえられている。すなわち、日本語においても、「買う」という言葉はもともとは売り買いの両方の意味をもっており、あるものと別のものとをたんに交換することをあらわしていたにすぎない。

それが売るという言葉と区別されて、お金を支払ってなにかモノを手にいれるという行為をあらわすようになったのは、時代がはるかに降ってからのことのようなのである。中国語の「買」という言葉、日本語の「買ひ」という言葉が、歴史の遠い昔においては、ともに売り買いの区別なく、たんにあるものを他のものと交換するという意味しかもたなかったというこの事実――じつは、それは、なにも中国語や日本語に固有の事実ではない。実際、二十世紀最大の言語学者のひとりに数えられているエミール・バンヴェニストがその晩年に出版した『インド＝ヨーロッパ諸制度語彙集』（一九六九年）という大部の本のなかに収められている経済語彙についてのエッセイの多くは、まさにこの事実の解明にあてられているといっても過言ではない。

たとえば、ドイツ語においても「売る」を意味するverkaufenは「買う」を意味するkaufenから派生した言葉であり、ギリシャ語の「借りる」を意味するdaneizomaiは「貸す」を意味するdaneizoという言葉から派生したことをバンヴェニストは書いている。いや、かれの考察の出発点は、大多数のインド＝ヨーロッパ語において「与える」あるいは「贈与する」という意味の動詞の最小単位（語根）をなしているdō-という言葉が、遠い歴史以前の時代においては「与える」という意味だけではなく、それと正反対の「受け取る」という意味をも担っていたという事実の発見にあったのである。バンヴェニストはまさにこの言語的事実のなかに、あの有名な『贈与論』（一九二三―二四年、邦訳『社会学と人類学I』弘文堂、所収）のなかでマルセル・モースが描き出そうと試みた「古代的な交換形態」というもののひとつの強力な証拠を見いだすことになったのである。

マルセル・モースが、古代的な社会関係を贈与とその返礼によって構成される互酬的な交換の体系と見なしたことはよく知られている。ひとにモノを贈与することは、理論的には自由であっても実際的にはかならず相手側に返礼の義務を負わせることになり、一方からの贈与と他方からの返礼としての贈与とのそれこそ果てしのない繰り返しによって、共同体の内部における財貨の交換が可能になるというのである。この全体的な交換関係のなかでは、与えることは同時に受け取ることであり、受け取ることは同時に与えることである。忘れられてしまった遠い過去において、インド＝ヨーロッパ語の dō- という言葉が与えることと受け取ることを同時に意味していたのは、まさにこの「古代的な交換形態」の言語的な反映であったというわけである。

歴史がくだって、共同体の内部に貨幣という外部的な存在が進入し、貨幣を手にいれるために相手にモノを与えることと、モノを手にいれるために相手に貨幣を与えることとが時間的にも空間的にも切り放されてしまうようになって、本来モノを与えることとモノを受け取ることを同時に意味していた dō- という言葉が、大多数のインド＝ヨーロッパ語においてて与えるという一方の意味に特化したのである。そして、おそらく、かつてはたんにモノとモノとを交換する意味しかもたなかった中国語の「買」という言葉や日本語の「かふ」という言葉が今日の買や買うという意味にのみ用いられるようになったのも、同じ歴史的な経緯によるのだろう。

2

フロイトは、日常的な「言い間違え」という現象の背後にひとびとの抑圧された無意識の働きを見いだした。どうやら、わたしも、経済学専攻の学生たちの答案用紙のなかに堂々と登場する「書き間違え」の背後に、貨幣経済によって抑圧されてしまった古代的な無意識とでもいえるものの働きを見いだしているのかもしれない。売りが買いであり、買いが売りであったあの「古代的な交換形態」の記憶が、販買、購売、さらには買売といった誤字を通して現代のわれわれの心のなかに蘇ってきているのかもしれないのである。

そのようなことをぼんやりと考えていると、ふたたび机の上の答案用紙が目に入ってきた。どうやらこのへんで、誤字の背後に古代的な無意識を見いだすなどという悠長な話は切り上げて、絶望とともにもう一度答案用紙の山と格闘しなくてはならないようである。

商業には名前がなかった

「犬は夜のあいだ何もしなかったんだが」というグレゴリー警部の言葉にたいして、シャーロック・ホームズは「それがふしぎな事実だというのです」と注意する。事件の鍵は、ある事実が存在していることにあるのではなく、ある事実が存在していないことにあるのである。

1

いま、わたしの机の上に二冊の本がおかれている。つい最近日本語に翻訳されたばかりの『インド゠ヨーロッパ諸制度語彙集』の巻Iと巻II（前田耕作監修、蔵持不三也ほか訳、言叢社）である。この書物の原著者の名はエミール・バンヴェニスト、二十世紀最大の言語学者のひとりである。じつはわたしは、この言語学者にシャーロック・ホームズばりの名探偵を演じてもらおうと思っているのである。

もちろん、この事件依頼は、あの名馬銀星号の失踪事件とはなんのかかわり合いもない。

わたしがこの言語学者に解明してもらいたいのは、モノの売り買いによってなりたっている「商業」という経済活動の出生の秘密についてなのである。

2

「売る」ことと「買う」こと。一方はひとにモノを「与える」ことであり、他方はひとからモノを「受けとる」ことである。われわれにとって、これほどはっきり対立した意味をもつ事柄はない。もしこの二つを混同してしまうと、泥棒か詐欺師として手に縄がかかってしまうはずである。

だが、名探偵バンヴェニストの最初の仕事は、この「与える」と「受けとる」という正反対の行為を表現するインド＝ヨーロッパ語族内の言葉にかんして、ひとつの奇妙な事実が存在していることにわれわれの注意をうながすことから始まるのである。一般にインド＝ヨーロッパ語においては、一方の「与える」という行為は dō- という語根をもつ言葉によって表現されている。たとえば英語の donation、フランス語の don、ラテン語の dōnum あるいはサンスクリット語の dānam といった言葉はすべて「贈与」という意味をもっている。だが不幸にして、この一般的と思われてきた規則にはひとつの例外が存在しているのである。それは、同じインド＝ヨーロッパ語族に属するヒッタイト語において dā- という基本的には同一の語根がもう一方の「受けとる」という行為を意味しているということである。

同じ起源をもつ言葉が二つのまったく正反対の意味をもっているというこの矛盾。だが、われらがバンヴェニストは、ながらく言語学者を悩ませてきたこの矛盾にたちまちつぎのように鮮やかな解決をあたえてくれるのである。すなわち、この一見した矛盾こそひとつの歴史的な事実にほかならない、とかれは推理する。遠い記憶のかなたの古代の共同体において、「与える」ことは同時に「受けとる」ことをも意味していたのだ、というのである。

バンヴェニストがあたえてくれたこの解決は、じつはマルセル・モースが『贈与論』のなかで発見した「古代的な交換形態」というものの言語学の立場からの再発見にほかならない。よく知られているように、モースは、たとえばマオリ族において、贈られたモノのなかには返礼を怠る受けとり手を殺してしまう魔術的な力が吹き込まれていると信じられていることを指摘する。ひとにモノを贈ることは、それゆえ、受けとる側にかならず返礼の義務を負わせることになり、一方からの贈与と他方からの返礼とのあいだのはてしない繰り返しがひきおこされることになるというのである。モースは、古代的な共同体とは、このような互酬的交換によってかたちづくられる社会関係の総体として理解しうると主張したのである。与えることが受けとることでもあり、受けとることが与えることでもあったこの古代的な交換形態の痕跡を、バンヴェニストはインド＝ヨーロッパ語の dō- という語根をもつ言葉の両義性のなかに見いだしたというわけである。

3

もっとも、モースの『贈与論』を読んでさえいれば、ワトソン博士ですらこの程度の推理は可能であったかもしれない。だがこれで一件落着というわけにはいかない。いや、バンヴェニストによる本格的な推理はまさにここから始まるのである。なぜならば、古代的な交換形態において与えることと受けとることが同義であったならば、いったいどこから「与える」ことと「受けとる」ことが正反対の意味をもつような経済行為が生まれてくるのだろうか？ 贈与と返礼のあいだの閉じられた円環のなかから、いったいどのようにして「売り」と「買い」とを区別する「商業」なるものが生まれてくるのだろうか？

じっさい、バンヴェニストは、いくらしらみ潰しにインド＝ヨーロッパ語族に属する言語を調べてみても、「商業」にあたる経済行為を示す共通の語根を見つけ出すことができないという。もちろん、これは古代において商業が存在しなかったということを意味するのではない。商業とは人類の歴史とともに古く、個々の民族はそれぞれ商業を意味する個別の言葉をもっている。だが、それにもかかわらず、これらの言葉からなんら共通する語根を見いだすことができないのである。

いや、それだけではない。たとえばラテン語において商業を意味する negōtium という言葉を見てみよう。それはたんに暇（ōtium）のない（neg-）ことを意味しているにすぎないことがわかるだろう。また、英語における business、フランス語における affaire という言葉を思いだしてみよう。それらも本来はたんに忙しい（busy）こと、あるいはやるべき（à faire）ことという意味であったにすぎない。商業を指し示すこれらの言葉がそれ自身なにも明確な意味をもっていないということは、商業というものが共同体のなかにおいて本来じぶん自身を指し示す固有の名前をもっていなかったということを物語る。

事実として存在した商業が名前として存在しないというこの矛盾。しかしながら、名探偵バンヴェニストは、まさにこの第二の矛盾のなかに「商業」にかんする真実を見いだすことになるのである。

すなわち、それは、「商業」とは古代的な共同体におけるあの互酬的な交換とはまったく別の出自をもっているという事実である。いくら共同体の内部の歴史を遡ってみても、商業なるものの起源を見いだすことはできない。商業とは、外国人や自由民といった共同体の外部の人間によって専業的に従事され、共同体と共同体のあいだを仲介することによって成立した活動なのだということである。だからこそ、それは共同体の内部の人間にとって「暇ではないこと」、「忙しいこと」あるいは「やるべきこと」という消極的な言葉でしか指し示しえない事柄であったのである。

マルクスの言うように、「商品交換とは、共同体の果てるところで、共同体がほかの共同体またはその成員と接触する点ではじまった」のである。そして、このようにして成立した商業というものが共同体の外部から内部に侵入してあの「古代的な交換形態」を解体しはじめたとき、はじめて贈与と返礼とのあいだの閉じた円環が「売り」と「買い」という二つの正反対の行為に分離されることになったというわけである。

4

「商業」という経済活動の出生の秘密は、まさにそれが名前をもっていないというふしぎな事実に隠されていたというわけである。たしかにこれは、ワトソン博士の手には負えない事件であったにちがいない。

だが、共同体と共同体のあいだから生まれた商業という「名なし」の経済活動が、いったいどのようにして今まさに全世界をおおいつくしつつあるあの「資本主義」という名をもつ経済体制に転化していったのかというさらに複雑な秘密の解明には、どうやらバンヴェニストとは別の名探偵の登場を待たなくてはならないだろう。

資本主義と「人間」

フロイトによれば、人間の自己愛は過去に三度ほど大きな痛手をこうむったことがあるという。一度目は、コペルニクスの地動説によって地球が天体宇宙の中心から追放されたときに、二度目は、ダーウィンの進化論によって人類が動物世界の中心から追放されたときに、そして三度目は、フロイト自身の無意識の発見によって自己意識が人間の心的世界の中心から追放されたときに。

しかしながら実は、人間の自己愛には、すくなくとももうひとつ、フロイトが語らなかった傷が秘められている。だが、それがどのような傷であるかを語るためには、ここでいささか回り道をして、まずは「ヴェニスの商人」について語らなければならない。

1

ヴェニスの商人——それは、人類の歴史の中で「ノアの洪水以前」から存在していた商業資本主義の体現者のことである。海をはるかへだてた中国やインドやペルシャまで航海をして絹やコショウや絨毯を安く買い、ヨーロッパに持ちかえって高く売りさばく。遠隔地とヨーロッパとのあいだに存在する価格の差異が、莫大な利潤としてかれの手元に残ることになる。すなわち、ヴェニスの商人が体現している商業資本主義とは、地理的に離れたふたつの国のあいだの価格の差異を媒介して利潤を生み出す方法である。そこでは、利潤は差異から生まれている。

だが、経済学という学問は、まさに、このヴェニスの商人を抹殺することから出発した。

年々の労働こそ、いずれの国においても、年々の生活のために消費されるあらゆる必需品と有用な物資を本源的に供給する基金であり、この必需品と有用な物資は、つねに国民の労働の直接の生産物であるか、またはそれと交換に他の国から輸入したものである。

『国富論』の冒頭にあるこのアダム・スミスの言葉は、一国の富の増大のためには外国貿易からの利潤を貨幣のかたちで蓄積しなければならないとする、重商主義者に対する挑戦状にほかならない。スミスは、一国の富の真の創造者を、遠隔地との価格の差異を媒介して利潤をかせぐ商業資本的活動にではなく、勃興しつつある産業資本主義のもとで汗水たらして労働する人間に見いだしたのである。それは、経済学における「人間主義宣言」であり、これ以後、経済学は「人間」を中心として展開されることになった。

たとえば、リカードやマルクスは、スミスのこの人間主義宣言を、あらゆる商品の交換価値はその生産に必要な労働量によって規定されるという労働価値説として定式化した。

実際、リカードやマルクスの眼前で進行しつつあった産業革命は、工場制度による大量生産を可能にし、一人の労働者が生産しうる商品の価値（労働生産性）はその労働者がみずからの生活を維持していくのに必要な消費財の価値（実質賃金率）を大きく上回るようになったのである。労働者が生産するこの剰余価値――それが、かれらが見いだした産業資本主義における利潤の源泉なのであった。もちろん、この利潤は産業資本家によって搾取されてしまうものではあるが、リカードやマルクスはその源泉をあくまでも労働する主体としての人間にもとめていたのである。

2

だが、産業革命から二百五十年を経た今日、ポスト産業資本主義の名のもとに、旧来の産業資本主義の急速な変貌が伝えられている。ポスト産業資本主義――それは、加工食品や繊維製品や機械製品や化学製品のような実体的な工業生産物にかわって、技術、通信、文化、広告、教育、娯楽といったいわば情報そのものを商品化する新たな資本主義の形態であるという。そして、このポスト産業資本主義といわれる事態の喧騒のなかに、われわれは、ふたたびヴェニスの商人の影を見いだすのである。

なぜならば、商品としての情報の価値とは、まさに差異そのものが生み出す価値のことだからである。事実、すべての人間が共有している情報とは、その獲得のためにどれだけ労力がかかったとしても、商品としては無価値である。逆に、ある情報が商品として高価に売れるのは、それを利用するひとが他のひととは異なったことが出来るようになるからであり、それはその情報の開発のためにどれほど多くの労働が投入されたかには無関係なのである。

まさに、ここでも差異が価格を作り出し、したがって、差異が利潤を生み出す。それは、あのヴェニスの商人の資本主義とまったく同じ原理にほかならない。すなわち、このポスト産業資本主義のなかでも、労働する主体としての人間は、商品の価値の創造者としても、一国の富の創造者としても、もはやその場所をもっていないのである。

いや、さらに言うならば、伝統的な経済学の独壇場であるべきあの産業資本主義社会のなかにおいても、われわれは、抹殺されていたはずのヴェニスの商人の巨大な亡霊を発見しうるのである。

3

産業資本主義――それも、実は、ひとつの遠隔地貿易によって成立している経済機構であったのである。ただし、産業資本主義にとっての遠隔地とは、海のかなたの異国ではなく、一国の内側にある農村のことなのである。

産業資本主義の時代、国内の農村にはいまだに共同体的な相互扶助の原理によって維持されている多数の人口が滞留していた。そして、この農村における過剰人口の存在が、工場労働者の生産性の飛躍的な上昇にもかかわらず、彼らが受け取る実質賃金率の水準を低く抑えることになったのである。たとえ工場労働者の不足によってその実質賃金率が上昇しはじめても、農村からただちに人口が都市に流れだし、そこでの賃金率を引き下げてしまうのである。

それゆえ、都市の産業資本家は、都市にいながらにして、あたかも遠隔地交易に従事している商業資本家のように、労働生産性と実質賃金率という二つの異なった価値体系の差異を媒介できることになる。もちろん、そのあいだの差異が、利潤として彼らの手元に残ることになる。これが産業資本主義の利潤創出の秘密であり、それはいかに異質に見えようとも、利潤は差異から生まれてくるというあのヴェニスの商人の資本主義とまったく同じ原理にもとづくものなのである。

この産業資本主義の利潤創出機構を支えてきた労働生産性と実質賃金率とのあいだの差異は、歴史的に長らく安定していた。農村が膨大な過剰人口を抱えていたからである。そして、この差異の歴史的な安定性が、その背後に「人間」という主体の存在を措定してしまう、伝統的な経済学の「錯覚」を許してしまったのである。

かつてマルクスは、人間と人間との社会的な関係によってつくりだされる商品の価値が、商品そのものの価値として実体化されてしまう認識論的錯覚を、商品の物神化と名付けた。その意味で、差異性という抽象的な関係の背後にリカードやマルクス自身が措定してきた主体としての「人間」とは、まさに物神化、いや人神化の産物にほかならないのである。

4

差異は差異にすぎない。産業革命から二百五十年、多くの先進資本主義国において、無尽蔵に見えた農村における過剰人口もとうとう枯渇してしまった。実質賃金率が上昇しはじめ、もはや労働生産性と実質賃金率とのあいだの差異を媒介する産業資本主義の原理によっては、利潤を生みだすことが困難になってきたのである。あたえられた差異を媒介するのではなく、みずから媒介すべき差異を意識的に創りだしていかなければ、利潤が生み出せなくなってきたのである。その結果が、差異そのものである情報を商品化していく、現在進行中のポスト産業資本主義という喧噪に満ちた事態にほかならない。

差異を媒介して利潤を生み出していたヴェニスの商人——あのヴェニスの商人の資本主義こそ、まさに普遍的な資本主義であったのである。そして、「人間」は、この資本主義の歴史のなかで、一度としてその中心にあったことはなかった。

マルジャーナの知恵

1

高度情報社会、脱工業化社会、ポスト産業資本主義――それをどのように呼ぼうと大差はない。資本主義がその様相を急激に変貌させているという事実が、いやおうなしにわれわれの目を引くのである。すなわち、繊維や鉄鋼、さらには化学製品や機械といった「蹴とばせば足が痛い」モノを生産する産業から、技術や通信、さらには広告や教育といった「情報」そのものを商品化する産業へと、資本主義の中心が移動しつつあるのである。

だが、わたしはここで、あらゆるメディアが喧伝している「情報の商品化」という現象そのものについて語ろうと思っているのではない。逆にわたしは、すぐれて現代的なこの現象のなかに、ノアの洪水以前から存在していた資本主義という経済機構の秘密を聞きとろうというのである。そして、それがどういうことであるかを述べるためには、昔懐かしい『アリババと四十人の盗賊』の物語のなかのあの賢く美しい女奴隷マルジャーナの知恵を借りるのが一番の近道である。

2

マルジャーナは、市場から戻ってくると、家の入口の扉に白い印がつけられているのを見つけます。「これは一体どういう意味なのかしら。子供のいたずらかしら。それともだれかがアリババ様に何か悪事をたくらんでいるのかしら。いずれにしても、用心が肝心。」そうマルジャーナはつぶやくと、家のなかから白いチョークをもちだし、隣近所の家の扉にすべて同じような印をつけておきました。

一方、アリババの家の扉に白い印をつけてきた盗賊は、そんなこととは露も思わず秘密の洞窟に駆け戻り、自分の手柄を仲間に報告します。四十人の盗賊は喜び勇んで町に押しかけ、目指す家のあたりにやってきます。だが、何とすべての家の扉に同じような白い印がついているではありませんか！　へまをしでかした盗賊の首は宙を舞い、三十九人になってしまった盗賊のうちのひとりがふたたび町に忍びこまなければならないことになりました。

この盗賊も首尾よくアリババの住んでいる家を捜し出し、今度は赤い印を家の門口に小さくつけておきました。だが、この盗賊の首もその日が暮れる前に宙に舞い、三十九人の盗賊が三十八人の盗賊になってしまう運命にあったのです。なぜならば、この赤い印もマルジャーナの目からのがれることはできなかったからです。マルジャーナは買物から帰ってくると、家のなかから赤いペンキをとりだしてきて、隣近所すべての家の門口に同じような小さな印をつけておいたのです。

3

賢く美しい女奴隷マルジャーナ——かの女こそ「情報」とは一体何であるかを理解した最初の人間であったのである。

情報とは、それに使われている物理的な素材でもなければ、それが表現されている形式的な記号でもない。事実、最初の盗賊は白いチョークで印をつけさえすればアリババの家にかんする情報が伝えられると考えて、自分の首を失うことになった。二番目の盗賊は白い印のかわりに赤いペンキで印さえつければ同じ情報が伝えられると考えて、やはり自分の首を失うことになってしまった。

白いチョークの印がアリババの家のありかを示す情報として役にたつためには、ほかのすべての家の扉に白い印がついていないことが必要なのである。赤いペンキの印がアリババの家のありかを示す情報になるためには、ほかのすべての家の門口に赤い印がついていないことが必要なのである。ほかとの違い、すなわち「差異」こそ、賢く美しいマルジャーナが発見した情報の本質なのである。

4

情報の商品化――それは、したがって、差異の商品化と言いかえることができることになる。すなわち、差異そのものを売ることによって利潤を得る――それが、現代の資本主義の中心原理として機能しているのである。

ところで、資本主義とは、資本の無限の増殖を目的としている経済機構にほかならない。資本の増殖のためには利潤が必要である。そして、利潤とはつねに差異から生まれる。なぜならば、安く買って高く売ることこそ利潤を生み出す唯一の方法であり、それは、詐欺や強奪といった手段に訴えないかぎり、二つの異なった価値体系のあいだの差異を媒介することによってしか可能ではないからである。

差異から利潤を創りだす――これが、資本主義の基本原理である。だが同時に、この原理は、いままでの資本主義においては、あるいは外部的な関係として、あるいは隠された構造としてしか作用してこなかった。たとえば、資本主義のもっとも古い形態である商業資本主義とは、海を隔てた遠隔地との交易を媒介して、国内市場の価格との差異から利潤を生みだしてきた。また、産業革命以降の資本主義の支配的な形態であった産業資本主義は、いまだ資本主義化していない農村における過剰人口の存在によって構造的に創りだされた、労働力の価値（実質賃金率）と労働の生産物の価値（労働生産性）とのあいだの差異から利潤を生みだしてきた。

だが、遠隔地も農村の過剰人口も失いつつある現代の資本主義は、もはや商業資本主義的な差異からも産業資本主義的な差異からも利潤を生みだすことが困難になってしまっている。資本主義が資本主義であり続けるためには、いまや差異そのものを意識的に創りだしていかなければならないのである。そして、それが、情報の商品化を機軸として、われわれの目の前で進行しつつある高度情報社会、脱工業化社会、あるいはポスト産業資本主義とよばれる事態にほかならない。

情報の商品化——それは、まさに差異が利潤を創りだすという資本主義の基本原理そのものを体現している現象である。いわばそれは、もはやだれも聞きのがしようのない、資本主義の秘密にかんする「開け、胡麻」であるのである。

ジョン・ローの「システム」

1

昔、ジョン・ローという男がいた。

一六七一年にスコットランドに生まれたこの男は、二十歳になってロンドンに出ると、端正な容姿と機知に富む会話、そしてカードのあらゆる組み合わせを記憶していたといわれる賭博の才能によって、たちまち上流社会の寵児になる。だが、遊びに明け暮れる放縦な生活の果てに、女をめぐる争いに巻き込まれ、決闘の末に相手を殺してしまう。投獄され、いったんは死刑の宣告まで受けるが、友人の手引きによって脱獄し、ひそかに大陸に逃れさる。

それから四半世紀たったある日、われわれはこの男を、今度はパリのヴァンドーム広場の大邸宅のなかに見いだすことになる。そしてその時、この男は、フランス王立銀行の総裁、フランス・インド会社の総裁、さらにはフランス国全体の財務長官という地位にあって、摂政オルレアン公の絶大な信頼をうけていたのである。

十八世紀初頭のフランスは、ルイ十四世時代の乱費によって経済的に疲弊し、まさに貨幣に飢えていた。国内には大量の失業者があふれ、宮廷は破産寸前であったのである。そして、まさにこのような状態のフランスに、この異国人は、ひとつの壮大な「システム」を売りつけることに成功していたのである。

2

かつて、貨幣とは価値そのものであった。朕は国家なりと宣言した太陽王ルイ十四世のように、国王の肖像とともに自らの価値を刻印している金貨銀貨こそ貨幣にほかならないと考えられていた。だが、ジョン・ローは、故国を追われ、アムステルダム、ブリュッセル、ウィーン、フィレンツェ、ヴェネチアといったヨーロッパの商業都市を、賭博によって大金を稼ぎながら放浪しているあいだに、いつのまにやら貨幣という現象の秘密を発見するにいたるのである。すなわち、貨幣とは、それ自体が価値であるから貨幣として用いられているのではなく、それが貨幣としてひとびとに用いられているからこそ貨幣としての価値をもつのであるという秘密を。

それゆえ、なにも金銀それ自体を貨幣として用いる必然性はない。実際、ジョン・ローはまず手始めにヴァンドーム広場の自宅のなかに私設の銀行を設立し、金貨銀貨の預金と引き換えに銀行券を発行する。要求があり次第、額面通りの金銀を持参人に支払うことを約束しているだけのこの引き換え証券は、金貨銀貨より便利な支払い手段としてひとびとに受け入れられ、金貨銀貨以上の価値をもって流通することになる。いや、後にこの銀行が王立銀行へと発展的に改組された当初は、ひとびとはそれを手に入れるためにこぞって金貨や銀貨を銀行に預け入れるようになる。

これは、ひとつの無血革命であった。国王の肖像が刻印されている金貨銀貨に代わって、大衆の信認を基礎として異国人が発行する銀行券が貨幣の地位を襲う。大衆の信認がありさえすれば、銀行券はいくらでも発行し得る。そして、実際に大量の銀行券が発行され、大量に大衆の手に渡ることになる。まさに大衆が経済世界に登場したのである。

3

しかしながら、ジョン・ローの「システム」は、結局、反革命のまえについえさる。金貨銀貨の場合は、貨幣としての機能を停止しても、それ自身貴金属としての価値を持っている。だが、銀行券が貨幣でなくなれば、それはたんなる紙切れである。それゆえ、それが金貨銀貨に代わる貨幣の地位を確保するためには、たえず商品交換を媒介し、たえず自分の価値を更新していかなければならない。いや、金貨銀貨に肖像が刻み込まれている威厳にみちた太陽王へのノスタルジアから真に解放されるためには、それは価値を更新するためだけではなく、無限に自己の価値を増殖し、たえず資本に転化していかなければならないのである。

だが、ジョン・ローの手持ちのカードには、はるか遠くのミシシッピ河流域にある植民地しかなかった。ルイ十四世時代に発見されたこの土地は、ルイジアナという名前がついてこそあれ、なんの特産物もないただ広大なだけの平野でしかない。それでも、ジョン・ローは、銀行設立後まもなく、この植民地との貿易を独占する特許会社を設立して、株式を発行する。後に拡張されてインド会社とよばれるようになったこの特許会社は、一時的には大衆を幻惑し、将来の利潤のたんなる期待がその株価を騰貴させ、将来の株価の値上がりの期待がさらに一層株価を騰貴させる泡沫《ほうまつ》的投機(バブル)の波をつくりだす。実際、株式が取り引きされるカンカンポア街には、フランスのあらゆる階層の人間が銀行券の束をかかえて殺到し、狂乱状態でインド会社の株の売り買いをおこなったといわれている。大衆のなかから成り金が生まれ、高級品の価格が暴騰する。フランスは未曾有の好況に見舞われたのである。

だが、早晩このような泡沫的投機は崩壊する運命にある。はるか遠くのルイジアナの土地よりも、自分のポケットのなかにあるルイ金貨が選ばれるのである。最初はごく少数のひとびとが、まず株券を銀行券に換え、つぎに銀行券を金貨銀貨に換えようとする。だが、株価がひとたび下がりはじめると、それはさらなる値下がりの期待を生み、今度はすべてのひとが株券の束をかかえてカンカンポア街に殺到する。昨日の富は一夜明けたらたんなる紙屑でしかない。そして、このような紙屑を抱えこんだ大衆の暴動を恐れ、ジョン・ローは、今度はオルレアン公の手引きでフランスからひそかに脱出することになる。一七二〇年のことであった。

その九年後にかれはひっそりとヴェネチアの町で死ぬ。

4

しかしながら、ジョン・ローの「システム」自体は死んでいなかった。あれから二世紀半以上たった今日、われわれが生きている世界は、ジョン・ローの「システム」そのものなのである。いや、成功した「システム」――それがまさに「資本主義」と呼ばれているシステムにほかならない。だが、いつどこでどのように、この無から有を生み出す「システム」が成功をとげたのかを論じる余白はもはやない。

III 長いエッセイ

西鶴の大晦日《おおつごもり》

1

貞享五年（一六八八年）の正月に刊行された『日本永代蔵』の巻一ノ一の「初午《はつうま》は乗って来る仕合《しあは》せ」という物語のなかで、井原西鶴はつぎのように語っている。

一生一代事身を過ぐるの業《わざ》、士農工商の外《ほか》、出家神職にかぎらず、始末《しまつ》大明神の御託宣《ごたくせん》にまかせ、金銀を溜むべし。是《これ》二親の外に命の親なり。人間長くみれば朝《あした》をしらず、短くおもへば夕《ゆふべ》におどろく。されば天地は万物の逆旅《げきりよ》、光陰は百代《はくたい》の過客《くわかく》、浮世《ふせい》は夢幻《ゆめまぼろし》といふ。時の間《ま》の煙、死すれば何ぞ金銀瓦石《ぐわせき》にはおとれり。黄泉《くわうせん》の用には立ちがたし。しかりといへども、残して子孫のためにとはなりぬ。ひそかに思ふに、世にある程の願ひ、何によらず銀徳《ぎんとく》にて叶《かな》はざる事、天《あめ》が下に五つあり、それより外にはなかりき。これにましたる宝船のあるべきや。

金銀は「二親の外に命の親」であると西鶴はいう。もちろん「浮世は夢幻」であり、死んでしまえば金銀は「瓦石に」も劣る。だが、「ひそかに思ふに」、地水火風空の五輪からなるこの命より外には、「世にある程の願ひ」のうちで「銀徳にて叶はざる事」はない。それゆえ、「金銀を溜むべし」と西鶴は命令するのである。

同じ『日本永代蔵』のなかでさらに西鶴は、「人の家にありたきは梅桜松楓《かへで》、それよりも金銀米銭《べいせん》ぞかし」（巻一ノ二）、「なうてはならぬ物は銀《かね》の世の中」（巻三ノ一）、「世に銭程面白き物はなし」（巻四ノ三）、「俗姓筋目《ぞくしやうすぢめ》にもかまはず、ただ金銀が町人の氏系図《うぢけいづ》になるぞかし」（巻六ノ五）といった言葉を書きつけており、また、かれの死後弟子の北条団水の手によって元禄七年（一六九四年）に出版された『西鶴織留《おりどめ》』のなかにも、「兎角《とかく》ほしきは金銀ぞかし」（巻一ノ一）、「何に付いても金銀なくては、世にすめる甲斐《かひ》なき事」（巻一ノ三）、「いふもくどけども兎角世は銀のひかりぞかし」（巻二ノ四）といった言葉を見ることができる。

今までの西鶴の読者の多くは、これらの言葉のなかに金銀あるいは銭そのものに価値を見いだすいわゆる「拝金思想」や「貨幣中心主義」、「金銀万能思想」や「貨幣謳歌の哲学」などといったものしか聞きとってこなかった。「うき世」とは金銀銭が絶対的な価値をもつ世界なのだと西鶴は言っている、というのである。

もちろん、西鶴にとって、金銀銭が「ありたき」ものであり、「なうてはならぬ物」であり、「兎角ほしき」ものであったことはいうまでもない。だが、西鶴が「金銀を溜むべし」と命令するとき、それはほんとうに金銀銭自体が拝みたてまつるべき存在であるからなのであろうか？

この問いに答えるためには、ここで大きく回り道をしてみる必要がある。

2

世の定めとて大晦日《おほつごもり》は闇なる事、天《あま》の岩戸の神代《かみよ》このかた、しれたる事なるに、人みな常に渡世を油断して、毎年ひとつの胸算用《むねざんよう》ちがひ、節季《せつき》を仕廻《しま》ひかね迷惑するは、面々覚悟あしき故なり。一日千金に替へがたし。銭銀《ぜにかね》なくては越されざる冬と春との峠。

元禄五年（一六九二年）正月に刊行された西鶴の『世間胸算用』巻一ノ一の「問屋《とひや》の寛闊女《くわんくわつおんな》」の書きだしの文章である。「大晦日は一日千金」という言葉を副題にもつこの作品は、よく知られているように、すべて大晦日をその舞台とする二十ほどの短い挿話を集めたものである。

大晦日。それは、多くの商売を掛け売買によっておこなっていた元禄町人にとって、「銭銀なくては越されざる」文字通りの総決算期——節季——であり、「世の定め」として毎年確実におとずれる終わりの時間にほかならない。

じっさい、なんとか売買金を支払ってもらおうとする「借銭乞《しゃくせんこ》ひ」と、なんとか売買金を支払わないで済まそうとする「借銭負《しゃくせんお》ひ」とのあいだの攻防をめぐる悲喜劇に多くの紙数が費やされているこの『世間胸算用』という作品を、あるひとは大晦日という「ひとつの限られた時間を人はどう生きていくかという視点が方法化された小説」とみなし、またあるひとは「平素は隠されている町人の人間性が生のままであらわれる特殊な日としての大晦日に注目した実験小説である」と規定する。すなわち、これらの言葉によって代表される従来の批評の多くは、大晦日という時間が特殊であり、大晦日という状況が極限的であることに『世間胸算用』という作品が成立する根拠を見いだしているのである。(1)

もちろん、大晦日とは、「銭銀なくては越されざる冬と春との峠」としての極限的な時間であり、「世のさだめ」としての終わりの時間であることはだれも否定しえない。だが、話はそれで片づくほど簡単ではない。

3

『世間胸算用』のなかにおさめられている二十の挿話のうちで小説としての体裁をもっともよく整えているのは、巻五ノ三の「平太郎殿」であろう。武田麟太郎や丹羽文雄などによって近代小説のかたちに翻案されたこともあるこの物語は、「一とせ、大晦日に節分《せつぶん》ありて」と、大晦日と節分がちょうど重なってしまった二重に極限的な時間を設定する。「掛乞《かけごひ》・厄はらひ、天秤《てんびん》のひびき、大豆《まめ》うつ音」がすべて同時に聞こえてくる、「まことにくらがりに鬼つなぐ」ように「おそろし」き宵であったと、西鶴は書く。

舞台となるのは、毎年節分の夜に親鸞の弟子の平太郎殿の事蹟を讃談することになっている真宗の寺である。節分が大晦日と重なったこの夜、寺の太鼓が鳴り響くなかを、住職が仏前に御燈明をあげてから参詣にきた信者を数えると、なんと三人しかいない。

住職は、「されば今晩、一年中のさだめなるゆゑ、それぞれにいとまなく、参りの衆もないと見えました」と言ってから、この三人にむかって、このようなときに参詣する奇特なこころが本当の信心。閻魔の黄金の大帳に付けられて、未来にきっと差し引きが合うようになりますから賽銭を捨てたとは思いなさるな。「仏は慈悲第一、すこしもいつはりは御座らぬ。たのもしうおぼしめせ」と、言葉巧みに説法する。

だが、住職の話を聞き終わるや、ひとりの老婆が泪をこぼしながら、「只今のありがたい事うけたまはりまして、さてもさても我が心底《しんてい》の恥づかしうござります」と、告白をはじめるのである。今夜の事は、信心にてお寺に参りましたわけではございませぬ。息子が大晦日の掛け金取りからのがれるために、母親が家出したと騒いで近所のものと一緒に太鼓やかねをたたきながら夜をすごすという狂言芝居の一計として、ここに来させられたのでございますと、なげくのである。

すると、今度は一人の男が語りはじめる。大和の地で二人の子持ちの後家のところに入り婿したが、甲斐性がないと追い出され、「明日は国元へ帰る分別いたしましたが、今夜一夜のあかし所なく、我らは法華宗なれども、これへ参りました」と、うちあける。最後に、もうひとりの男が、「大わらひして」話しはじめる。今夜は平太郎殿の讃談を聞きに参詣する大勢の信者の草履や雪駄《せきだ》を盗んで酒代にでもしようと思ったものの、どこの寺でもひと気がなく、「ほとけの目をぬく事もなりがたし」と泪をこぼすのであった。

三人の参詣者からの思いもかけない懺悔話を聞いた住職は、「さてもさても身の貧からは、さまざま悪心もおこるものぞかし。各々もみな仏体《ぶったい》なれど、是非もなきうき世ぞ」と、「つらつら人界《にんがい》を観《くわん》じ給ふ」ことになるのである。

大晦日と節句が重なったおそろしき宵に時間を設定し、真宗の寺という俗界を離れた空間を舞台としたこの物語は、がらんとした寺の道場に「冬と春との峠を越されざる」切迫した境遇をもつ三人の人間を「うき世」から寄せ集めてくる。そして、このようなまさに極限的な状況のなかから、日常的な場面ではけっして可能ではなかったそれぞれの人間の懺悔話を引き出し、住職に、そして究極的には本の読み手に、ひとつの超越的な立場から「つらつら人界を観じ給」わせることになるのである。その意味で、それは「ひとつの限られた時間を人はどう生きていくかという視点が方法化された小説」であり、「平素は隠されている町人の人間性が生のままであらわれる特殊な日としての大晦日に注目した実験小説」としての『世間胸算用』という作品の構造を、もっとも集約的なかたちであらわした物語であるとみなしてよいようにみえる。

だが、西鶴は、この「平太郎殿」という物語を、住職に「つらつら人界を観じ給」わせたままでは終わらせなかった。

住職が「つらつら人界を観じ給ふ」うちに、突然、女があわただしくかけつけてくる。姪御さまがただ今安々とご出産あそばしましたと知らせにきたのである。ほどなくその後から、箱屋が掛け金取りとの口論のすえ相手の首をしめてからじぶんも自殺したので、葬式のために夜半過ぎに火葬場へ来るようにといってくる。仕立物屋が、住職様が縫いにだされた白小袖が盗まれてしまいましたが損はおかけしませんとことわりにくる。東隣からは、井戸が突然つぶれ、正月五ヵ日水がもらいたいと無心にくる。そして、その後に、金を使いすごして勘当された第一檀家のひとり息子を、母親が正月四日までお寺に預けにくる。「これもいやとはいはれず。うき世に住むから、師《し》走坊主《はすばうず》も隙《ひま》のない事ぞかし」。

本来ならば住職が「つらつら人界を観じ給ふ」ところで終わるべき物語の完結性が、次から次へとそれこそ「なだれを打つように」[2]おし寄せてくる日常的な事件の知らせによってたちまちのうちに崩れさってしまうのである。

そして、それは同時に、この物語の舞台として設定されていた寺という空間の超俗性も大晦日という時間の極限性も一挙に崩れさってしまうことをも意味している。

じっさい、俗世間から離れているべき寺という空間は、住職の姪の出産という事件によって血縁的な世界に引きずりこまれ、住職自身が注文した白小袖の盗難という事件によって地縁的な世界にひきもどされてしまう。また、一年の暦の本当の終わりとなるべき大晦日という時間は、平太郎殿の讃談の代わりに火葬場での読経という住職にとっての日常的な勤めによってその特殊性を失い、東隣へ正月五日まで水を分け、勘当息子を正月四日まで預かることによって、そのまま日常的にずるずると次の年の春まで続いていってしまうのである。

まさに、「うき世に住むから、師走坊主も隙のない事ぞかし」である。

師走が師走でなく、坊主が坊主でない。いや、大晦日が大晦日でなく、寺が寺でない——すなわち、大晦日という時間がその極限性を失い、寺という空間がその超俗性を失ってしまうこと——それが「うき世」に住むということなのである。

終わりであるべき時間を終わりにせず、中心であるべき空間を中心にしないこの「平太郎殿」という物語——それは、結局、世界には終わりもなければ中心もないということを物語っている物語にほかならないのである。

これは、ひとつの事件であった。世界というものには終わりもなければ中心もないという意識によって作り上げられた文学の誕生——それは、「うき世」とよばれたひとつの世界の構造を反映した新たな文学の誕生であろう。それでは、この「うき世」とは、いったいどのような構造を持った世界であったのだろうか？

4

そこで、ふたたび『世間胸算用』のなかから文章をひきだしてみよう。

それは、『世間胸算用』の末尾を飾る巻五ノ四の「長久の江戸棚《だな》」からである。「天下泰平、国土《こくど》万人《ばんにん》江戸商《あきな》ひを心がけ」という言葉から始まるこの文章は、物語らしい物語もなく、すべて江戸の町のひとびとが「諸大名の子息にかぎらず、町人までも万《よろづ》に大気《たいき》なる」ことを書きしるしている。

たとえば、ある年の大晦日に、江戸中の店に雪駄が一足、足袋が片足もないことがあったという話を西鶴はする。宵の頃は一足が七、八分の雪駄が、夜半過ぎには一匁《もんめ》二、三分となり、夜明けがたには一足二匁五分になったけれども、買うひとばかりで売るひとがいなかったという。またある年の大晦日に、掛小鯛《かけこだひ》が二枚十八匁、橙《だいだい》ひとつが金で二歩もしたことがあったが、この江戸では高くて買わぬということはなかったという。

そして、江戸町人のこのような「大気」をあらわす最たるものとして西鶴があげるのが、かれらの金貨や銅銭にたいする態度である。

江戸に住みはじめると、たとえ「京大坂に住みなれて心のちひさきものも、その気になつて、銭をよむといふ事なし」と、西鶴はいう。また、「小判を厘秤《りんだめ》にてかける事もなし。

かるきをとれば、又そのままにさきへわたし、世は廻《まは》り持ちのたからなれば、ひとりとして吟味する事にはあらず」と、いうのである。

はたして、西鶴のいうように、江戸の町人が実際に京や大坂の町人よりも「大気」があったかどうかという問題はこのさい問わないでおこう。ここで問題にすべきなのは、江戸においては金小判や銅銭が、品位を吟味され重さを測られることなく、たんにその枚数を数えるだけで流通させられていたという西鶴の言葉である。なぜならば、それはまさに貨幣というものが作用させるある逆説的な論理について語っているからである。それでは、この「貨幣の論理」とはいったいどのような論理であるのだろう(3)。

5

江戸時代の貨幣制度は一般に「三貨制度」とよばれていた。金貨、銀貨、銅貨の三種類の貨幣が流通していたからである。

日本で最初に鋳造された金貨は天平宝字四年（七六〇年）の開基通宝であった。だが、その後天正十六年（一五八八年）に豊臣秀吉が京都の彫金家後藤徳乗に命じて鋳造させた天正大判まで、中央権力による金貨の鋳造には八百年以上の空白があった。しかも、開基通宝はひろく流通した形跡がなく、秀吉が鋳造した天正大判をはじめとする十数種の金貨も多くは「太閤のかねくばり」のために使われ、実際の貨幣として日常的には機能していなかった。その意味で、全国を流通圏とする日本ではじめての金貨は、徳川家康が慶長六年(一六〇一年)に発行した十両大判、一両小判、および一分判の三種ということになる。(4)(ただし、慶長大判は、秀吉の天正大判と同様に、実際の貨幣としてではなく、公儀の献上用にもっぱら用いられたことが知られている。)

銀貨にかんしては、すでに室町時代の初期から大坂や京都の商人のあいだで使われていた。それは、当時のアジアにおける国際通貨は銀であり、国際性をもったこれらの商人が馬蹄銀とよばれる銀貨をもちいて中国や南蛮と盛んに交易をおこなっていたからである。そして、家康の全国統一時には、関西を中心とする広い地域で、丁銀《ちょうぎん》とよばれるなまこ形の大きな銀塊や豆板銀とよばれる豆状の小さな銀塊が大量に流通していた。慶長六年に幕府は銀貨の鋳造もはじめたが、それはすでに関西で流通していたのと同じ丁銀と豆板銀であった。(5)これらの銀貨は、一個一個の重さや形は不規則であったが、幕府は刻印を押して、それにふくまれている銀の品位を保証したのである。

最後に、銭とよばれた銅貨については、八世紀はじめに和銅開珎が鋳造されたが、その後十世紀中ごろの乾元大宝の鋳造を最後に、停止されてしまう。しかし、十二世紀になって日宋貿易が発展するとともに宋銭が輸入されるようになり、十五世紀はじめに室町幕府が明と通商をおこなうようになってからは明銭が輸入され、私鋳銭とよばれたそれらの模造品とともに中世から近世初頭にかけて市場で流通することになる。江戸幕府が、これらの中国銭や私鋳銭にかわるものとして幕府独自の銅貨である寛永通宝を鋳造しはじめたのは、金貨や銀貨の鋳造よりもだいぶ後の将軍家光の代の寛永十三年（一六三六年）のことであった。(6)

この三貨制度は、三貨制度とよばれてはいるが、その実、それを構成する金貨、銀貨、銅銭の三種の金属貨幣は、それぞれ貨幣としての用いられかたも、その流通範囲も大きく異なっていた。

金貨である小判や一分判、および銅銭である寛永通宝は、「定位貨幣」として流通していた。ここでいう定位貨幣とは、その表面に刻まれた額面の数字によって流通する貨幣のことである。金一両とは本来は一両の金の重さを意味し、銭一文とは一匁《もんめ》の銅の重さを意味していた。だが、一両小判の場合は、それにふくまれている金の重さとは独立に表に刻印された一両という価値をもつ貨幣として流通し、一文銭の場合も、それにふくまれる銅の重さとは独立に表に刻印された一文という価値をもつ貨幣として流通していたのである。

これにたいして、丁銀や豆板銀といった銀貨は、「秤量《ひょうりょう》貨幣」としてもちいられていた。一貫目の重さをもつ丁銀はつねに一貫目の価値をもつ貨幣として流通し、一匁の重さをもつ豆板銀はつねに一分の価値をもつ貨幣として流通したのである。それゆえ、丁銀や豆板銀を取り引きの支払いとして受け取るときには、ひとびとはその重さをいちいち秤ではからなければならなかったのである。

このように江戸幕府が最初に鋳造した銀貨が定位貨幣ではなく秤量貨幣であったということの背景には、当時の国際貨幣であった銀貨が秤量貨幣としてアジア全域で流通していたという事実がある。室町時代から海外交易をおこなっていた大坂や京都の商人たちが秤量貨幣としての銀貨をもちいる強力な貨幣圏を独自に形成していたという既成事実を、創設期における江戸幕府は、とりあえず追認するよりほかはなかったのである。

その結果、関東では定位貨幣である金貨をもちい、関西では秤量貨幣である銀貨をもちいるという、二つの貨幣圏が並存することになったのである。「関東の金づかい、上方の銀づかい」というわけである。ただし、銅銭にかんしては、小額取り引き用の貨幣として、関東であるか関西であるかを問わずひろく全国に流通していた。

もちろん、江戸幕府にしてみれば、大坂や京都といった関西の町がこのように独立した貨幣圏をもつことは、それに対する経済的な支配力がおよびにくいことを意味する。じじつ、その後、明和二年（一七六五年）の五匁銀を皮切りとして、幕府は定位貨幣としての銀貨をつぎつぎと発行することによって銀貨の価値単位を金貨の価値単位に結びつけ、関西の経済を江戸の経済の支配下にひきいれる試みをおこなっている。だが、日本の中における東西二つの貨幣圏のあいだの角逐というこの興味あふれる物語にかんしては、これ以上後を追っていく余裕はない。[7]

6

西鶴によって「大気なる」といわれた江戸の町人が、「厘秤にてかける事もなく」流通させていた金貨はまさに一両小判や一分判であり、「よむことなく」もちいていた銭貨の多くはまさに寛永通宝であった。一両小判は、それがどんなに摩滅して軽くなっても一両として通用し、一文銭は、それがどんなにひび割れていても一文として通用していた。一両小判は一両小判だから一両の貨幣価値をもち、一文銭は一文銭だから一文の貨幣価値をもつというわけである。本来は金属としての重さを表わすべき額面数字がそれから独立してしまい、その額面数字にしたがって貨幣がひとびとのあいだを流通することになるのである。

ところで、このような貨幣の貨幣としての価値とモノとしての価値とのあいだの乖離は、一見すると、一両小判も一文銭もともに定位貨幣であったからであるように見える。幕府がその政治権力にもとづき、それぞれの表面に一両や一文という刻印を押したからであるように見える。

だが、じつは、このような貨幣の貨幣としての価値とモノとしての価値との間の乖離という事態は、なにも一両小判や一文銭といった定位貨幣に限られた事態ではない。いや、これからわれわれは、一両小判や一文銭のような定位貨幣だけでなく、丁銀や豆板銀のような秤量貨幣でも、貨幣として流通しているかぎり、その貨幣としての価値はモノとしての価値から必然的に乖離してしまう傾向をもってしまうということを示してみようと思うのである。

貨幣とは、一般的な交換の手段である。それは、いつかどこかでだれかからほかのモノを手に入れる手段として保有されるのである。

もちろん、一両小判の中身である金そのもの、一貫目の丁銀の中身である銀そのもの、一文銭の中身である銅そのものは、貴金属として装飾用や祭礼用の価値を持っている。しかし、金や銀や銅が装飾用や祭礼のために用いられているとき、それらはもはや貨幣としての機能をはたしていない。逆に、金が金貨として、銀が銀貨として、銅が銅銭として保有されているとき、それはそれ自体を装飾用や祭礼用に使うためではなく、ほかのモノと交換にほかのひとに手渡すために保有されているのである。それゆえ、ひとが一両小判や一貫目の丁銀や一文銭を一両や一貫目や一文の価値をもつ貨幣として保有するとき、それはほかのひとがそれを一両や一貫目や一文の価値をもつ貨幣として受け入れてくれると予想しているからなのである。だが、話はそれでは終わらない。他のひとが一両小判や一貫目の丁銀や一文銭を一両や一貫目や一文の価値をもつ貨幣として受け入れてくれるのは、別のひとがそれを一両や一貫目や一文の価値をもつ貨幣として受け入れてくれると予想しているからであり、その別のひとがそれを一両や一貫目や一文の価値をもつ貨幣として受け入れてくれるのは、さらに別のひとがそれを一両や一貫目や一文の価値をもつ貨幣として受け入れてくれると予想しているからであり……。この予想の連鎖は無限に続いていく。すなわち、貨幣が貨幣としてもつ価値とは、まさにこのような予想の無限級数的な連鎖によって支えられているのである。

いうまでもなく、じぶんのもっている貨幣の貨幣としての価値がモノとしての価値よりも低いことが予想されれば、なにもそれを貨幣として使う必要はない。その場合、小判でも丁銀でも銅銭でも、延ばして装飾品とし、溶かして祭礼道具にすればよい。それゆえ、貨幣の貨幣としての価値は、そのモノとしての価値よりも低くなることはありえない。秤量貨幣であれ、定位貨幣であれ、貨幣が貨幣であるかぎり、予想の無限級数的な連鎖によって支えられるその貨幣としての価値はモノとしての価値から必然的に浮遊してしまうことになるのである。そして、貨幣が貨幣としてますます多くのひとびとの間を流通していくにつれて、貨幣の貨幣としての価値を支える予想の無限級数的な連鎖はますます強固になり、それをモノとしての価値からますます浮遊させていくことになる。これが、「貨幣の論理」というものなのである。

定位貨幣とは、この「貨幣の論理」を制度化したにすぎない。それは、幕府が一両小判の価値は一両であり、一文銭の価値は一文であると宣言することによって、貨幣の貨幣としての価値を支える予想の無限級数的な連鎖に一種の安定性をあたえているのである。もちろん、いくら国家権力がみずから鋳造した貨幣の価値を一方的に宣言しても、現実の経済自体が「貨幣の論理」を作動させうるほどの発達をとげていなければ、かつての開基通宝や和銅開珎の例が示しているように、それはたんなる装飾品や祭礼道具として使われてしまうのが落ちだろう。「小判を厘秤にてかける事も」せず、「かるきをとれば、又そのままにさきへわたし」てしまう江戸の町人——それはかれらの「大気」の証しであったかどうかは別として、元禄時代の江戸という町が「世は回り持ちのたから」としての貨幣に働くあの「論理」を全面的に展開させた本格的な貨幣経済であったことの、現実的な証しであったことだけはたしかなのである。

ここで、次のような疑問が生じるかもしれない。たしかに、定位貨幣も秤量貨幣も、ともに貨幣であるということから、「貨幣の論理」にしたがっているという点では同じである。しかし、定位貨幣と秤量貨幣をくらべると、定位貨幣のほうが秤量貨幣よりも貨幣としてははるかに発達した形態である。なぜならば、秤量貨幣の場合は、金属の金属としての実体的な重さが貨幣の貨幣としての価値を表わしているという意味で、名目と実体との乖離という「貨幣の論理」はまだ不十分にしか作用していない。(実際、それだからこそ、多くの経済学者は、秤量貨幣を範例にして、モノとしての価値が貨幣としての価値を決定するという「貨幣商品説」の誤謬をながらく信じてきたのである。)これにたいして、定位貨幣の場合は、金属の重さ自身ではなく、金属の重さのたんなる名前が貨幣の貨幣としての価値を表わしている。名目と実体との乖離がいわば二重化され、「貨幣の論理」がより徹底してはたらいているのである。

だが、このことは、江戸時代の前期には大坂や京都といった関西の町々が江戸の町よりはるかに発達した貨幣経済を成立させていたという周知の事実と、矛盾するのではないか？

この疑問に答えるためには、もう一度西鶴の『世間胸算用』に戻ってみなければならない。

7

そこで、第二節目の冒頭にその書きだしの部分を引用した巻一ノ一の「問屋の寛闊女」をさらに読み進んでみることにしよう。そこには、女房の寛闊な金のつかいっぷりによって、破産寸前の状態になっている大坂のある問屋についての物語が書かれている。

息子の家のありさまを仏壇の隅からながめていた親仁《おやじ》が、夢枕にたって説教しはじめることからこの物語が展開しはじめる。

おまえの今の商売のやり方は、嘘偽りの問屋のようなものだ。来年の暮れにはこの門口に売り家の札が貼られること、仏の目には見えすぎて悲しい。きっと仏具も人手にわたるだろう。なかでも唐金《からかね》の三ツ具足《ぐそく》は、代々もち伝えてきたものだから惜しい。七月の盂蘭《うら》盆《ぼん》の送り火のとき、蓮の葉で包んで極楽へもってかえろう。それはともかく、夜逃げ用の土地を丹波に買う悪だくみなどするよりも、こころを入れかえて商売をやり直せ。

こういう説教を耳にしながら、夢が覚めたら、十二月の二十九日の朝であった。

息子は寝床で大笑いして、「さてもさても、けふと明日とのいそがしき中に、死んだ親仁の欲の夢見。あの三ツ具足お寺へあげよ。後の世までも欲が止《や》まぬことぞ」と、じぶんのことは棚に上げて、死んだ親仁の強欲をそしるうちに、「諸方《しょはう》の借銭乞《しゃくせんこ》ひ」が「山のごとく」やってきてしまうのである。

親仁と息子とのあいだの、あの世とこの世をまたがった欲得の争いのおかしさに読者も大笑いするうちに、大晦日という極限的な時間がいつのまにか物語のなかに導入されている。山のような借銭乞いに囲まれたこの息子が、待ったなしのこの大晦日という日にいったいどのように「埒《らち》を明くる」のかと、悲劇にせよ喜劇にせよ、読者はこの物語にたいする何らかの大団円を期待するにちがいない。

だが、そのような読者の期待をはぐらかすかのように、西鶴は「振《ふ》り手形」というものについておもむろに語りはじめるのである。「近年銀《かね》なしの商人ども、手前に金銀あるときは利なしに両替屋へ預け、又、入るときは借る為にして、こざかしきもの振り手形といふ事を仕出《しだ》して、手廻しのたがひによき事なり」と、いうふうに。

じつは、前節の終わりに示された疑問にたいする答えは、ここで西鶴が語りはじめた振り手形というもののなかに隠されているのである。

8

「銀づかい」の大坂においては丁銀や豆板銀がもちいられ、商売の支払いのためにはいちいちその品位を吟味し秤で重さをはからなければならなかったことについては、すでにのべておいた。もちろん、これはひどく不便なことである。そこで、この不便さをとりのぞくために大坂で考えだされたのが、「預り手形」や「振り手形」といった手形による支払い方法である。

寛永五年（一六二八年）にはじめて大坂に両替屋を開いた天王寺屋五兵衛が案出したといわれている預り手形とは、両替屋がその預金者にたいして発行した預り証のことであり、おもてに「銀何貫也。右の通りたしかに請け取り申し候、此の手形を以つて相渡し申すべく候」という銀との引き換えを保証する文言が書かれている短冊形の紙切れである。他方、振り手形とは、両替屋に預金を持っている商人が両替屋あてに振り出した手形のことであり、これもやはり「銀何貫也。右之通りたしかに請け取り、此の手形を以て御渡しせられべく候」という文言が書かれている短冊形の紙切れであるが、さらにおもてに「何某殿へ」という受け取り人をしめす妻書が書かれている点で預り手形とは異なっている(8)。

ところで、預り手形を両替屋にもっていくと、だれであっても記載された貫目の銀を支払ってくれるはずであり、振り手形の場合も、妻書にしめされた受け取り人がもっていけば、手形を振り出した商人の預金が十分であるかぎり、記載された貫目の銀をそのまま支払ってくれるはずである。

それゆえ、いちいち秤で重さをはからなければならない本物の丁銀や豆板銀で支払いをするよりは、代わりにこれらの預り手形や振り手形を相手にわたし、じっさいの銀の出し入れはすべて両替屋にまかせてしまったほうがはるかに便利にちがいない。そして、これらの手形を銀貨による支払いの代わりとして受けとったひとびとも、今度はそれを自分たちの支払いの代わりとしてさらに別のひとびとに渡すことができるだろう。本来は銀に換えられるために振り出された預り手形や振り手形が、銀に直接換えられることなく、それじしんが銀の代わりとしてひとびとのあいだを流通してしまう。これらの手形がひとびとに「廻り手形」とよばれたのは、まさにこのことをさしている。貨幣の代わりの預り手形や振り手形が、それじしん貨幣としてひとびとの手から手へと廻っていくのである。

ここにわれわれは、あの「貨幣の論理」のはたらきを再び見いだすことになった。

預り手形も振り手形も、本来は引き換えられるべき両替屋の蔵のなかの銀の重さを表示する名目的な価値しかもっていない。だが、それが銀とじっさいに引き換えられることなく、銀に代わって貨幣として流通しはじめると、両替屋はじぶんの蔵に保管してある銀の価値をはるかに超えた預り手形を廻すことができ、商人もじぶんが現在両替屋に預けている銀の価値には必ずしも裏づけられない振り手形を振り出すことができるようになる。じじつ、江戸時代の末期には多くの両替屋は自己資本の六倍七倍もの預り手形を発行するようになっていたし、振り手形の場合でも両替屋が商人に一定の当座貸し越しを認めることが多かった。それゆえ、貨幣として流通しているすべての手形のおもてに書きこまれた銀の額面は、両替屋の蔵の中に蓄えられた銀の総量を大きく上まわってしまうことになる。貨幣の貨幣としての価値がそのモノとしての価値から乖離するというあの「貨幣の論理」が、まさにこのようなかたちで作用していたのである。

銀そのものの代わりに手形を廻す——「銀づかい」といわれた大坂では、結局、銀を使わないというかたちで「貨幣の論理」を貫徹させていたというわけである。いや、いくら「かるきをとれば、又そのままにさきへわたし」たといっても、実際の金そのものを廻していた「金づかい」の江戸よりも、たんなる紙切れである手形を廻してしまう「銀づかい」の大坂のほうが、「貨幣の論理」のはたらきをはるかに徹底して作動させていたというわけである。

大坂の町における「貨幣の論理」の作動の仕方を確認したところで、中断していた「問屋の寛闊女」の物語に戻ってみよう。

9

物語のほうは、「山のごとく」やってくる「諸方の借銭乞い」に囲まれた問屋がいったいどのように「埒《らち》を明くる」のかと、読者がかたずをのんで待っているところである。

そこに「振り手形」が振り出されることになる。

じつは、この物語の主人公は、手回しよく十一月の末からねんごろな両替屋のもとへ銀二十五貫目を預けておいてあったのである。そして、大晦日の支払いどきになって、米屋にも、呉服屋にも、味噌屋にも、肴屋《さかなや》にも、観音講《かんのんこう》の当番にも、揚屋《あげや》の親父にも、押し寄せてきたすべての借銭乞いにたいしてこの男は、両替屋で銀を受けとってくれと振り手形を一枚ずつ手渡し、すべて始末をつけたといって、年籠りの住吉参りにでかけていってしまうのである。もちろん、「胸には波のたたぬ間もなし」ではあったのだが。

両替屋に預けておいた銀が二十五貫、振り出した手形の総額が銀八十貫あまり。帳尻が合わず、本来ならば悲劇で終わるべきこの大晦日の物語も、しかしながら、そのままでは終わらない。

両替屋が「算用指《さ》し引きして後に渡さう。振り手形大分あり」と、さまざまに調べているうちに、しびれを切らした受け取り人たちが、その振り手形を今度はじぶんたちの支払い先に渡してしまう。それがまた「先からさきへ渡し、後にはどさくさと入りみだれ、埒《らち》の明かぬ振り手形を銀《かね》の替はりに握りて」、ひとびとはずるずると新年を迎えることになってしまうのである。

これこそ、あの「貨幣の論理」の働きにほかならない。本物の銀と引き替えられてはじめて「埒の明く」はずの振り手形が、そのまま「銀の替はり」としてひとびとのあいだを廻ってしまう。振り手形の額面が両替屋の銀の預かり高を大きく上まわっていても、それがあたかも銀のように「先からさきへ渡」されているかぎり、貸し借りの差し引き勘定にはなんの決着もつくことがない。

じっさい、物語にも何の決着もつかないままに、

一夜明くれば、豊かな春となりける

と、西鶴はこの物語を結んでしまう。

本来は「銭銀なくては越されざる冬と春との峠」であるべき大晦日が、銭銀なくても越されてしまったのである。本来は本物の銀のたんなる引き替え券にすぎない振り手形が、銀の代わりに貨幣になってしまったのである。大晦日が大晦日でなく、銀が銀でない。時間に終わりがなくなり、ものの価値から中心がなくなってしまう。

どうやら、ここで、あの「平太郎殿」という物語がいつのまにか反復されているようで

ある。うき世というものには終わりもなければ中心もないということを物語っていたあの物語を。

だが、同時にここでは、たんにあの「平太郎殿」という物語が反復されるだけに終わったわけでもない。なぜならば、もし終わりもなければ中心もない世界を「うき世」とよぶならば、世界を「浮く世」にしてしまうひとつの力のあり所が物語の反復のなかで明るみに出されることになったからである。時間から終わりを奪い、ものの価値から中心を消してしまう力——それは、もちろん、名目的な価値を実体的な価値から浮遊させてしまうあの「貨幣の論理」の力にほかならない。

したがって、西鶴のいう「うき世」とはいったいどのような世界であったのかという第三節の末尾における問いかけに、今ではこう答えることができるだろう——「うき世」とは「貨幣の論理」に支配される世界なのである、と。

だが、この結論でこのエッセイを「終わり」にすることはできない。なぜならば、われわれはまだ、このエッセイの冒頭において発せられた問いに対して答え終わっていないからである。西鶴が物語る「うき世」というものが「貨幣の論理」に支配される世界であるとしたならば、それはあの「拝金思想」といったいどういう関係にあるのだろうか。

それに答えてくれるのは、ふたたび西鶴自身なのである。

10

『日本永代蔵』の巻一ノ一におさめられた「初午は乗つて来る仕合せ」という物語に戻ってみよう。

「折ふしは春の山、二月初午の日、泉州《せんしう》に立たせ給ふ水間寺《みずまでら》の観音に、貴賤男女参詣《まう》でける」と、西鶴は物語をはじめる。

この水間寺は、参詣者に金銭の貸し付けをおこなっていることで知られていた。それは、「年一銭あづかりて、来年二銭にして返し、百文請取《うけ》り、二百文にて、相済《あひす》ましぬ」というように年利十割の高利であるが、「観音の銭」であるということで、どの借り手も五銭三銭といった十銭に満たない額を借り、翌年にはまちがいなく利息をつけて返してきた。

そこに「年のころ廿三四の男」が登場する。からだつきはふとくたくましく、身なりは質素で、信長時代に仕立てたと思われるような着物を着ているいかにも実直そのものの男である。この男が、寺の前に立って、突然、「借銭《かりぜに》一貫」とさけんだのである。

貸し出し役の法師は、あわてて一貫ざしのままの銭を渡したが、その国や名をたずねる前にこの男は行く方しれずとなってしまった。そこで、寺の僧たちは、「当山開闢《かいびやく》よりこのかた、終《つひ》に一貫の銭貸したる例《ためし》なし。借《か》る人これがはじめなり。この銭済むべきこととも思はれず。自今《じこん》は大分《だいぶん》にかす事無用」と話しあうことになったという。

じつは、この男は武蔵の国は江戸小網町《こあみちよう》のはずれに住む舟問屋《ふなどいや》であった。「仕合丸《しあはせまる》」と書きつけた掛硯《かけすずり》のなかに水間寺の銭を入れて、漁師が船出するときに銭の由来を語って百文ずつ貸し付けたところ、借りた人には「自然の福《さいはひ》あり」と遠い浦々までも噂が伝わり、貸金が順繰りに回転して次々と集まってくるようになった。その結果、「一年一倍の算用につもり、十三年目になりて、元一貫の銭八千百九十二貫にかさみ、東海道を通し馬につけて送り、御《み》寺《てら》につみかさね」たところ、「僧中《そうちゆう》、横手《よこて》打ちて」喜び、後の世の語り草とするために宝塔を建立した、と西鶴は書きしるしている。

中世から近世にかけて、信者が喜捨した金銭を寺院が祠《し》堂銭《どうせん》と称してひとびとに貸し付けていたことはよく知られている[9]。もちろん、ここに、世俗と縁の切れた寺によって代表される「無縁」の地と共同体的社会にとって「無縁」の行為であるべき金融活動や商業活動とのあいだに存在していた歴史的な共存関係を見いだすことができるに違いない[10]。だが、右の物語にとって重要なのは、この無縁性という問題よりも、寺が貸し出した祠堂銭が「観音の銭」として、それ自体が宗教的な力をもつものとしてひとびとに認識されていたという事実である。それゆえ、一般の参詣者は、寺の銭そのものに一種の象徴的な意味をあたえて三銭五銭という小額を借りだし、仏壇にでも供えて日々拝むことだろう。これこそ、文字通りの「拝金思想」にほかならない。

しかし、西鶴が、江戸小網町の舟問屋を物語の主人公に仕立て上げたのは、まさにこの男がこのような一般参詣者の金銭観を超越してしまっていることにある。この男は、寺の銭を「観音の銭」としての象徴的な意味ゆえに借りたのではない。それを、商いの元手として他人へさらに貸し付けるために借りだしたのである。そのためには、もちろん三銭五銭というはした金ではなく、銭一貫目という桁はずれの額を借りることが必要になる。それゆえ、この男に「借銭一貫」とさけばれた貸し付け役の僧はあまりに気が動転してしまい、とっさにその居所も名前も聞くことを忘れてしまうほどだったのである。

いや、この男は寺の銭そのものに価値があると考える一般の参詣者の金銭観をたんに超越していただけではない。さらに、じぶんが舟問屋として日々接している一般の漁師たちもこの「観音の銭」そのもののなかに「自然の福」がそなわっていると考えているということを利用し、貸し付け資金の回転を高め、それによって巨万の富をあつめることに成功したのである。

ここにわれわれは、「拝金思想」から「貨幣の論理」への転換という物語を見いだすことができるだろう。貨幣が貨幣として価値をもつのはそれ自体が有難い観音のものとして価値があるからだという考え方から、貨幣が貨幣として価値をもつのはそれがほかのものと交換され、ほかのひとに貸し付けられるからであるという考え方への転換である。貨幣とは、それ自体に価値があるのではなく、それが貨幣として機能しているから価値があるというわけである。

江戸小網町の男とは、貨幣は金銀銭それ自体に価値があるから価値があるという「拝金思想」から貨幣は貨幣であるから価値があるという「貨幣の論理」への転換をその身に体現した人物として、『日本永代蔵』の冒頭に登場してきたのである。世におこなわれている解釈とは反対に、西鶴のいわゆる「町人もの」とは、まさにあの「拝金思想」が解体されたところから出発した文学作品であったのである。

11

ところで、もし貨幣とはそれ自体が金銀だから価値があるとするならば、貨幣とはそのまま蓄えておかれるべき存在である。それは、金銀が金銀として必要になるときまで蔵の中にでもしまわれておかれることだろう。それゆえ、水間寺の銭がそれ自体の象徴的な力のゆえに借りられているならば、そのまま仏壇にそなえられ、一年後の初午の日に間違いなく利息をつけて返されることだろう。それが観音のものならば、それは本来帰属すべき観音のもとへ必ず戻っていかなければならないからである。(11) この場合、時間には銭を返すべき一年という区切りがあり、空間には銭を戻すべき寺という中心がある。

だが、もし貨幣とはそれ自体に価値があるのではなく、貨幣としての機能をはたしているから価値があるとするならば、貨幣とはたえず交換を媒介し、たえず貸し出しに廻されなければならない存在である。貨幣をそのまま蓄えることは、なんの価値も生んでくれない、言葉の真の意味での死蔵なのである。それゆえ、水間寺の銭が「観音の銭」としてではなく、他人に対する貸し付け金として借り出されているならば、資金としての回転をできるかぎり高めるために、その返済はできるかぎりひき延ばされることになるだろう。それは、もはや返すべき区切りの時間も戻すべき超俗的な空間も失っているのである。

　もちろん、十三年後には、この物語の主人公も借りた銭を観音のもとへ返すことになる。だが、同じ返すにしても、はした金を一年後に同じ額の利息をつけて返すのと一貫目の銭を十三年後に八千百九十一貫の利息をつけて返すことのあいだには、ほぼ無限の差異が存在する。じっさい、この十三年のあいだにこの男は莫大な富を蓄えることができ、その「内蔵《うちくら》には常燈《じやうとう》のひかり、その名は網屋《あみや》とて武蔵にかくれなき」長者にまでなったのである。

　西鶴は、この物語を次の有名な文章で締めくくる。

> 惣《そう》じて親のゆづりをうけず、その身才覚にしてかせぎ出し、銀五百貫目よりして、これを分限《ぶんげん》といへり。千貫目のうへを長者とは云ふなり。この銀《かね》の息《いき》よりは、幾千万歳楽《まんざいらく》と祝へり。

名目的な価値を実体的な価値から浮遊させ、世界を「浮く世」にしてしまう「貨幣の論理」――それは、「冬と春との峠」としての大晦日をなし崩しにし、たんに時間から「終わり」を奪いさる働きをするだけではなかった。それは、一年という時間の区切りを十三年に引き延ばし、この十三年をさらに「幾千万歳」へと引き伸ばす力を持っていたのである。

「終わり」を失った時間から「無限」に自己増殖していく時間への移行――それは、じつは、「貨幣の論理」から「資本の論理」への移行を告げている。だが、ここで西鶴における「資本の論理」なるものについて語りはじめたら、それこそ無限の時間が必要となるにちがいない。

注

(1) ただし、廣末保『西鶴の小説』(平凡社、一九八二年) だけは例外である。じっさい、『世間胸算用』にかんする以下の論旨の多くは、この見事な書物によって先取りされている。

(2) 廣末、前掲書。

(3) 以下の「貨幣の論理」をめぐる議論は、初出時においては多少不正確であったので、今回修正をくわえた。

(4) たとえば、小葉田淳『日本の貨幣』(至文堂、一九六六年)、作道洋太郎『近世日本貨幣史』（弘文堂、一九五八年）、あるいは土屋喬雄・山口和男監修、日本銀行調査部編『図録日本の貨幣2・近世幣制の成立』（東洋経済新報社、一九七三年）を参照のこと。

（5）同右。
（6）同右。
（7）三上隆三『円の誕生』（東洋経済新報社、一九七五年）を参照のこと。
（8）作道洋太郎『日本貨幣金融史の研究』（未来社、一九六一年）。
（9）小葉田淳「中世における祠堂銭について——社寺の経済組織の研究」、『日本経済史の研究』（思文閣、一九七八年）所収。
（10）網野善彦『無縁・公界・楽』（平凡社、一九七八年）。
（11）笠松宏至「仏物・僧物・人物」、『法と言葉の中世史』（平凡社、一九八四年）所収。

美しきヘレネーの話

1

世界でもっとも古くからつたわっているひとつの美人コンテストについて話すことからはじめてみよう。それは、ギリシャ神話のなかの「パリスの審判」という物語である。舞台は、神々によって長らく支配されてきたギリシャ神話の世界が、人間を主役とする歴史時代に移り変わっていくその変わり目を刻印する、海の女神テティスと英雄ペーレウスとの結婚式である。神々の王ゼウスによってとりしきられたこの神と人間とのあいだの結婚式には、オリンポスに住むすべての神々が祝いの贈り物とともに集まったと伝えられている。だが、そのなかで争いの女神のエリスだけは招かれざる客であった。遅れて祝宴にやってきたかの女は、じぶんだけが招待をうけなかったことに怒り、その復讐として、神々のあいだにひとつの黄金の林檎を投げ入れてから姿を消してしまったといわれているのである。

黄金の林檎——後世においてあのユダヤの神話のなかの林檎におとらず有名になったこの林檎には、「もっとも美しい女のもの」という言葉が刻みつけられていた。そして、争いの神エリスの思惑どおり、だれがこの黄金の林檎の持ち主になるべきかについて、ヘーラー、アテーナー、アプロディーテーの三人の女神が激しく争い合いはじめることになったのである。この争いにすっかり困惑してしまったゼウスは、黄金の林檎がいったいどの女神のものであるかを、ひとりの人間に審判させることにした。ゼウスの命をうけたヘルメスに先導されながら、三人の女神はトロイアの町を見下ろすイーデー山まで旅をし、その麓で羊飼いをしているトロイアの王子パリスの審判をあおぐことになったのである。

パリスの審判——だが、イーデー山の泉でからだをみがきあげた輝くばかりの三人の女神の姿をまえにしたトロイアの王子は、呆然としてなにもいうことができない。当惑のあまりその場から逃げだそうとするパリスにむかって、それぞれの女神は、黄金の林檎が自分のものであると審判してくれるならばその見返りに貴重な贈り物をあたえることを約束しはじめたというのである。ヘーラーはアジア全土の支配権を、アテーナーは戦争での勝利をもたらす英知を、そしてアプロディーテーは地上で一番美しいとされているヘレネーを妻としてあたえるという約束を。

もちろん、勝負はあきらかであった。パリスはまだ見たこともないヘレネーへの恋に狂い、ヘーラーとアテーナーを口汚くののしってしまったのである。そして、アプロディーテーの約束にみちびかれて、パリスがスパルタ王メネラーオスの妻であったヘレネーと駆け落ちをしてしまうところから、ホメロスによってうたわれたあのトロイアとギリシャの戦争がはじまったといわれているのである。

2

「ギリシャ人は正常な子供であった」と、マルクスは書いている。古代ギリシャにおける芸術や叙事詩は、ある種の未発達な社会的発展形態——「人類が最も美しく発育するその歴史的幼年期」——と密接にむすびついているというのである。じっさい、マルクスはギリシャ神話についてつぎのようにのべている。

ギリシャ人の空想の、したがってまたギリシャの根底にある自然と社会的関係との直観は、自動紡績機や鉄道や機関車や電信とともにあることが可能であろうか？　ロバーツ会社が現れてはヴルカヌスはどこにいればよいのか？　避雷針のまえではユピテルはどうなるのか？　クレディ・モビリエにたいしてヘルメスは？　すべて神話は、空想のなかで、また空想によって、自然力を克服し、支配し、形づける。だから、自然力にたいする現実の支配が現れれば神話は消えてなくなる。プリンティング・スクウェアとならんではファマはどうなるのか？

（カール・マルクス「経済学批判への序説」杉本俊朗訳）

事実われわれがいましがた読みおわった世界最古の美人コンテストの話は、一読したところではいかにも無邪気な子供だましのようである。だが、それは、ホメロス以来多くの詩人によって歌いつがれ、いまだに読むひとを楽しませる不思議な魅力をもった神話であることもたしかなのである。

大人は二度と子供になれない。なるとすれば、子供じみるのである。しかし、子供の無邪気さは大人を喜ばせはしないだろうか？　（同前）

それゆえ、マルクスならば、このギリシャ神話がもっている魅力は、「子供の無邪気さ」にたいして「二度と子供になれないおとな」が感じる喜びにほかならないというだろう。なぜならば、マルクスにとって、ギリシャの芸術がわれわれにたいしてもつ魅力は、「この芸術がそのうえで成長した未発達な社会段階と矛盾するものではなく」、「むしろ、この未発達な社会段階の結果」にほかならないからである。すなわちそれは、「かの芸術がそのもとで発生した、そしてただそのもとでのみ発生しえた未熟な社会諸条件がふたたび帰ってくることはけっしてありえないという」（同前）事実から、近代人がくみとる芸術的な感動であるということになるだろう。

だが、じつは、事態はもうすこし複雑である。そして、事態がじっさいにもうすこし複雑であるということを示すための準備として、ここで時代を一気にかけのぼり、現代においてもっともありふれたかたちのもうひとつの美人コンテストを舞台に登場させてみよう。それは、たとえば新聞の全面広告に女性百人の顔写真を載せ、読者がそのなかから六人の顔を投票で選ぶという形式の美人コンテストである。もちろん、もっとも多くの得票が集まった六名の顔に投票してくれた新聞読者には、スポンサーから巨額の賞金があたえられることになっているとしよう。

さて、新聞の読者がこの紙上美人コンテストに参加して賞金をかせごうとおもうならば、いったいどの顔写真に投票したらよいのだろうか？　もちろん、美のアイデアなるものを客観的に体現しているとおもわれる顔写真に投票してもまったく無駄である。そしてまた、じぶんにとって主観的にもっとも美しく見える顔写真に投票しても自己満足以外のなにものでもない。なぜならば、このコンテストには、じぶんと同じように賞金をかせごうと思い、じぶんと同じように一生懸命に投票の戦略を練っているひとが多数参加しているからである。それゆえ、読者が十分に合理的な頭をもっているのならば、当然じぶんと同じようにどの顔写真に投票しようかと考えているほかの新聞読者の平均的な好みに一番合うとおもわれる顔に票をいれることにするだろう。

もちろん、話はこれで終わらない。もしほかの新聞読者も同じように合理的に投票しようとしているとしたらどうだろう。その場合、それぞれの新聞読者は一歩先をすすんで、平均的な読者がどの顔を一番美しいとおもっているかと平均的な読者が予想しているかを予想して票をいれなければならなくなるだろう。だが、残念ながら、もしほかの読者も同じように先のさきを読んでいるとしたら、話はこれでも終わらない。それぞれの読者は、平均的な読者がどの顔を一番美しいとおもっているかと平均的な読者が予想しているかと平均的な読者が予想しているかを予想して票をいれなければならなくなるだろう。そして、第四段階、第五段階、さらにはヨリ高次の段階の予想の予想までおこないはじめる読者もあらわれるかもしれない。

すなわち、この美人コンテストにおいてある顔が美人としてえらばれるのは、平均的な読者がいったいどの顔を美人だとおもっているかと平均的な読者が予想するかと平均的な読者が予想するかと平均的な読者が予想するか……という、無限につづいていく予想の連鎖の結果なのである。それゆえ、すべての新聞読者が合理的に投票すればするほど、それによって選ばれる美人は、客観的な美のイデアからも個々人の主観的な美の判断からも無限級数的に乖離してしまうことになる。そして、この無限級数の極限においては、美人が美人であるのはたんにそのひとが美人であるといわれているから美人なのである、ということになってしまうのである。

すなわち、この現代においてごくありふれた形式の美人コンテストがわれわれに描きだしてくれるのは、イデアも主体も意味をうしなっているひとつの審美的な世界の構図にほかならない。じっさい、そこにあるのは、投票者がねらっている賞金との交換可能性によってのみ価値づけられている美しさであり、それは想起されるべきイデアからも意味をあたえるべき主体からも切り離され、究極的にはひとびとに美しいといわれているものが美しいという純粋に社会的な価値法則に支配されてしまうことになる。「美しさ」なるものがまさに「記号」として世界を流通してしまうのである。

3

この美人コンテストの例は、じつは、経済学者ジョン・メイナード・ケインズが一九三六年に出版した『雇用・利子および貨幣の一般理論』において紹介したものである。ケインズ自身はそれを、現代の資本主義社会のなかでももっとも資本主義的な世界である株式市場における投機家の行動のモデルとしてもちいていた。だが、ここではそれを、株式市場のモデルとしてではなく、現在「ポスト近代（ポスト・モダン）」という名のもとに声高にかたられている、新たなる時代精神のひとつの便利なパラダイムとしてもちいてみることにしよう。

たとえば、ポスト近代論のもっとも強力な唱道者であるジャン゠フランソワ・リオタールによれば、このポスト近代という時代精神は、まずなによりも近代（モダン）を支えてきた「大きな物語」にたいする「不信感」であるという（リオタール『ポスト・モダンの条件』小林康夫訳）。近代とよばれた時代においては、真理をもとめるにせよ正義をもとめるにせよ、「知」はみずからの正当化のために、なんらかの「大きな物語」――〈精神〉の弁証法、意味の解釈学、理性的人間あるいは労働者としての主体の解放、富の発展――に依拠していた。だが、第二次世界大戦につづくある時期に、先進資本主義諸国がつぎつぎと大衆消費社会、高度情報化社会、あるいはポスト産業化社会といった呼び名でよばれる社会の高度な発展段階にはいるとともに、こうした「大きな物語」にたいする信頼が大きく揺らいでしまったというのである。情報処理技術の発達や情報メディアの拡大、さらには情報そのものの商品化といった「社会の情報化」によって、「知の習得が精神の形成（教養）、さらには人格の形成と不可分であるという古い原理は、すでに、そして今後は一層、衰退し、顧みられなくなる」。その結果として、「知識の供給者と使用者とのこの関係が、商品の生産者と消費者とのあいだの関係の形態、すなわち価値形態の様相を呈する傾向は一層強まるだろう」と、いうのである。いいかえれば、ポスト近代という時代においては、

知は交換されるためのものとなる。知は、みずからを目的とすることをやめ、その〈使用価値〉を失うことになるのである。（同前）

しかしながら、ここでわれわれは、遅ればせながらのポスト近代論を展開しようとしているのではない。もちろん、知が交換されるためのものとなり、みずからを目的とすることをやめ、その使用価値を失うことになるというような認識は、いまではだれも否定しえないだろう。いや、前節において考察されたケインズの美人コンテストは、まさにこのような認識の手短かなパラダイムとなっている。事実、右の引用文のなかの「知」という言葉を「美」という言葉でおきかえてみよう。そうすると、それはそっくりそのままケインズの美人コンテストの世界にあてはまることがわかるだろう。すなわち、美は交換されるためのものとなり、みずからを目的とすることをやめ、その使用価値を失う……と、いった具合に。

そのかわり、ここでわれわれが問題にしたいと思うのは、このような認識がまさに「ポスト」近代という名を冠せられて語られているという事態のほうなのである。そこには、古典古代から近代へ、さらには近代からポスト近代へというように、歴史のなかに時代精神の発展形態をみてとろうというもうひとつの「大きな物語」がかくされているのではないか。それは、古代ギリシャ人を「無邪気な子供」とみなし、かれらの芸術がもつ魅力をその「未発達な社会段階の結果」として規定する、「近代」主義者マルクスの芸術論とほぼ同じ地平に立っているのではないか。

事実、これからわれわれは、古代ギリシャ人はけっして「無邪気な子供」などではなかった、ということを示してみようと思うのである。それは、同時に、「ポスト」近代という名のもとにかたられている新たな時代精神なるものが、けっしてひとつの時代状況に還元することのできない古さをもっているということを示すことでもあるのである。

そのためには、これからここで、もっとも現代的な美人コンテストの形式であるケインズの美人コンテストをひとつの下敷として、あの「パリスの審判」というギリシャ神話をもう一度読み直してみなければならない。そうすると、この世界最古の美人コンテストは、今度は一見無邪気な子供っぽさの奥に、読むひとの期待を何重にも裏切っていく、いささか悪意にみちた仕掛けをもった物語としてたちあらわれてくるはずである。

4

まずはじめに、「黄金の林檎」。テティスとペーレウスの結婚式の祝宴で、あの争いの女神エリスが放り投げた黄金の林檎とは、いったいなにを象徴しているのだろうか？

この問いに答えるのは簡単である。その表面に刻まれている「もっとも美しい女のもの」という言葉は、この林檎が美そのものの象徴、いや美の〈イデア〉として機能していることを意味している。「すべて美しいものは〈美そのもの〉によって美しい」と、プラトンの『パイドン』のなかでソクラテスは主張している。黄金の林檎のもちぬしであるということは、美のイデアの体現者――すなわち、文字通りの〈美〉人――であることなのである。それゆえ、この黄金の林檎をめぐるヘーラー、アテーナー、アプロディーテーの三人の女神のあいだの争いとは、結局どの女神が美のイデアを体現しているかを決定しようという、いわば古典的な美人コンテストを表現しているのだということができるだろう。だが、この神話はほんとうにイデアによる美の成立という古典的な物語として読むべきなのだろうか？　この問いにたいする答えは、不幸にして、否なのである。なぜならば、結局、どの女神も美のイデアがじぶんのものであるということを証明することができなかったからである。黄金の林檎はだれにも帰属せず、ただ三人の女神のあいだにころがっていただけである。さらにいえば、この黄金の林檎がほんとうはどの女神のものであるかということを、神々の王であるゼウスですら決定することができない。たとえ、すべての美しいものは美のイデアによって美しいのであったとしても、そのイデアは神にすら知ることが不可能な存在なのである。黄金の林檎をめぐる三人の女神の争いというこのギリシャ神話とは、まさにこのような古典的な美の原理の本来的な不可能性について語っている物語として、読むことができるのである。

それゆえ、ヘルメスが登場することになった。異なった世界のあいだを媒介する神であるヘルメスにみちびかれて、美人コンテストの舞台は、神々の世界から死すべき人間の世界にうつされたのである。

あの「パリスの審判」がはじまったのである。そして、それは、はるか後の世に啓蒙主義者たちが発見することとなった「すべての美しいものは人間という〈主体〉によって美しいと判断されるから美しい」という近代的な美の原理にもとづく美人コンテストとなるはずであった。なぜならば、死すべき存在である人間には、美のイデアを知るすべはないからである。パリスは、したがって、じぶんにとっていったいどの女神が美しいかというまさに主体的な判断によって美人を決定するよりほかはない。パリスの前に姿をあらわした三人の女神は、それゆえ、近代といわれる時代がはじまるはるか以前に、近代なるものを先取りした美人コンテストの舞台に登場させられることになったのである。

だが、ほんとうにこれは、イデアの支配する古典古代から人間という主体が登場する近代への転換という、あのおなじみの歴史物語を構造的に先取りした神話として読むべきなのであろうか？　じつは、この問いにたいする答えも、否なのである。なぜならば、結局、パリスはじぶんではどの女神がもっとも美しいかを決められなかったからである。このトロイアの王子は、三人の姿を見たとたんにあわてて逃げだしてしまうあわれにも主体性を欠いた存在として語られている。パリスの審判というこの神話は、結局、すべての美しいものは人間の主体的な判断によって美しいとされるという近代的な美の原理を先取りした物語であるだけではなく、まさにその本来的な不可能性をも先取りしている物語として読むことができるのである。

そこで、最後に、三人の女神のあいだで贈り物合戦がはじまることになる。だが、その顚末についての考察をはじめるまえに、ここで、もう一度マルクスを呼びだしてみよう。ただし、今度は古代ギリシャ人を「無邪気な子供」としてあしらったあのマルクスではなく、商品の「価値形態」の謎について論じているマルクスである。

5

二〇エレのリンネル＝一着の上着。

これは、『資本論』のなかでマルクスが「単純な価値形態」と名づけた、リンネルと上着というふたつの商品のあいだの価値の関係である。ただし、ここで重要なのは、この関係式の上下にあらわれるリンネルと上着というふたつの商品は、まったく非対称的な役割を演じているということである。

「どんな商品も、等価物として自分自身に関係することはできないのであり、自分自身の現物の皮を自分自身の価値の表現にすることはできない……だから、商品は他の商品を等価物としてそれに関係しなければならないのである」と、マルクスはいう（マルクス『資本論』第一巻、岡崎次郎訳）。たとえばリンネルという商品は、じぶんでじぶん自身の価値を表現することはできず、じぶん以外のなにか別の商品と交換されることによってのみ、じぶんの価値を証明することができるだけである。右に示した単純な価値形態の関係式が意味するのは、それゆえ、生産に投入された労働価値であれ、消費者が評価する使用価値であれ、リンネルと上着がはじめから等しい価値をもっているということではない。それが意味するのは、逆に、一方のリンネルは他方の上着と交換されることによってしか、みずからの価値を証明することができないという事実なのである。ここに、商品のもつ価値というものが本来的に「社会」的なものであるということがしめされるのである。

じつは、パリスの審判における三人の女神の立場は、まさにこの市場におけるリンネルの立場に等しいのである。リンネルが労働価値によっても使用価値によっても直接にじぶんが価値ある商品であることを証明することができないのと同様に、それぞれの女神は、客観的な美のイデアによっても人間の主体的な判断によってもじぶん自身の美しさを直接証明することができない。かの女らは、なにかほかのものとの交換を媒介として、じぶんの美しさをパリスに認めさせるよりほかに道はないのである。それゆえ、へーラーはアジアの支配権を、アテーナーは戦争における英知を、そして最後にアプロディーテーは美しきヘレネーとの交換によって、それぞれじぶんの美しさをみとめさせようとすることになったのである。

この贈り物合戦において、ようやく三人の女神のあいだの美人コンテストに決着がつくことになった。そして、「もっとも美しい女のもの」である黄金の林檎は、当然のことにながら、最終的に美と愛と豊穣の女神としてのアプロディーテーの手にわたることになったのである。

ここでは、しかし、すべてが逆立ちしてしまっている。アプロディーテーがもっとも美しい女神として選ばれたのは、アプロディーテーそのものが美のイデアを体現しているという理由からでも、アプロディーテーそのものがパリスの主観的な美の判断基準に合致しているという理由からでもない。事態は逆である。アプロディーテーがパリスの好意的な審判と交換にあたえると約束した美しきヘレネーをパリスがいちばん価値ある贈り物として選んだから、アプロディーテーがもっとも美しい女神とされたにすぎないのである。いや、アプロディーテーは、ヘレネーの美しさと交換されることによって、はじめてその美しさが認められたといってもよいだろう。ここではアプロディーテーがリンネルの役割を演じ、ヘレネーが上着の役割を演じている。それゆえ、ふたつの商品のあいだの単純な価値形態式にならって、アプロディーテーの美しさとヘレネーの美しさとのあいだにも、つぎのような単純な価値形態式、いや審美形態式を書いておいてみよう。

アプロディーテーの美しさ＝ヘレネーの美しさ

どうやらわれわれは、あのポスト近代の世界にふたたび足を踏みいれはじめているようなのである。「美」というものがイデアから切りはなされ、さらにその「使用価値も失い」、たんに「交換されるためのもの」、すなわち商品になってしまっているのである。

6

しかしながら、ここで当然つぎのような疑問がおきてくるはずである。この三人の女神のあいだの贈り物合戦の物語は、いまだに主体による判断という近代的な美の原理の尻尾をひきずっているのではないか？　たしかにパリスはどの女神がもっとも美しいかを主体的に決定することはできなかった。だが、かれは、すくなくともアプロディーテーが約束してくれたヘレネーを選んだときには、みずからの主体性を発揮したのではないだろうか？　その意味で、贈り物という代用物を媒介にした間接的なかたちではあるが、ここではいまだに人間の主体的な判断が美の決定に本質的に関与しているということになるのではないか？

だが、われわれのギリシャ神話には、このような疑問にたいしても、否という答えが仕掛けられている。そして、その仕掛けとは、もちろん、「美しきヘレネー」のことである。「美しきヘレネー」とはいったい何ものなのか？

ゼウスが白鳥に姿を変えて、スパルタの王妃レッダに生ませた美しきヘレネー——人間でありながら人間以上の存在でもあるヘレネーは、幼いころからその美しさで世にあまねく知られ、はやくも十二歳のときに、ギリシャの英雄テーセウスに誘拐されてしまう。かの女はじきに、おなじ卵から生まれたとされるカストールとポリュデウケースの手によって救い出され、育ての親であったスパルタ王テュンダレオースのもとに戻されるが、今度はテュンダレオースのもとにギリシャ全土からありとあらゆる英雄がヘレネーの求婚者として名乗りをあげることになる。宮廷に溢れかえるこれらの英雄たちが、ヘレネーを手に入れるためなら戦争を仕掛けることも辞さない勢いなのを見たテュンダレオースは、求婚者のひとりでもあったオデュッセウスの助言を受け入れ、求婚者全員を集めて誓約を取りつける。それは、ヘレネーの夫はテュンダレオースが選び、求婚者たちはその選択に従うこと。もし将来ヘレネーをその夫から奪おうとする者がいれば、求婚者は全員結束して闘うという誓約であった。テュンダレオースがヘレネーの夫として選んだのは、ミュケナイの大王アガメムノンの弟メネラーオスであった。テュンダレオースはメネラーオスにスパルタの王位も譲ることにした。ヘレネーはメネラーオスとの結婚生活をしばらくおくり、娘をひとりもうける。

だが、ある日、あのパリスがスパルタの宮廷にあらわれてしまうのである。アプロディーテーの力添えをえたパリスにヘレネーはたちまち誘惑され、パリスの本国であるトロイアに連れさられてしまう。その結果、かつての求婚者であったギリシャの英雄たちは、テュンダレオースとの誓約にしたがい、アガメムノンを大将とした大部隊を編成し、ヘレネーを奪還すべくトロイアへ遠征しなければならなくなる。そして、九年もの長きにわたる激しい戦争の後、とうとうトロイアは陥落する。（そして、パリスも戦死する。）一度はヘレネーを殺そうとしたメネラーオスは心を変じ、ヘレネーとともに故郷へ帰ることを決心する。だが、二人を乗せた船は暴風に吹きやられ、クレタ、キュプロス、フェニキア、エジプト、リビアとさまよい、スパルタにようやくもどることができたのはトロイアを出発してから八年後のことであったという。

ただ、トロイア戦争のあいだ、ヘレネーはずっとエジプトにいたのだという説もある。パリスに侮辱されたヘーラーが、その復讐として、ヘレネーの寝室にはかの女のまぼろしを寝かせておき、ほんもののヘレネーはヘルメスに命じて、エジプト王プローテウスのもとに連れさってしまったのだという。この異説によれば、メネラーオスはトロイアからの帰国途中にエジプトに立ち寄り、そこでほんとうのヘレネーと再会したのだという。

7

地中海世界のすべての英雄がその所有者となることを欲望していたヘレネー。しかし、どの英雄もかの女を独占することはできなかった。ヘレネーは、ひとりの英雄から別の英雄へと、その所有者をつぎつぎと変え、地中海世界のなかを流通していくことを運命づけられている存在にほかならなかった。そして、まさにこのようなヘレネーの流通をとおして、同盟的であれ、敵対的であれ、英雄と英雄とのあいだ、さらにはその英雄たちが支配する王国と王国とのあいだに、広い意味での社会関係が編みあげられていくことになったのである。

象徴的思考が出現するためには、女性が、言葉と同じように、交換されるものになることが必要であったにちがいない。それは実際、同じ女性が二つの両立しえない視点から見られているという矛盾を克服する唯一の方策であった。すなわち、女性は、一方では、自分の欲望の客体であり、それゆえ性的本能と所有本能を刺激する。そして他方で、他者に欲望を喚起させる主体であり、まさに婚姻によって他者を繋ぎとめておく手段でもある。（クロード・レヴィ＝ストロース『親族の基本構造』）

ここにいたって、「美しきヘレネー」の正体がようやく明らかになってきた。美しきヘレネーとは、まずなによりも「交換されるもの」としての「女性」なのである。すなわち、古代社会において、ひとつの集団からべつの集団へと流通し、集団と集団とのあいだに交換関係を成立させていた「女性」である。「言葉と同じように」、また「しばしばそうよばれている通貨」（同前）と同じように、まさに「交換の媒介」としての役割をになわされていた古代社会の「女性」である。

そして、重要なことは、このような交換の媒介としての役割をはたしていた古代の「女性」は、同じく交換の媒介である言葉や通貨と同様に、純粋に「社会的な価値」(同前)をもっていたということである。

言葉に価値(意味)があるのは、モノとしての言葉それ自体に価値(意味)があるからではなく、価値(意味)ある言葉として他者と交換されるからである。通貨に価値があるのは、モノとしての通貨それ自体に価値があるからではなく、価値ある通貨として他者と交換されるからである。いや、それだけではない。その他者が言葉や通貨を価値あるものと見なすのは、それが価値ある言葉や通貨としてさらに別の他者と交換されるからである。そして、……。この過程は無限級数的に続いていく。すなわち、言葉や通貨に価値があるのは、それがたんに価値ある言葉や通貨としてひとびとのあいだを流通しているからにすぎないということになる。価値があるモノだから流通するのではない。流通するから価値あるものとなるのである。

それと同様に、古代において「女性」に価値があったのは、その「女性」自体が同一集団の男性にとって価値があったからではなく、交換の媒介として集団と集団のあいだを流通していたからにすぎないのである。もちろん、言葉や通貨と「女性」とのあいだには大いなる隔たりがある。言葉の場合には、モノそのものとしてはたんなる空気の振動やインクの染みでしかなく、貨幣の場合も、その素材が金銀の塊から、鋳貨、紙幣と変遷していくにつれて、モノとしての商品価値をしだいしだいに失ってきた。それにたいして、「女性」の場合は、生物的にはつねに同一集団の男性の欲望の対象になりうるし（それだからこそ、インセスト・タブーが存在するのである）、人格的にはみずから意思も感情も言葉ももっている主体でもある（それだからこそ、近代になって「女性」は「交換されるもの」ではなくなったのである）。だが、それにもかかわらず、「女性」が交換の媒介としてあつかわれているかぎりにおいて、その価値はまさに言葉や通貨と同様の社会的な価値法則にしたがわざるをえなかったのである。

その意味で、生身のヘレネーがいくら魅力的であろうとも、生身のヘレネーがいくらみずから愛し悩み語る主体であろうとも、古代の「女性」として英雄たちのあいだを流通していかざるをえないヘレネーとは、まさに流通していくことによって価値をあたえられている存在でしかないのである。そして、もちろん、ヘレネーの「価値」とは、ヘレネーの「美しさ」のことである。すなわち、ヘレネーの美しさとは、まさに美しさとして流通していることによって美しいとされている美しさであるということである。「美しきヘレネー」とは、それゆえ、同義反復にすぎない。なぜならば、「ヘレネー」とは、まさに「記号」として流通している「美しさ」にほかならないからである。

ここでもう一度「パリスの審判」の話を思いおこしてみよう。そうすると、アプロディーテーがヘレネーとの結婚を贈り物として約束したとき、パリスは生身のヘレネーの姿を一度も見たことがなかったということに気がつくだろう。パリスは、たんに世界で一番美しいとされている女性としてヘレネーを知っていただけであった。それなのに、パリスはヘレネーに恋をした。パリスはヘレネーの美しさに恋をしたのではない。美しさとして社会的に流通していたヘレネーに恋をしただけなのである。美しさという記号そのものに恋してしまっただけなのである。

ここにいたって、「パリスの審判」というギリシャ神話は、美しさというものからあらゆる実体性を奪いさってしまったことになる。アプロディーテーは、美のイデアを体現しているから美しいといわれたのでも、パリスの主観的な美の基準に合致しているから美しいといわれたのでもない。しかも、アプロディーテーは、パリスの主観的な美の基準に合致したヘレネーの美しさと交換に、美しいといわれたのですらないのである。アプロディーテーは、ヘレネーとよばれた美しさの記号それ自体と交換に美しいとされたにすぎない。これは、まぎれもなくあのケインズの「美人コンテスト」にほかならない。

すべての神話が語られたあと、舞台の上に残されたのは、光り輝く「黄金の林檎」などではなく、「美しきヘレネー」という同義反復する言葉だけであったのである。

ここにわれわれは、「古典古代」を乗り越えたはずの「近代」をさらに乗り越えたはずの「ポスト近代」の世界が、まさにその「古典古代」がはじまるはるか以前から語りつがれてきたギリシャ神話によって、すでにすっかり語りつくされてしまっていることを見いだしたことになる。

古代ギリシャ人は「無邪気な子供」などではなかった。子供からすっかり成長したと考えている近代人、さらにはポスト近代人こそ、「無邪気な」大人、いや「子供じみた」大人であったのである。

ボッグス氏の犯罪

1

シークレット・サービスの係官とピッツバーグ署の警察官が捜査令状を掲げてボッグス氏のアパートと仕事場に踏み込んだことを知ったのは一九九二年の三月、たしかわたしが『貨幣論』という書物を出版する直前のことであった。といっても、わたしは別にボッグス氏なる人物を個人的に知っているわけではない。船便でひと月以上遅れてわが家に届く「ニューヨーカー」のページをめくっていると、一〇ドル札の裏側の写真を挿し絵にしたひとつの記事が目に入ってきた。ひょっとしたらと思って読み始めると、やはり思った通りであった。それはそれから五年ほど前(一九八八年)におなじ「ニューヨーカー」に二度にわたって掲載されたボッグス氏についての記事の後日譚であった。ボッグス氏の家宅捜査の顚末はそのなかに報告されていたのである。(注)

J・S・G・ボッグス(J. S. G. Boggs)氏は、一九五五年にアメリカのニュージャージー州に生まれた画家である。だが、このボッグス氏は普通の画家とは少々毛色を異にしている。まず第一に、ボッグス氏が描くのは国家が発行する紙幣をほぼ正確になぞった絵だからである。ここで「ほぼ正確に」という形容動詞をつけくわえたのには理由がある。それは、ボッグス氏の作品をすこし注意深くながめてみれば、そのなかの何カ所かがかならず本ものの紙幣と違うように描かれていることがわかるからである。たとえば、ドル札の表面に印刷されている Federal Reserve Note という文字や "This note is legal tender" という文章が Federal Reserve Not という文字や "This note is legal and tender for all" という文章に変えられていたり、財務長官の署名がボッグス氏自身の署名に置き換わりその下の Secretary of Treasury という肩書きが Secretary of Conception となっていたりする。じじつ、先ほどわたしは昨年の「ニューヨーカー」の記事の冒頭に掲げられた挿し絵を一〇ドル札の裏面だといっておいたが、もう一度よく見てみればそれはボッグス氏が描いた作品の写真であり、本ものの一〇ドル札の場合はその真ん中に財務省の建物が描かれているのにたいしてボッグス氏の作品には最高裁の厳かな建物が描かれているのである。

もちろん、たんに紙幣の絵を描くだけであったら、アンディ・ウォーホールや赤瀬川原平といった名前をあげるまでもなく、古今東西数多くの画家が手がけてきたことである。だが、ボッグス氏がこれらポップ・アーティストたちとも毛色を異にしているのは、第二に氏が、じぶんが描きあげた作品をさらにモノやサービスの「支払い」に使おうとするからである。

たとえば、ボッグス氏がレストランで食事をしたとしよう。食事をゆっくり楽しんだ後、ウェイターから七〇ドルという勘定書をうけとると、氏はやおらカバンから上質の紙と細密ペンを取り出して、財布のなかの一〇〇ドル札の絵を正確に、いやほぼ正確に描きはじめる。作品が出来あがるとそのなかに作品番号と署名をめだたぬように書き込み、今度はすでにそのころにはボッグス氏の仕事ぶりに興味をそそられてたまにテーブルをのぞき込んだりしていたウェイターを呼びなおして、次のように交渉を始めることになる。どうだいこの作品は気に入ったかい。もし気に入ったのならば、じつは、それを今日の食事の支払いのために使いたいんだ。もちろん(と、今の言葉が必ずやひきおこす相手の反発をなだめるように、ボッグス氏は直ちにこう言い添えることになる)嫌ならば構わない。財布のなかのこの一〇〇ドル札で支払いをすませよう。だが、もしわたしの作品をほんとうに気に入っているならば、それを額面通りの一〇〇ドルの価値として受けとってくれないか。その場合には、食事代の七〇ドルのお釣りとして三〇ドルを現金でもらいたいんだ。

ボッグス氏によれば、氏がこのような「芸術」活動を始めるきっかけはまったくの偶然であったという。かつての氏は数字を題材とした絵を好んで描いていた売れない画家であった。あるときコーヒーにドーナツという貧しい夕食をとりながら紙ナプキンに1という数字をイタズラ書きしているうちに興がのって、いつのまにやらそれを一ドル札の絵に仕立てあげていたという。ところが、かたわらで何回もコーヒーのお代わりを注ぎながらその様子をうかがっていたウェイトレスが、ナプキンの上に描きあがった一ドル札の絵を見て突然それを買いたいといいだしたのである。ボッグス氏の最初の反応はコーヒーの染みのついたこんなナプキンなぞとうてい売ることはできないというものであった。だが、失望したウェイトレスは二〇ドルでならどうという。なおも断ると、今度は五〇ドルに買い値をつり上げてくる。首を横に振って、いったいコーヒーとドーナツとで幾らになると聞くと、九〇セントだという。そこでボッグス氏は次のようにウェイトレスにいったのである。この一ドル札の絵でコーヒーとドーナツ代を支払わせてくれ。ウェイトレスは大喜びでボッグス氏の作品をエプロンのポケットにしまい込んだ。そして、店から外に出ようとしていた氏を、お釣りを忘れないでと呼びとめ、その手に一〇セント玉を握らせたというのである。いささか出来すぎた話ではあるが。

「ニューヨーカー」に最初の記事が掲載された一九八八年までには、画家ボッグス氏は作品の完成を待ちのぞむ収集家を何人もかかえるほど有名になっていた。だが、氏はこれら収集家にじぶんの作品を直接に売ろうとはしない。すでに述べたように、ボッグス氏はじぶんの作品をモノやサービスの「支払い」にしか使わないのである。しかも、氏はじぶんの作品を「支払い」に使ったとき、その後二十四時間のあいだその場所をだれにも教えないことを原則としているという。二十四時間たってはじめて氏は収集家のひとりに電話して、「支払い」のさいに受けとった領収書とお釣りを適当な値段(たとえば五〇〇ドル)で買いとってもらうのである。もちろん、収集家のほうの仕事はその瞬間から始まり、領収書やボッグス氏から聞きだしたほかの情報をもとに氏の作品を受けとった人間を探しだし、それを買いとるための交渉をおこなう。首尾よく作品を買いとることができたならば、それはその「支払い」時の領収書やお釣りとともにフレームされ、邸宅の壁に飾られることになるのである。

2

ボッグス氏が警察の捜査をうけたのは今回がはじめてではない。一九八六年の一〇月、氏の作品を展示していたロンドンのヤング・アンノウンズ・ギャラリーは突如としてニュー・スコットランド・ヤードの係官に踏み込まれた。展示されていた作品は没収され、ボッグス氏はその場でただちに逮捕されてしまったのである。(没収された作品はそののち氏によって「ニュー・スコットランド・ヤード・コレクション」と名づけられることになる。)容疑は通貨の複製を禁ずるイギリスの偽造及び贋造法(Forgery and Counterfeit Act)第一八条違反。つまり、ボッグス氏は「偽ガネ」作りの罪に問われたのである。裁判は翌年の一一月にロンドンで開かれた。訴訟人はイングランド銀行であった。

じぶんの絵画を贋作された画家はとうぜん贋作者を訴えるし、じぶんの文章を剽窃された作家はとうぜん剽窃者を訴えるし、じぶんの特許を盗用された発明家はとうぜん盗用者を訴える。しかしながら、古今東西にわたって国家（あるいはその代理機関である中央銀行）が「偽ガネ」作りにたいしてしめしてきた憤りの激しさは、画家や作家や発明家が贋作者や剽窃者や盗用者にたいしてしめしてきた憤りの比ではない。十九世紀においては偽ガネ作りは多くの国家で死罪を宣告されており、現在でもいぜん多くの国家で殺人犯なみの重刑が科せられている。とうてい偽ガネとして通用するとは思えないような粗雑な複製品にたいしてでも、国家の取り締まりはじつに徹底的なのである。

その理由はあきらかだろう。ここには三文推理小説家が乱用するあの深層心理がはたらいているのである。もっとも熱心に犯人探しをしている人物こそもっとも怪しい人物である。

そもそも貨幣が貨幣であるためには、それがモノとして広範なひとびとの欲望の対象であることも、それを支払い手段として流通させる国家の強制も必要とはしない。『貨幣論』でもちいた言い回しをもう一度くりかえせば、貨幣が貨幣であるのはそれが貨幣としてつかわれているからにすぎない。なんの役にもたたない紙の切れはしや金属のかけらでも、それが貨幣として使われれば、その実体としての価値をはるかに超える価値をもってしまうのである。じっさい、国家がいまここで発行している紙幣とは、かつては「本もの」の貨幣としての金貨や銀貨との兌換を約束したたんなる紙の証文でしかなかったものが、いちいち金貨や銀貨と兌換される代わりに、それ自体が額面通りの価値をもつ「本もの」の貨幣として流通してしまったものでしかない。そして、かつて国家が発行していた金貨や銀貨も、そのときの「本もの」の貨幣であった金地金や銀塊にその重さを保証する刻印をたんに押しただけであったものが、いちいち金銀としての重さを確かめられる代わりに、それ自体が刻印通りの価値をもつ「本もの」の貨幣として流通してしまったものでしかない。いまここにおいて「本もの」として流通している貨幣とは、かつてはそのときの「本もの」の貨幣の「代わり」でしかなく、そしてまたそれも、何時なんどきいまここにおいてその「代わり」をしている何かによって「本もの」の貨幣という地位を奪われてしまうかもしれないのである。

国家は「偽ガネ」作りと共犯関係にある。それが「偽ガネ」作りをきびしく取り締まるのは、けっきょく、「本もの」の貨幣が「本もの」の貨幣であることの根拠は実体的にはどこにもないことを知っているからなのである。じぶんが発行する一枚の紙きれや一片の金属のかけらが、モノそれ自体としては「偽ガネ」となんら区別すべきところがないということを知っているからなのである。それだからこそ、「本もの」対「偽もの」という概念的な対立関係が最大限に強調されるのである。じぶんが発行する紙幣や鋳貨の「代わり」となりうるものすべてを「偽もの」として排除することによって、「本もの」の「本もの」としての地位を確立しようとしているのである。

だが、もうこれ以上国家の深層心理を暴きたてている暇はない。ボッグス氏が陪審員の判決を待っている。

3

ところで、ボッグス氏はほんとうにイギリスの偽造及び贋造法第一八条違反の罪を犯したのだろうか。はたしてボッグス氏の作品は「偽ガネ」だとみなされるべきなのだろうか。結論から先にいおう。ボッグス氏は無罪である。仮に百歩ゆずって、国家の発行する紙きれや金属のかけらのみが「本もの」の貨幣であるという国家の論理をまるまる受け入れたとしても、ボッグス氏は無罪なのである。なぜならば、ボッグス氏の作品は「本もの」とされている国家紙幣の額面よりもはるかに高い価値を受けとることになるからである。

たとえば一〇〇ドルの額面をもつ氏の作品は、レストランで七〇ドル分の食事の「支払い」のためにつかわれ、お釣りとして三〇ドルの現金を受けとっている。一見するとそれは七〇ドル＋三〇ドル＝一〇〇ドルという額面通りの価値しかあたえられてないように見える。だが、ボッグス氏の支払いの真似ごとに目をくらまされてはならない。レストランのウェイターは、その気になれば「本もの」の一〇〇ドル札によって（カッコがつかない意味で）支払ってもらうこともできたのである。それにもかかわらず氏の作品を受けとったということは、そのウェイターは氏の作品に一〇〇ドル以上の価値をあたえていたことを意味するのである。それだけではない。たしかにボッグス氏のレストランでの「支払い」は七〇ドル分の食事と三〇ドルの現金にたいしてしかなされていない。だが、氏は二十四時間後に収集家に電話すれば、食事の領収書とお釣りの三〇ドルをたとえば五〇〇ドルで買いとってもらえるのである。結果として、ボッグス氏はじぶんの作品にたいして七〇〇ドル分の食事と四七〇ドルの現金とをあわせて五四〇ドル分の価値を受けとることになるのである。いや、これだけでもない。レストランでボッグス氏の作品を受けとった慧眼のウェイターは、数日のちに収集家からのとつぜんの電話に驚かされることになるだろう。そこで収集家はボッグス氏の作品にウェイターがあたえていた価値以上の価値、たとえば七〇〇ドルという買い値を提示するはずである。交渉が成立して最終的にボッグス氏の作品が領収書やお釣りとともに収集家の大邸宅に飾られるとき、それはすくなくとも五四〇ドル＋七〇〇ドル＝一二四〇ドルという価値をあたえられていることになるのである。

「偽もの」が「偽もの」であるのは、それが「本もの」そのものと見誤られてしまうからである。それは、したがって、せいぜいそれが「似せ」ている「本もの」とおなじ価値しかもつことはできない。もしそれが「本もの」より高い価値をあたえられているとしたら、それを受けとる人間はあきらかにそれを「本もの」と見誤ったのではなく、それをなにか別のもの、いや別の「本もの」とみなしているからである。「本もの」より高い価値をもつ「偽もの」とは、まさに「偽もの」という言葉の定義矛盾なのである。じっさい、ボッグス氏の弁護士も裁判において次のような言明をしたと伝えられている。「本もの以上の価値をもった複製品なんてだれも聞いたことがない。」

陪審員はボッグス氏に無罪を言い渡した。

4

ボッグス氏の描く紙幣の絵は紙幣の「偽もの」ではなく、それ自体で「本もの」の芸術とみなされるべきものである。

だが、いくら法廷でこう宣言されても、氏の作品を現実に目の前にすれば、たとえイングランド銀行の総裁でなくても大いなる戸惑いをおぼえてしまうだろう。たしかにそれを受けとるひとはそれが紙幣ではないことを十二分に知っているし、それを最終的に飾りつける収集家はそれにたいして紙幣としての額面価値をはるかに超えた価値をあたえることになる。それにもかかわらず、ボッグス氏の作品をモノとしてもう一度眺めなおしてみれば、それはあまりにも紙幣に似すぎている。じじつ、壁にかけられたフレームから氏の作品をとりだせば、それを町で一〇〇ドルの偽ガネとしてつかうことだって十分に可能なのである。そのときもちろん収集家は一一四〇ドルもの損失を覚悟しておかなければならないが。(じつは、もしロンドンの法廷で検察側がつぎのような議論を提示していたら、ボッグス氏はいまごろ鉄格子に囲まれた生活をおくることになっていたかもしれない。それは、将来もし氏の作品を芸術とみなすひとがだれもいなくなり、その芸術的価値がゼロになったら、そのときそれは本当の偽ガネとして使われてしまう可能性をもつという議論である。）

いったいこの一〇〇ドル札の「似せもの」のどこに一二四〇ドルもの価値があるのだろうか。ボッグス氏の作品を目の前にした人間がだれしも感じる戸惑い——じつは、この戸惑いこそ、ボッグス氏の作品の究極的な芸術効果にほかならない。氏の作品はけっきょく手の込んだだまし絵（trompe-l'oeil）なのである。それは、氏の作品が「本もの」と見まちがえるほど「本もの」に「似せ」てあるという些末な意味ではない。それは逆に、氏の作品が「貨幣」なるものを描いているように見えながら、そのじつそれとは別のものについて語っているという意味なのである。それとは別のもの——それは「芸術」のことである。

そのことをあきらかにするために、唐突ながら、ここで、盆におかれたモチと絵に描かれたモチとをくらべてみよう。

まずいえることは、盆におかれたモチは食べられるが、絵に描かれたモチは食べられないということである。盆のうえのモチは「本もの」のモチであるが、絵のなかのモチは（いくらおいしそうに描かれていようとも）その「似せもの」でしかなく、したがってその「偽もの」でしかない。だが、ここで重要なことは、人間は、それにもかかわらず、絵に描いたモチを「味わう」ことができる存在であるということである。それは、モチを描いたその絵を床の間に飾ったり、部屋の壁に架けたりすることによって、である。もちろん、味わう対象となるのは、モチではなく、モチを描いた絵の美しさにほかならない。このとき、モチを描いた絵は、「芸術」というあらたな次元の「本もの」となって、この世のなかにひとつの確固たる存在を確保することになるのである。

ところで、「本もの（real object）」と「似せ＝偽もの（representation/imitation）」と「芸術（work of art）」――この三つの概念をそれぞれ「モチそのもの」と「絵のなかのモチ」と「モチを描いた絵」といいなおしてみれば、それらを混同することなどありえないはずである。

だが、盆のうえのモチを一枚の紙幣に置きかえてみたら、どうだろう？　そのとき、「紙幣そのもの」と「絵に描かれた紙幣」と「紙幣を描いた絵」とを、いったいどうやって区別できるのだろうか？　ここでは、それまで「本もの」と「似せ＝偽もの」と「芸術」のあいだに厳然とひかれていたはずの境界線が突然あいまいになってしまうのである。

すでに見たように、古今東西、国家も「偽ガネ」作りも、ともに絵に描かれた紙幣を紙幣そのものから区別する根拠は実体的にはどこにも存在していないことを知っていた。それだからこそ、「偽ガネ」作りは「似せガネ」作りにはげみ、「本もの」の貨幣の作り手としての国家はその「似せガネ」作りに徹底的な弾圧をあたえてきたのである。そして、われわれもさきほど壁に飾られたボッグス氏の作品を虚心坦懐に眺めることによって、紙幣を描いた絵を絵に描かれた紙幣から区別する根拠も実体的にはどこにも存在していないことを見いだした。それだからこそ、イングランド銀行はボッグス氏を「偽ガネ」作りの容疑で訴えたのである。もちろん、ロンドンの法廷で陪審員が判決をくだしたように、ボッグス氏の描いた紙幣の絵は描かれた紙幣の額面をはるかに超えた価値と交換されており、それはとうぜん「偽ガネ」ではなく「芸術」とみなされるべきである。だが、そのことはボッグス氏の作品が「芸術」であることの結果であって原因ではない。

それでは、いったい何によってボッグス氏の描く紙幣の絵は「偽ガネ」ではなく「芸術」となっているのだろうか。

じつは、この問いを発すること自体がその答えになっている。ボッグス氏の描く紙幣の絵が「芸術」であるのは、まさにそれを目の前にして戸惑うこのわれわれが、その戸惑いを通してそれを「芸術」とみなしているからである。それが「芸術」であるのはそれが「芸術」とみなされているからにすぎないのである。

じっさい、それだからこそ、ボッグス氏はありとあらゆる手段をつかって、氏の作品が「芸術」であるというメッセージを発することになる。たとえば、氏はそのなかの何カ所かをかならず本ものの紙幣と違わせているし、それをつかって大々的に支払いの真似ごとをすることによって、逆にそれがほんとうの支払いではないことをその場に居合わせたひとびとに知らせておく。さらにまた、氏は国家や中央銀行を挑発して裁判ざたをひきおこし、それをきっかけとして、氏の作品は「偽ガネ」か「芸術」かという論争をマス・メディアにとりあげさせる。あの「ニューヨーカー」の記事も、そしてこのエッセイもすべてボッグス氏の描く紙幣の絵をひとつの「芸術」に仕立てあげるために貢献しているのである。

だが、このようなことはなにもボッグス氏の「芸術」活動にかぎられているわけではない。それは多かれ少なかれすべての「芸術」活動に必然的につきまとうことである。ボッグス氏の「芸術」をなににもまして「芸術」としているのは、それが「本もの」と「似せ=偽もの」と「芸術」とのあいだの境界線をあいまいにすることによって、逆に「芸術」とはなにかという問いに答えることの本来的な不可能性という心安らかならざる事実を、だれの目にもあきらかなかたちでしめしてくれたことにあるのである。

5

ボッグス氏がピッツバーグで逮捕されたという新たな知らせは、わたしを驚かせはしなかった。ロンドンの法廷で無罪の判決をうけた二年後にも氏はオーストラリアの法廷で無罪の判決をうけているし、その後氏の捜査を開始したアメリカ・ワイオミング州の連邦検察局も「ボッグス一流の宣伝に利用されるだけだ」といって捜査を打ち切ってしまっている。

今度もおなじことのくり返しだろうと思って「ニューヨーカー」の記事を読みすすんでいたわたしは、しかしながら、途中で頭をかかえてしまったのである。それは、司法の場でのたび重なる成功に勇気づけられたボッグス氏が次のようなプロジェクトに乗りだしたということを知ったからである。

まずボッグス氏はいつも通りに細密ペンをつかってドル札のほぼ正確な絵を描きあげるが、今回のプロジェクトでは、そのペン描きの絵をレーザー・コピー機で何百枚も複写し、レストランや小売店での「支払い」にはその複写のほうを使ってみせるというのである。それだけではない。氏はじぶんの作品の複写によって額面通りの「支払い」を受けるひとに、それをさらに他のひとへの「支払い」に使うよう要請するというのである。そして、それをさらに「支払い」として受けとった他のひとにも、それをさらに別のひとにたいする「支払い」に使うよう要請する。……今回の氏の作品の裏面には、それを受けとったひとが受けとった証拠としての指紋を捺すための場所を五カ所ほど空けてある。それゆえ、ボッグス氏のあらたな作品が収集家の邸宅の壁に飾られるまでには、それは五人の手を渡り、五人の指紋がその裏に捺されていなければならないというわけなのである。

ところで、芸術が芸術であるのはそれが芸術とみなされているからにすぎないというここでの命題は、ただちにあの貨幣が貨幣であるのはそれが貨幣としてつかわれているからにすぎないという『貨幣論』の命題を思いおこさせる。すなわち、芸術も貨幣もそれぞれ芸術であり貨幣であるためにはなんらの実体的根拠を必要としないという点ではおなじである。だが、やはり芸術と貨幣とはちがう。芸術とは、モチを描いた絵にせよ紙幣を描いた絵にせよ、ひとがそれ自体からなんらかの意味での美的な経験をえるためにある。(だから、芸術とはそれ自体で「本もの」なのである。)これにたいして貨幣とは、本ものであるにせよ偽ものであるにせよ、それ自体を使うためにあるのではなく、人から人へとそっくりそのまま手渡されていくことによってモノやサービスとの交換を媒介するためにあるのである。

どうやらボッグス氏のあらたなプロジェクトは、それまで氏がせっかく邸宅の壁に飾られる「芸術」へと高めることに成功してきたその作品を、人から人へとそのまま手渡されていく「貨幣」なるものにかぎりなく「似せ」はじめてしまっているようである。「ニューヨーカー」の記事には「芸術を価値としてひとびとに受け入れてもらうために奔走するというあの心ときめく経験をほかのひとにも共有してもらいたいんだ」という、いささか興奮気味の氏の言葉がのせられていた。だが、わたしは今、ピッツバーグでの裁判でボッグス氏が無罪になるという確信をもつことができないのである。

(注) Lawrence Weschler, "Onward and Upward with the Arts : Value," *New Yorker*, 1/18 and 1/25, 1988 ; ――, "Onward and Upward with the Arts : Money Changes Everything," *New Yorker*, 1/18, 1993. 以下のエッセイでつかわれるボッグス氏にかんする情報はすべてこれらの記事にもとづいている。

後記：一九九九年五月一〇日号の「ニューヨーカー」に、ボッグス氏のその後の動静を伝える記事が掲載されていた。Lawrence Weschler, "A Contest of Values," *New Yorker*, 5/10, 1999. この記事によれば、作品のコピーを人から人へと手渡していくというボッグス氏の新しいプロジェクトは成功しなかったという。また、ピッツバーグでの裁判は、一流の弁護士を雇ったのにもかかわらず、ボッグス氏は一審、二審とも敗訴し、一九九九年五月現在、最高裁への控訴を準備中であるとのことである。

Ⅳ　経済学をめぐって

マクロ経済学とは何か

1　ミクロ経済学とマクロ経済学

マクロ経済学とは一体何なのだろうか？

この問いにたいする答えは一見自明である。マクロ経済学とは、国民総生産や国際収支、インフレ率や失業率といった「マクロ的集計量」の変動を研究する経済学である。それは、個々の家計や企業がどのように行動し、個々の商品の需給がどのように決定されるかを研究するミクロ経済学と対をなしている、と。

だが、もしミクロ経済学とマクロ経済学との違いが、前者がミクロ変数を分析し、後者がそのマクロ的集計量を分析するというだけならば、一体どこにマクロ経済学の存在理由があるのだろうか？　ミクロ経済学さえちゃんとしていれば、マクロ的集計量の分析に必要なのは統計マニュアルだけではないのか？　それとも、マクロ経済学とは、二つ以上の変数を同時に分析することのできない頭の悪い人や忙しすぎる人のための「やさしいミクロ経済学」の別名にすぎないのだろうか？

マクロ経済学という学問はけっして自明な存在ではないのである。

2　見えざる手の失敗の経済学

事実、新古典派経済学にはミクロ経済学はあってもマクロ経済学はない。なぜならば、市場の「見えざる手」が円滑に働いているかぎり、家計や企業のミクロ的な経済行動と、このような行動の結果の集計としてのマクロ的な経済状態との間には、つねに均衡が保たれているはずだからである。したがって、新古典派の想定する理想的な市場経済では、マクロ的な経済状態はミクロ的な経済行動のたんなる集計値にすぎず、大量の非自発的失業や加速的なインフレーションといった「マクロ経済に固有な現象」など存在する余地がない。そこでは、もちろん自由放任が最適な政策である。

すなわち、マクロ経済学がミクロ経済学のたんなる集計版ではない独自性をもつとしたら、それは現実の市場経済が、新古典派が想定する世界とは遠くかけ離れた世界であるからなのである。市場の「見えざる手」が円滑には働かないからこそ、われわれはミクロ的な経済行動のたんなる足し合わせには還元できないマクロ経済に固有な現象を経験することになるのである。もし賃金や価格の調整によってすべての市場の不均衡が迅速に解消されてしまうならば、失業もインフレもたんに一時的な現象にすぎないのである。

マクロ経済学とは、「見えざる手」の働かない世界に関する経済学のことなのである。

ただ、これだけではまだマクロ経済学の独自性を主張するには不十分である。ミクロ経済学の教科書には、いわゆる「市場の失敗」の例が数多く解説されている。不完全競争や収穫逓増、外部経済や公共財などである。それらはいずれも、市場経済に非効率性をもたらし、政府による政策的な介入を要請する。

実際、八〇年代以降、市場の失敗を一般均衡理論に組み込むことによって、新古典派の枠組みのなかでマクロ経済学を正当化する試みが数多くなされてきた。たとえば「新ケインズ経済学」の名の下に、不完全競争や外部経済の存在が家計や企業のミクロ的行動のあいだに「コーディネーション（調整）の失敗」をもたらし、その結果、適切な政策的介入が経済の効率性を改善させる可能性が論じられている。また「内生的成長理論」の名の下に、研究開発活動による情報知識の生産が規模に関する収穫逓増を生みだし、その結果、一国の経済政策のあり方が経済成長率を永続的に左右してしまう可能性が論じられている。

これらの仕事は、従来の新古典派経済学に飽き足らない多くの理論家の心をとらえ、現在もっとも活発な研究分野の一つをなしている。だが、その重要性にもかかわらず、市場の失敗に関するこれらの研究をそのままマクロ経済学と同一視してしまうのは正しくない。

3　貨幣的不均衡の経済学

実は、われわれが生きている市場経済が大量の失業や加速的なインフレといったマクロ的現象にくり返しみまわれるのは、それが正真正銘の「貨幣経済」であるからなのである。

貨幣とは商品交換の一般的な媒介である。だが貨幣は、すべての商品を手に入れる可能性を与えるモノであることによって、それ自体ひとつの商品であるかのようにひとびとに欲望され、経済状況に応じてその保有量が伸縮する。だが同時に貨幣は、すべての商品の市場で交換の媒介として使われるモノであることによって、それ自身の不均衡を調整する市場をもつことができない。それゆえ、貨幣の需給の不均衡にたいしては「見えざる手」は働いてくれず、それはすべての商品の市場を巻き込んだマクロ的な調整過程を引き起こしてしまう。その結果が大量の失業であり、加速的なインフレなのである。それは、ミクロ的な市場の失敗とは次元を異にした、言葉の真の意味での「マクロ経済に固有な現象」である。

マクロ経済学とは、結局、貨幣経済の不均衡に関する経済学にほかならないのである。

4　ケインズ経済学

マクロ経済学という学問がはじめて市民権を得たのは、一九三六年にケインズが『雇用・利子および貨幣の一般理論』を出版してからである。それから六十年余、何度もその没落が宣言されたにもかかわらず、マクロ経済問題を真剣に考察しようとする人間がたえずこの書物に戻っていくのは、それがいまだに貨幣経済に関してもっとも深い洞察をあたえているからである。その意味で、マクロ経済学とはケインズ経済学の別名でもあるのである。

ケインズとシュムペーター

1　自由放任主義と先物市場

一九八〇年代の資本主義経済は一見すると、ケインズ的財政政策と福祉国家理念に支えられた混合資本主義体制から、市場原理が支配する自由放任主義的な資本主義の原像に再び回帰していくような様相を示している。実際、アメリカのレーガン政権の主導のもとに先進資本主義国が導入してきたさまざまの規制撤廃は、多くの産業における競争を活発化して、たんに米国内にとどまらず、国際的な規模で従来の独占的な価格形成方式の崩壊をもたらしつつある。

このような市場主導型の価格形成方式をもっとも先端的に実践しているのが、シカゴやニューヨークの「先物」市場にほかならない。先物売買とは、たとえば三カ月先、半年先に現物を受け渡す条件で商品を売り買いする市場のことで、古くから農産物を中心に行われていた。しかし、たとえばシカゴの先物市場は先物市場における投機の合理性を主張するミルトン・フリードマンを中心とした地元のシカゴ学派の積極的な働きかけによって、それまで取り扱っていたトウモロコシや豚だけではなく、外国通貨や政府住宅抵当証券といった金融商品の先物をそれぞれ世界に先駆けて上場した。

現在では、財務省証券など通常の金融商品からスタンダード&プアーズの株価指数、さらには先物を売買する権利そのものを売買する先物オプションまでがその取り引きの対象とされている。なんでも先物取り引きの商品になり、したがって先物市場における合理的な投機の恩恵をこうむるというわけである。それはまさに、競争的な市場における自由な価格形成が常に資源配分の効率性を高めていくと主張する、あの新古典派経済学の理想郷への確実な一歩に違いない。

今、わたしの手元に一枚の新聞記事の切り抜きがある(「日本経済新聞」一九八六年四月二三日付朝刊)。そこでは、「商品市況なぜ低迷」という見出しとともに、次のような問いを発している。「主要先進工業国の景気がこの二年間、ほぼ順調に拡大してきたなかで、商品市況は景気実体とは逆の様相をみせてきた。個別商品の状況にはばらつきがあるものの、総合すれば景気拡大でも低迷という現象は、八〇年代になって顕著となったものだ。商品市場での価格形成に、いったいどんな構造変化が起きているのだろうか」。

実は、この問いにたいしてこの記事自体、ほかならぬ近年の先物市場の発展の影響を答えとしてあげている。たとえば、かつての銅市場では米国の大手産銅会社が発表する生産者価格が相場を支配していたが、いまやそれは崩壊し、ニューヨークの商品取引所での先物価格プラスαが米国内での通り相場になっているという。また、かつてはOPEC（石油輸出国機構）の強固なカルテルのもとで大幅な値上げが行われた原油も、いまやアメリカ産原油のニューヨーク先物価格が、北海産やOPEC産の価格に影響するというのが原油市況の基本的な図式になろうとしているという。しかし、これらの先物市場においては「需給関係とは別に、人気で価格が決まる例も多い」とこの記事は指摘している。「先物市場での価格形成は生産者の平均的な採算価格ではなく、限界的なコストを追い求めよう」としており、「先物市場に代表される自由な価格形成の場が、世界的にさまざまな商品に広がり、それが時として需給を無視した方向へと走ることになるのだ」とこの記事は結論づけている。

先物市場というフリードマン的な世界のなかに、思いがけず昔なつかしい声を聞いているようだ。それは、どうやらあのジョン・メイナード・ケインズの声のようなのである。

2 ケインズの株式市場論

「長期期待」と題された『一般理論』の第一二章でケインズは、資本主義経済における株式市場について考察している。

株式市場とは、企業のなかに固定されている資本設備には直接手を触れずに、それが将来生みだす利潤に対する所有権を商品として売り買いする市場であり、それによって固定的な資本に一種の流動性を与える経済的仕組みにほかならない。株式市場の「本来の社会的目的」とは、予想される将来利潤においてもっとも有利な企業や産業に向けての資本の移動を容易にすることによって、いわば動学的な資源配分の効率性を高めることにあるはずである。

しかし、ケインズはこのような「本来の社会的目的」といった判断基準からは、たとえば米国のウォール街に代表される現実の株式市場の働きは「自由放任主義的な資本主義がなしとげた顕著なる偉業のひとつには数えあげることはできない」と主張する。資本家自らが企業を経営していた古典的な資本主義では、企業の投資の決定は、資本家自身による将来利潤の予想に基づいて行われていた。たとえ、それが単なるアニマル・スピリットにつき動かされたものであったとしても、それは資本設備を企業のなかに実際に据えつける意思決定であり、企業の実体的な生産活動と直接にかかわっている経済行為にほかならない。

だが、株式市場の存在が可能にした所有と経営とのあいだの分離は「あるときは投資を促進するが、あるときには体制全体の不安定性を大きく増幅してしまう」と、ケインズは述べる。なぜなら、株式が高値をつけているとき、企業の設備投資のための資金調達は新株発行によって容易になるし、新たに進出したいと考えている事業部門に関連した既存の企業の株価が低いとき、企業は自分で設備投資をするよりも既存企業を買収する方が有利と判断するかもしれない。

「少なくともある範囲における投資は、専門的な企業家の予想によってではなく、株価に顕示されている株式市場の平均的な予想によって支配されてしまう」。そして、この「株式市場における投機家の平均的予想」とは「美人コンテスト」のように本質的に不安定なものである。つまり、資本を流動的な形で保有しておきたい投機家が心を砕かなくてはならないのは、「株式を〈永久に〉保有するために買う人がそれを実際にどう評価しているかではなく、市場が、集団心理の影響のもとで、それを三カ月後や一年後にどう評価するかなのである」。

そのためには、単に平均的な投機家が企業の将来の利潤をどう予想するかを予想するのではなく、平均的な投機家がそれをどう予想するかをどう予想するかを予想しなければならず、さらにまた……。そして、予想のこのような無限級数的な累積過程は、株式市場において日々決定される株価を、本来それが表示しているはずの企業の予想利潤とはまったく無関係な水準に乱高下させる可能性を生み出してしまう、とケインズは主張する。

企業の設備投資という実体的な経済活動の効率化のために導入された株式市場が、まさにそれ独自の経済論理によって動き始めることによって、実体的な経済活動そのものに新たな不安定性を与えてしまう可能性――この可能性こそ、『一般理論』の第一二章においてケインズが見いだした資本主義経済に内在する逆説なのである。そして、それから約半世紀、自由放任主義哲学の落とし子である先物市場に関する新聞記事のなかで、わたしは、再びこの逆説を見いだしたというわけである。

3　ケインズの貨幣経済論

ある企業の株式をもつことは、その資本設備からの将来の利潤を受け取る権利をもつことであり、ある商品の先物契約証書をもつことは、その商品を指定された期間後に一定の価格で受け取る権利をもつことである。株式も先物も、本来はそれぞれ将来の利潤や将来の商品価格に対する権利を表示している単なる一枚の紙切れであり、いわば実体的な経済資源を獲得するための媒介手段にすぎない。だが、ひとたびこれらの媒介手段が商品化され、ひとびとの投機の対象になると、それらは本来媒介しているはずの資本設備の収益性や商品の生産価格とは独立した振る舞いをしはじめ、さらには逆に、設備投資や商品生産といった経済の実体にまで影響を及ぼしてしまうことになる。そこでは、実体と媒介という伝統的な二分法がいつのまにか崩壊しているのである。

この伝統的な二分法の崩壊という事態——それを実物部門と貨幣部門のあいだの伝統的な二分法の崩壊というふうに読み替えてみれば、まさにそれは『一般理論』全体を貫くケインズの基本命題にほかならない。

実際、一九三三年に書かれた「生産の貨幣的理論」と題された論文において、ケインズはそれから三年後に出版されることになる『一般理論』の目的を次のように述べている。「貨幣を用いるが、それは単に実物的な財や資産の交換のあいだの中立的な媒介として用いられ、ひとびとの行動動機や意思決定に介入することのない経済を実物交換経済と名づけよう。これに対して、わたしがその必要を痛感する理論とは、貨幣がそれ独自の役割を果たし、ひとびとの行動動機や意思決定に影響を与えるような経済、すなわち、貨幣が状況の作用因子のひとつであり、初期時点から最終時点までのあいだの貨幣の振る舞いに関する知識がなければ、長期においても短期においても、事態の展開を予測することができないような経済を取りあつかえる理論のことなのである」。まさにこのような経済を、ケインズは貨幣経済と呼ぶのである。

貨幣とは、本来的な価値をそれ自身何ももたない、商品と商品との交換のための単なる媒介である。しかし、貨幣とは、まさにそれが単なる媒介にすぎないことから逆に、特定の商品にしばりつけられない一般的な交換価値の担い手としてひとびとに欲望されることになる。

このように貨幣が単なる交換の媒介としてではなく、一般的交換価値の担い手としてあたかもそれ自体がひとつの商品のように欲望されることを、ケインズは「流動性選好」と名づけた。まさにこの流動性選好の存在によって、貨幣的な要因とそれが本来媒介すべき生産や消費といった実物的な経済活動とのあいだに相互干渉が起こり、ケインズのいわゆる貨幣経済に、伝統的な新古典派経済学が分析してきた実物交換経済とは異質の不安定性を与えることになるのである。『一般理論』とは、まさにこの貨幣経済の不安定性を分析する書物にほかならない。

ところで、『一般理論』の第一二章はケインズ自身が認めているように『一般理論』全体の理論展開にとっては単なる「脱線」にしかすぎず、議論の抽象度もほかの章ほど高くない。しかし、ケインズにとっては「脱線」にほかならなかったここでの株式市場の分析は、結局、『一般理論』全体を貫く貨幣経済の本質的な不安定性についての分析のいわばひとつのミニチュアになっていたことになる。

株価指数まで取り引きの対象にするような近年の先物市場の発展等がもたらす現代資本主義経済の新たな不安定化要因の理解のためには、このケインズの敷いた「脱線」路のうえをわれわれはさらに走り続けなければならないようである。

4 シュムペーターの革新論

「マルクスによれば、資本主義の発展は崩壊におわり、J・S・ミルによれば、それは支障なく運行する定常状態におわり、ケインズによれば、それはたえず崩壊におびやかされている定常状態におわる」とシュムペーターは書いている。ここでシュムペーターの言う「たえず崩壊におびやかされている定常状態」とは、もちろん、ケインズが『一般理論』

のなかでその存在を証明しようとした「不完全雇用均衡」のことである。

シュムペーターは、ケインズがマルクスとは異なった意味で貨幣経済、いや資本主義経済に内在する不安定性を見いだしたことを高く評価する。しかし、同時にかれは、ケインズ理論はたんに「短期の現象にその範囲を限った」部分的な理論にすぎないとして、鋭く批判する。分析の対象となる変数を所得と雇用と物価水準に限ったことによって、「分析の適用範囲をたかだか二、三年の期間——おそらくは〈四十カ月循環〉——に、また現象に則して言えば、仮に産業設備が変化しないものであると想定するとその稼動率の大小を支配することになる要因に、それぞれ限定してしまった」というのである。

「かくして」と、シュムペーターはケインズ理論について断罪する。「この設備の創造と変化に付随しておこる現象のすべては、すなわち、資本主義過程を支配する現象のすべては、その考察から除外されることになってしまうのである」。

シュムペーターは一九一二年に『経済発展の理論』を出版し、はるか後の一九三九年に『景気循環論』を出版した。この二つの著書においてシュムペーターが試みたのは、まさに「産業設備の創造と変化に付随しておこる現象」としての資本主義過程を分析し、それによって、ケインズなら不完全雇用均衡と名づけた状態をもその循環的発展の一局面として位置づけるような動学体系を構築することであった。そして、そのような動学体系の中核に据えられたのが「革新（イノベーション）」の理論である。

革新とはひとりの企業家がほかのひとびとに先駆けて「新消費財、新生産法や新輸送方法、新市場、新産業組織形態の創造」に成功することであり、革新に成功した企業家は市場支配力をもつことによって、創業者利潤を獲得する。そしてまさにこの創業者利潤を獲得することこそ、創造的なひとびとを革新に駆り立てる誘因なのである。

だが、ひとりの企業家による革新の独占は永久には続かない。革新の成功はかならず追随者による模倣をひきおこす。ひとつの模倣の成功はほかの模倣をさらに容易にし、模倣が群れをなして現われる。このような模倣の波及過程のなかで、革新はその革新性を失い、企業家の創業者利潤はしだいに消しさられてしまうのである。それゆえ、企業家はほかのひとびとに先駆けるためにつねに新たな革新の機会をもとめて模索しつづけなければならない。そして、そのうちにふたたび革新が現われ、模倣の群れがそれに続く。

シュムペーターの動学体系とは、革新と模倣のこのような繰り返しの過程のなかで循環しつつ発展していく経済機構として資本主義をとらえようという試みであった。それは、言葉の真の意味での長期の理論であり、短期的なケインズ理論とは対照的である。

だが、実は一見対照的に見えるこのふたつの理論の根底に、ひとつの共通する考え方があるのである。

5 シュムペーターの利潤論

資本主義——それは、個々の企業が市場において獲得する利潤を媒介として発展していく経済過程のことである。それでは、この利潤とは一体どこから生まれてくるものなのであろうか。

この問いにたいして、伝統的な新古典派経済学は次のように答えるはずである。まず、少なくとも完全競争経済の長期均衡を考えているかぎり、利子と独立した範疇としての利潤は存在しない。なぜならば、仮に利子以上の利潤を稼いでいる産業が存在していても、参入障壁さえなければ、それは必ずほかの産業からの新規参入を引き起こし、利潤を利子の水準まで引き下げてしまうはずであるからである。

それでは、この利子とは一体どこから生まれてくるものなのであろうか。もちろん、利子とは貨幣の貸し借りから生まれる。貨幣の貸し借りとは、現在の貨幣と将来の貨幣とを交換する行為であり、そこで契約される利子とは、現在の貨幣の価値が将来の貨幣の価値よりどれだけ高く評価されているかをあらわす価値の剰余分である。

それでは、なぜ貸し手も借り手も現在の貨幣のほうを将来の貨幣よりも高く評価するのであろうか。それは、もちろん、貸し手のほうの立場からいえば、現在の貨幣で買える現在の消費財からの効用のほうが将来の貨幣で買える将来の消費財の効用よりも（限界的に）高いからであり、借り手のほうの立場からいえば、現在の資本財をそのまま売って現在の貨幣を手に入れるより、その資本財を使って生産活動をしたほうが、将来より大きな貨幣が（限界的に）手にはいるからである。

すなわち、新古典派経済学においては、利潤という現象は、一方では現在と将来の消費財にかんする限界効用の違い、他方では現在から将来にわたる資本財の限界生産性といった、経済の〈実体〉的な要因によって究極的に決定されてしまうものなのである。そして、この実体還元主義といった点においては、新古典派とは異なった理論構造をもつようにみえる古典派経済学もマルクス経済学も何の違いもない。

だが、シュムペーターはこのような伝統的な利潤論に真っ向から対立する。なぜならば、かれの動学体系のなかでは、利潤とは〈差異〉から生み出されてくるものだからである。それは、現在と将来の消費財にかんする限界効用の違いにも、現在から将来にわたる資本財の限界生産性にも還元することのできない、製品の仕様や生産方法や輸送方法、さらには市場の立地や組織形態といった点にかんするひとつの企業の他の企業にたいする相対的な優位性によって生み出されるものなのである。

差異とは、もちろん、革新の成功によって一瞬のうちに創り出され、模倣の群れによって急速に消し去られていく本質的に不安定な存在、いや非存在である。それゆえ、このような革新と模倣の繰り返しの過程のなかで創り出され、また消し去られていく利潤も本質的に不安定な存在にほかならない。実際、シュムペーターの動学体系においては、まさに利潤のこのような不安定な動きこそ、企業の設備投資に影響をおよぼし、いわゆる乗数効果を通して景気の変動を引き起こすのである。すなわち、資本主義の動態的発展の原動力であることをその「本来の社会的目的」とするべき〈革新〉が、個別企業間の〈差異〉をめぐる不安定な競争を媒介としてしか経済の内部に導入されえないことによって、経済全体の発展過程そのものに不安定性をもたらしてしまうという逆説——この逆説こそ、シュムペーターがその『経済発展の理論』と『景気循環論』において見いだした資本主義経済に固有の逆説なのである。

6　ケインズ、シュムペーター、現代資本主義

今日、ポスト産業資本主義の名のもとに、産業革命以来二百年もこの世界を支配してきた産業資本主義の変貌が語られている。はたしてこれが、資本主義そのものの変貌を意味するのか、それとも資本主義の古くて新しい一形態にしかすぎないのかはここでは問うまい。ただ言えることは、われわれが、従来の繊維や鉄鋼といった工業生産物にかわって、技術、通信、広告、娯楽、教育といった新たな形態の商品を中核として資本主義が再編成されつつあるという事態に直面しているということである。いや、これはまさに実体を欠いた〈差異〉そのものが〈商品〉化されつつある事態であると言いかえてもよいだろう。

ところで、創造的破壊を通して発展していく資本主義に固有の不安定性の根源に、それ自身何の実体的な要因にも還元できない〈差異〉の創造と消滅をめぐる個別企業同士の競

争過程を見いだしたのはシュムペーターであった。他方、企業の設備投資の不安定性の根源に、本来は資本が生みだす利潤にたいする所有権の表象でしかなかった株式が〈商品〉化され投機の対象になったことを見いだし、また貨幣経済そのものの本質的な不安定性の根源に、本来は商品と商品との交換を媒介する手段でしかない貨幣があたかもひとつの〈商品〉であるかのようにひとびとに保有されることによる実体部門と貨幣部門の相互干渉を見いだしたのがケインズであった。

実体を欠いた差異そのものの商品化を基軸とする現代の資本主義——それは、まさにこのようなシュムペーターの世界とケインズの世界が融合した世界にほかならない。その意味で、わたしはまさにこの現代においてこそ、批判すべき点を多く見いだしながらも、百年以上も前に生をうけたこの二人の経済学者の思考にたえず戻っていく必要を感じているのである。

無限性の経済学

1　無限に部屋数のあるホテル

わたしがいわゆる科学少年であった頃、それこそ繰り返し繰り返し読んだ本は、ジョージ・ガモフの『一、二、三、……無限大』（崎川範行訳、白揚社）であった。その中にあった「無限に部屋数のあるホテル」という話は、いまでも鮮明に記憶している。

有限個しか部屋がないホテルが満室であったとしよう。そこに新たなお客がやってきて、ぜひ泊めて欲しいといくら哀切に頼み込んでも、その支配人は「残念ですが、部屋が全部ふさがっております」といって断わらざるをえないだろう。

今度は、無限に部屋数のあるホテルを考えてみよう。すでにここも満室になっているところに、新たなお客がやってきて宿泊を申し込んだとしよう。だが、このホテルの場合、支配人はなんのためらいもなく「はい、承知しました」と答えることができるのである。なぜならば、いままで一号室に泊まっていた客を二号室に移し、二号室の客を三号室に移し、三号室の客を四号室へと、順繰りに移していけば、いつでも一号室を空けることができるからである。無限に部屋があるこのホテルの支配人は、いくら満室になっていても、新たに何人でもお客を泊める用意があるのである。

宇宙のビッグ・バン理論の創始者であったジョージ・ガモフは、この話をした後、このようなホテルがアメリカの町にじっさいに存在しているとはじぶんにも想像しがたい。だが、それは、無限性というものが有限性とは異なる逆説的な性質をもったものであるということを十分に納得させてくれる話であることだけは確かであると、いささかいたずらっぽく付け加えていた。

2 世代重複モデル

経済学とは、ライオネル・ロビンズの有名な定義をもちだすまでもなく、「稀少性」にかんする科学、いや「有限性」にかんする科学とみなされてきた。経済の問題は、すべて有用な資源に限りがあり、その限りある資源を競合するさまざまな用途のあいだに配分しなければならないところから生まれてくるというのである。それだからこそ、カーライルは経済学のことを「陰鬱なる科学」と呼び捨てにしたのである。

それゆえ、経済学と無限なるものとはおたがいにまったく無関係であるように見える。まして、「無限に部屋数のあるホテル」の話など、経済学といったいなんの関係があるのだろうか？

だが、じつは、このエッセイのひとつの目的は、あのガモフ博士ですらアメリカ中の町を歩き回っても見つけ出すことのできなかった「無限に部屋数があるホテル」を、われわれの生きている経済のなかに見いだすことにあるのである。そして、そのための恰好の手がかりをあたえてくれるのが、一九五八年にポール・サミュエルソンによって発表され、近年「世代重複モデル」(注)としてふたたび経済理論家の注目をあびるようになったひとつの理論モデルである。

3 自由放任主義と姥捨て

サミュエルソンの「世代重複モデル」は、未来永劫にわたって続くひとつの経済世界を想定する。

この世界には、毎期毎期新たに人間が生まれてくるが、神ならぬ人間は「若年期」と「老年期」という二つの（等しい長さの）期間しか生きられない。しかも、この世界の人間は、若いときにはみずからの労働によって消費財を作ることができるが、年老いてしまうとなにも労働することはできないといういささか極端な仮定をしてみよう。いや、話をさらに極端にするために、この世界には一種類の消費財しか存在せず、しかもそれはすぐ腐ってしまうので、若者が老人になるときまで貯えておくことができないと仮定してみよう。

そうすると、この世代重複モデルにおいては、毎期毎期、若者と老人が「もつもの」と「もたざるもの」として対峙しあうことになる。「もたざる」老人は、若者が作った消費財の一部を手にいれなければ生きていけない。「もつ」側の若者のほうも、じぶんが老人になって働けなくなったときに備えることができるなら、今期にじぶんが作った消費財の一部を手放してもよいと考えている。

それでは、このようにそれぞれ交換を望んでいる「もつ」若者と「もたざる」老人とのあいだに望ましい交換関係を結ぶことができるだろうか？

答えは、社会倫理も社会契約も存在しない純粋な自由放任経済においては、「否」である。

なぜならば、市場において若者が今期じぶんで作った消費財の一部を老人に差し出したとしても、悲しいかな、老人の側からはその見返りとしてなにも若者に差し出すことはできないからである。（若い頃に丹精こめて作った消費財は、貯えてあったとしても腐ってしまっている。）もちろん、現在の老人が若者であった前の期においては、現在の若者はまだこの世に生を享けておらず、現在の若者が老人となってしまう次の期においては、現在の老人はすでにこの世を去っているはずである。それゆえ、たんに今期においてだけでなく、前期においても来期においても両者のあいだに相互的な交換関係を結ぶことは不可能なのである。

すなわち、一方にじぶんの生産物を供給したいと思っている若者がおり、他方にその生産物を需要したいと願っている老人がいるにもかかわらず、両者のあいだにはおたがいが納得するような交換関係は成立しえないことになる。その結果は、いわゆる「姥捨て」である。しかも、未来永劫にわたって繰り返される「姥捨て」なのである。

この結論はスキャンダルであった。アダム・スミスの『国富論』以来、経済学者は、個々人の一見ばらばらな自己利益の追求は市場におけるモノとモノとの直接的な交換を通じて最適な資源配分を実現することができるという命題を教え続けてきていた。だが、サミュエルソンのこの世代重複モデルは、経済学のエデンの園であるべき自由放任主義的な物々交換がなんら望ましい資源配分をもたらしてはくれないという可能性を、極端な仮定のもとであるにせよ、いや逆に極端な仮定であるがゆえに、われわれに明快なかたちで示してくれたのである。

4 貨幣による姥救い

だが、ここに「貨幣」なるものを導入してみよう。そうすると、世界は突然その様相を変えてしまう。

たとえば、世界の始めにおいて、姥捨て寸前の老人たちがそれぞれ一枚の細長い紙切れを発行し、それが消費財一単位と同じ価値をもち続けることを未来永劫にわたってひとびとに信じさせることに成功したと想定してみよう。

そうすると、老人は実質的にはなにももっていないにもかかわらず、この紙切れを若者に差し出すだけで一単位分の消費財を受け取ることができることになる。なぜならば、この紙切れを受け取った若者は、それをじぶんが年老いてしまう次の期において若者に差し出せば、代わりに消費財一単位を受け取ることができるからである。そして、次の期にこの紙切れを受け取る若者も、それをじぶんが年老いる次の次の期に若者に差し出すことによってやはり消費財一単位を受け取ることができるだろう。このように、一枚の紙切れが老人から若者へと引き渡されていく代わりに、一単位の消費財が若者から老人へと引き渡されることになる。もちろん、若者から老人の手にわたった消費財はその期のうちに食べられてしまうが、老人から若者の手にわたった一枚の紙切れはひとつの期から次の期へと未来永劫にわたって流通していくことになるのである。

いうまでもなく、世界の始めの老人たちによって発行されたこの紙切れは、今期の消費財と来期の消費財とのあいだの交換を媒介する「貨幣」として機能をはたしているのである。（それは、この世界における唯一の価値の貯蔵手段であり、消費財の価値をあらわす唯一の価値尺度でもある。）すなわち、純粋な自由放任主義が世代重複モデルの世界に引き起こしてしまう姥捨てという事態は、貨幣としての一枚の紙切れの流通によってものの見事に解決されることになったのである！

ところで、どのような経済学の教科書にも、二人の人間が自発的にモノとモノとを交換するためには、一方の人間がほしがっているモノを他方の人間が余分にもっており、他方の人間がほしがっているモノをもう一方の人間がちょうど余分にもっているという「欲求の二重の一致」が必要であることが書いてある。そこには、貨幣とは、欲求が二重に一致していない状況においてもひとびとのあいだの交換を可能にする一般的な交換手段であるという説明があるはずである。

じっさい、この世代重複モデルにおいて、今期の老人がほしがっている消費財は今期の若者が余分にもってはいるが、この若者が年老いたときにほしがる次の期の消費財を余分にもっているのは今期の老人ではなく、次の期生まれる若者でしかない。これは、まさに老人と若者の欲求が二重に一致することがないということを意味している。

その意味で、世代重複モデルに貨幣を導入すると姥捨てが追放されるというわれわれの議論は、欲求が二重に一致していない状況に貨幣を導入することによって、物々交換では不可能な交換が可能になるという教科書的な議論のたんなる蒸し返しのように見えるかもしれない。

しかし、ことはもう少し複雑である。

5 貨幣とは投機的泡沫

ところで、世界の始めに老人たちが発行した細長い紙切れを、その期に生まれた若者が一単位の消費財と同等の価値をもつ貨幣として受け入れたのは、一体なぜなのだろうか？それは、もちろん、次の期に生まれる若者がやはりそれを消費財一単位の価値をもつ貨幣として受け入れてくれることを予想しているからである。

だが、話はこれで終わらない。次の期の若者がそれを貨幣として受け入れるのは、次の次の期に生まれる若者がやはりそれを消費財一単位の価値をもつ貨幣として受け入れてくれると予想しているからであり、この次の次の期の若者がそれを貨幣として受け入れるのは、次の次の次の期に生まれる若者がそれを消費財一単位の価値をもつ貨幣として受け入れてくれると予想しているからである。結局、この紙切れが消費財一単位の価値をもつ貨幣として流通しているのは、これから生まれてくる人間もやはりそれを消費財一単位の価値をもつ貨幣として受け入れてくれるという予想をひとびとがもち続けているからにすぎないのである。

貨幣とは、それゆえ、ひとつの「バブル（投機的泡沫）」にほかならない。貨幣を貨幣としてひとびとのあいだに流通させているのは、それが未来永劫にわたって貨幣としての価値をもち続けるという純粋に自己実現的な予想以外のなにものでもない。ひとたびこの予想が裏切られると、それはまさに泡沫のように破裂して、なんの実体的な価値もない一枚の紙切れになってしまうのである。

じっさい、世界が有限の期間のうちに終わってしまうとしたらどうであろう？　この場合、当然ひとびとは、世界の終わりの日においては貨幣とは食べることのできないたんなる紙切れにすぎなくなってしまうと予想するだろう。ということは、世界の終わりの一期前においても、貨幣とは次の期にはだれも消費財と交換してくれないたんなる紙切れにすぎず、その期の若者は老人からそれを受け取ることを拒否するだろう。ということは、世界の終わりの二期前においても、貨幣とは次の期にはだれも消費財と交換してくれないたんなる紙切れにすぎず、若者はそれを老人から受け取ることを拒否するだろう。まったく同じ推論を順繰りに繰り返していくと、世界の始めにおいても、老人たちの発行した貨幣はたんなる紙切れ以外のなにものでもなくなってしまい、その期の若者は消費財一単位の代金としてそれを受け取ることを拒否するだろう。貨幣が貨幣として機能しなくなり、ふたたびあの姥捨ての世界が蘇ってしまうことになるのである。

すなわち、貨幣が貨幣であるのは、たんにそれが欲求が二重に一致していない人間どうしの交換を可能にする一般的な交換手段であるからだけではない。貨幣とは、それを貨幣として受け入れてくれる人が未来永劫にわたって存在し続けるという予想があってはじめて貨幣であり続けるのである。貨幣とは、世界に終わりがなく、時間が無限であるからこそ貨幣となるのである。

貨幣と無限とのこのような関係——それは、じつは、貨幣経済というもののなかに魔法の算術をもちこむことになる。

6 無から有が生まれた

ここで、簡単な足し算をおこなってみよう。

そのためには、具体的な数字が必要なので、毎期毎期若者がじぶんの労働で作り出す消費財の量はちょうど二単位にあたると想定しておこう。

もし貨幣が存在せず、自由放任主義的な交換しか可能でないならば、この二単位の消費財は老人の手にはわたらずに若者自身が食べてしまうことになる。もちろん、この場合、どの人間も年老いてしまうと姥捨てにされ、二たすゼロは二で、一生（つまり二期間）のうちに食べることのできる消費財の量は若いときに食べる二単位に等しい。

これにたいして、世界の始めの老人が発行した細長い紙切れが消費財一単位の価値をもつ貨幣として流通しているときは、どの期に生まれた人間も若いうちはじぶんの作った二単位の消費財のうちの一単位を老人に引き渡し、代わりに一枚の貨幣をもらうことにするだろう。ひとびとは、若いときには一単位の消費財しか食べないが、じぶんが老人になるときには貨幣と引き替えにその期に生まれた人間から一単位の消費財をもらうことになり、一たす一は二で、一生（つまり二期間）を通してみれば以前と同じ二単位の消費財が食べられることになる。いや、かれらにとって、若いときに二単位の消費財を食べ、年老いて姥捨てにあうよりも、このほうがはるかに望ましい状態であるはずである。

それだけではない。この場合、世界の始めに貨幣を発行した老人たちは、それを世界の始めに生まれた若者にわたすことによって、なにも食べられない姥捨ての状態から一単位の消費財が食べられる楽隠居の身分になっているのである。じっさい、かれらは、まだじぶんたちが貨幣というものをこの世にもちこむ以前においては若者として二単位の消費財を食べているはずであるから、二たす一は三で、一生のあいだになんと三単位の消費財を食べることができるのである。

すなわち、ここでは、無から有が生み出されているのである！

これは、ひとつの魔法である。一枚の紙切れを消費財一単位の価値をもつ貨幣としてひとつの期から次の期へと順繰りに流通させることによって、一生のうちにひとびとが食べることのできる消費財の量を一かけらも減らすことなしに、新たに一単位分だけ余計に消費財を食べられるようになったわけである。この場合、無から突然生み出されたこの一単位分の消費財は、いわゆる「シニョレッジ（貨幣発行者利得）」として、すべて貨幣をはじめて発行した老人たちの口に入ってしまうことになっている。

どうやら、われわれは、あのガモフのホテルにふたたびめぐりあえたようである。どんなに満室であっても、今までの泊まり客を順繰りにとなりの部屋に移していけば、無から有が生み出されるようにつねに一号室を空けることができるあの「無限に部屋数のあるホテル」に。ただし今度は、このホテルには「貨幣経済」といういささかそぐわない名前がつけられてはいるのだが。

7 ケインズ経済学へ

ここで、もう一度、伝統的な経済学の教えを思い起こしてみよう。有限性にかんする科学としての経済学にとって、経済問題とは、有用な資源に限りがあり、その限りある資源をさまざまな用途に配分しなければならないところから生まれてくるものであった。じっさい、アダム・スミス以来の経済学者は、個々人の自己利益の追求こそ、市場におけるモノとモノとの直接的な交換を通じて、有限な資源の最適な配分を実現するという命題の証明に全力をあげてきた。そして、このような自由放任主義的な交換によって実現されるあらゆる財とサービスの市場価値は、究極的には、経済の実体的な与件（ファンダメンタルズ）とみなしうる消費者の選好と生産者の技術と有用資源の賦存量とによって決定され、貨幣はたんなるヴェイルとしての役割しかはたさないと主張されてきたのである。

だが、サミュエルソンの「世代重複モデル」は、このような伝統的経済学の命題をことごとく覆してしまうことになった。

それは、まず、自由放任主義的な市場交換は、最適な資源配分を実現するどころか、姥捨てというもっとも悲惨な結果を生み出してしまう可能性を示すこととなった。市場には、「見えざる手」なぞ存在していないのである。

次に、それは、経済から姥捨てを追放するためには、貨幣が必要不可欠な役割を演じていることを示すこととなった。貨幣とは、経済の実体を覆っているたんなるヴェイルではなく、老人と若者とのあいだの交換という経済の実体的な活動そのものを創りだす働きをしているのである。

さらに、それは、このように実体的な働きをする貨幣そのものは、それが未来永劫にわたって貨幣とみなされるから貨幣であるという自己実現的な予想の産物にほかならず、なんの実体的な裏付けももたないバブルであることも示すことになった。貨幣経済とは、したがって、いつなんどき物々交換経済に転落するかもしれない、本質的に不安定な構造をしているのである。

最後に、それは、このような貨幣経済とは、ガモフのあの「無限に部屋数があるホテル」のように、無から有を生み出す無限性の逆説を内在させていることを示すことになった。貨幣の媒介によって無から生み出された経済資源の余剰部分は、シニョレッジとして最初に貨幣を流通させた老人たちの手にわたることになるのである。貨幣経済とは、したがって、資源の有限性を前提として組み立てられてきた伝統的な経済学の前提そのものをつき崩す存在であるということになる。

サミュエルソンの「世代重複モデル」の分析から導かれた命題をこのように書き並べてみると、それらがいずれも「ケインズ経済学」の基本的な論点と密接につながっていることに気が付くだろう。もちろん、数多くの極端な仮定のもとに構築された世代重複モデルからあの複雑なケインズ経済学へとつながる道は、けっして平坦な道ではない。ここでは、それゆえ、「有限性」の科学としての経済学のなかに「無限性」の逆説を導入したということで一応満足しておこう。

(注) Paul A. Samuelson, "An Exact Consumption-loan Model of Interest with or without the Social Contrivance of Money," *Journal of Political Economy,* (December 1958).

貨幣の「靴ひも」理論

1 靴ひも飛翔術と貨幣

「靴ひも飛翔術」というものをご存知だろうか。

まず自分の右の靴の靴ひもを思いきって引っ張り上げてみよう。そうすると、右足が宙に浮く。そこですかさず左の靴の靴ひもを力いっぱい引っ張り上げてみると、左足も宙に浮いてしまう。さらに右足の靴の靴ひもをもう一度引っ張り上げると、右足はさらに高く宙に浮き、左足の靴の靴ひもをもう一度引っ張り上げると、左足もさらに高く宙に浮いてしまう。右足、左足、右左、右左と順番に勢いよく靴ひもを引っ張り上げていくうちに、いつの間にやらあなた自身は天高く中空に舞い上がってしまっている、という算段である。

自分の靴の靴ひもを引っ張り上げることによって、自分自身をも引っ張り上げてしまうという靴ひも飛翔術――不幸にして、わたしはまだこの魔法の術に成功したという人間を知らない。だが、人間には不可能なことでも、悪魔なら可能だろう、実際、わたしはこのエッセイで、われわれに身近なあの「貨幣」という魔物は、まさにこの靴ひも飛翔術の産物にほかならないということを示してみようと思うのである。

ところで、貨幣とは、いったい何なのだろうか。

この問いに対する答えは一見すると簡単である。貨幣とは「交換の媒介」にほかならない。それは直接に消費されるためではなく、いつかどこかで何か別の商品と交換されるために保有されるものである。もちろん、貨幣は価値の尺度としての役割も、価値の貯蔵手段としての役割も果たしている。だが、安定的な価値をもつ商品ならどの商品も価値の尺度となりうるし、耐久性のある商品ならどの商品も価値の貯蔵手段となりうるのである。貨幣とは、しかしながら単なる交換の媒介ではない。それは、いつでもどこでもどのような商品とも交換される「交換の一般的な媒介」である。

よく知られているように、物々交換経済において二人の人間が自発的にモノとモノとを交換するためには、「欲求の二重の一致」がなければならない。それは、自分が余分に持っているモノを相手が欲しており、自分が欲しているモノを相手が余分に持っているという条件のことである。これに対して貨幣とは、誰もが受け入れてくれる交換の一般的な媒介であるがゆえに、欲求が二重に一致していない人間同士の交換をも可能にする。貨幣経済においては、たとえ自分が欲しいモノを余分に持っている相手が、自分が余分に持っているモノを欲していなくても、貨幣と引き換えならば自分の欲しているモノを手渡してくれることになるはずである。

もちろん、こんなことは当たり前のことであり、正真正銘の貨幣経済に生きているわれわれが日々無意識のうちに実行していることである。だが、実は、一見当たり前のこの事実の背後には、ほかならぬあの悪魔の飛翔術が作用しているのである。

2 ある交換経済のモデル

ここで、一つの理論モデルを導入してみよう。

このモデルは、数多くの種類の商品がさらに数多くのタイプの人間によって生産されている一つの経済世界を想定する。分析を単純にするために、ここでは極端な分業が支配しており、一人の人間は一種類の商品しか生産することができず、それとは別の商品を一種類消費しなければならないという仮定を設けてみよう。例えば、ある人間は鋳物を作るが、酒しか飲まない。別の人間は酒を醸造できるが、米しか食べない。さらに別の人間は米作りに専念しているが、着物にしか興味がない、といった具合にである。

それゆえ、この経済では交換が必然化される。鋳物師も造り酒屋も米作農家もそれぞれ自分が生産した鋳物や酒や米を、直接的にせよ間接的にせよ、自分が必要とする酒や米や着物と交換してくれる人間を探し出さなければならないのである。それでは、この経済で人と人とは互いにどのようにして出会うことができるのだろうか。

そこで、分析をさらに単純にするために、この経済は数多くの島から成り立っており、一つ一つの島はそれぞれ一組の商品と商品の交換に特化しているという、これまた極端な仮定をしてみよう。ある島では鋳物と酒が交換され、別の島では酒と米が交換され、また別の島では米と着物が交換されている、といった具合にである。

酒を飲まずにはいられない鋳物師は、それゆえ、鋳物と酒とが交換される島に舟をこぎ出し、自分とは逆に酒の代わりに鋳物を求めているという稀有な人間を直接探しだそうと考えるかもしれない。もちろん、これは欲求の二重の一致を条件とする直接交換の試みにほかならない。

実際、鋳物師だけでなくすべての人間が同時に直接交換を試みている時、経済はまさに「物々交換」の形態にあることになるのである。

だが、わが鋳物師は酒に対する渇きをもう少し迂廻した形で満たすこともできる。例えば、最初に鋳物と貝殻とが交換される島に行き、そこで貝殻を鋳物に換えたい人間を探し出す。首尾よく貝殻を手に入れると、今度は貝殻と酒とが交換される島に舟をさし向け、そこで酒を貝殻に換えたい人間を探し出すこともできる。これは、貝殻を媒介として用いる間接交換の試みにほかならない（一つ以上の媒介を用いるさらに迂廻的な間接交換の可能性は無視しておこう）。

そして、単に鋳物師一人だけでなく、（直接それを海辺で拾う人間と首飾りに使う人間を除く）すべての人間が同時に貝殻を媒介として用いる間接交換を試みているならば、経済はまさに貝殻を一般的な交換の媒介として用いている「貨幣交換」の形態にあることになるのである。

すなわち、物々交換と貨幣交換というもっともなじみの深い二つの経済体制が、一つの理論モデルの中の二つの特殊な交換形態として表現されたことになる。それでは、これからこの二つの交換形態のあいだの関係を少し詳しく調べてみよう。

3 販売可能性と貨幣交換

さて、わが鋳物師は一体どういう時に直接交換を選び、どういう時に間接交換を選ぶのだろうか。もちろん、直接交換と間接交換とにかかる手間と暇、いや費用を計算して、より費用の少ない交換方法を選ぶにちがいない。

ここで、すべての商品が一対一の比率で交換されると仮定してみよう。その時、直接交換の費用とは、鋳物と酒が交換される島で鋳物を求めている人間を探し出すための費用である。貝殻を媒介とする間接交換の費用とは、鋳物と貝殻とが交換される島で鋳物を求めている人間を探し出すための費用と、貝殻と酒とが交換される島で貝殻を求めている人間を探し出すための費用である。

言うまでもなく、鋳物を酒に交換するための費用が、鋳物を貝殻に交換するための費用と貝殻を酒に交換するための費用を足し合わせたものより小さければ直接交換が選ばれ、大きければ間接交換が選ばれることになる。

だが、「二」は当然「一」よりも大きい。一体全体鋳物師が、交換相手を探す手間を一回増やす間接交換をわざわざ選ぶなどということが、どうしてありうるのだろうか。そこで、カール・メンガーがその著書『一般理論経済学』で導入した「販売可能性」という概念を登場させてみよう。販売可能性の高い商品とは、それを持つことによって自分が手に入れたいと思っている商品を提供してくれる人間を探し出す確率が高くなる商品のことである。

実際、もし酒と交換に貝殻を求める人間を探し出す確率のほうが酒と交換に鋳物を求めている人間を探し出す確率よりはるかに高ければ、わが鋳物師にとって最初に鋳物を貝殻に交換する手間をかけても、貝殻を媒介とした間接交換によって酒を手に入れる方が有利になる可能性がある。さらに、もし貝殻を持つことによって他のどの商品を提供してくれる人間も高い確率で探し出すことができるのであれば、それは酒飲みにとってだけでなく、(海辺で拾う人間と首飾りにする人間を除く)すべての人間にとって交換の媒介として用いられる可能性を持つことになる。

すなわち、ここに貨幣交換なるものが成立するための条件が見いだされたことになるのである。他のどの商品に対しても、より高い販売可能性を持っている商品が存在している時、それはすべての人間の交換を媒介する貨幣として用いられる可能性を持つのである。

それゆえ、カール・メンガーをはじめとする多くの経済学者は、貨幣の「起源」を見いだすために、古今東西の歴史において高い販売可能性を持つに至った商品を一生懸命数え上げてきたのである。

もちろん、このような数え上げが暗黙のうちに前提としているのは、ある商品はその高い販売可能性ゆえに貨幣に転化するという、一方向的な因果関係の存在である。だが、歴史のなかで貨幣に転化したものを実際に数え上げはじめると、家畜、穀物、奴隷、塩、茶、反物、実用金属、貴金属、毛皮、干し魚、貝殻……と、およそ商品として用いられたことのあるほとんどすべての耐久的な商品の名前が挙がってしまうことになる。この事実は、商品の販売可能性と貨幣の貨幣性とのあいだの関係が、もう少し錯綜したものであるということを示唆しているのである。

4 貨幣交換と販売可能性

そこで、歴史的な起源はどうであれ、現在貝殻を貨幣として使っている経済を考えてみよう。当然そこでは、(貝殻の生産者と消費者を除く)すべての人間がまず最初に自分が生産した商品を貝殻と交換し、次にこの貝殻と交換に自分に必要な商品を手に入れようと試みることになる。この事実は、二つのことを意味している。

第一に、貝殻以外の商品同士が交換される島には、もはやだれも人が集まってはこないということである。例えば、仮に鋳物を必要としている造り酒屋がこの世にいたとしても、この酒屋はまず酒と貝殻が交換される島に舟を出し、次に貝殻と鋳物が交換される島に舟を向けることになる。酒と鋳物が交換される島を訪れることはないのである。

そして第二に、どの商品であれそれが貝殻と交換される島には、今度は貝殻との交換を目的として、ありとあらゆる欲求を持ったその商品の生産者が集まってくるということである。例えば貝殻と酒が交換される島には、大飯食らいの造り酒屋だけでなく、ありとあらゆる欲求を持った数多くの造り酒屋が貝殻を求めて集まってくるのである。従って、鋳物師がいかにのどが渇いていようとも、鋳物と酒とが交換されるはずの島に舟をこいでも、だれも交換する相手は見いだせない。だがこの鋳物師も、何とか貝殻を手に入れて酒と貝殻が交換される島に行けば、容易に酒を提供してくれる相手を探し出すことができるのである。

すなわち、貝殻が貨幣として使われている時、まさにそのことによってそれ以外の商品の販売可能性が低められ、それと同時に貝殻の販売可能性は高められることになる。販売可能性から貨幣性へという因果関係が、ここでは明らかに逆転している。貝殻が高い販売可能性を持っているのは、その商品としての性質とは独立に、単にそれが貨幣として使われているからに過ぎないのである。

まさにわれわれは今、あの「靴ひも飛翔術」を目撃しているのである。

ある商品が貨幣として使われるのは、それが最も高い販売可能性を持っているからである。だが、この商品が最も高い販売可能性を持っているのは、単にそれが貨幣として使われているからにほかならない。貨幣とは、従って、それが貨幣として使われているからこそ貨幣であるに過ぎないのである。

悪魔が自分の靴ひもで自分自身を引っ張り上げることができるように、貨幣が貨幣であるためには、それが貨幣であるということ以外の何の支えも必要としない。それ故、家畜、穀物、奴隷、塩、茶、反物、実用金属、貴金属、毛皮、干し魚、貝殻、といった耐久性のある商品ならば何でも貨幣となることができるし、何でも貨幣になってきたのである。いや、貨幣が貨幣であるためには、それは何も実際に生産されたり、消費されたりする商品である必要はない。南の海に沈んでいる大きな丸い石盤でも、夏目漱石の顔が印刷された紙ぺらでも、コンピュータ・ネットワーク上の電子情報でも、それが貨幣とみなされているかぎり貨幣として機能することになるのである。

ここで、再び物々交換なるものを思い出してみよう。それが必要とする欲求の二重の一致とは、生産と消費という経済の「実体」的条件が人々のあいだで対称的に分布していることを要求する条件であった。その意味で、物々交換とは、実体経済の構造に全面的に制約された交換形態なのであり、実体経済の非対称性は、そのまま物々交換の困難を招いてしまうことになる。

これに対して、われわれが今しがた見いだしたことは、貨幣とは一つの「虚構」にほかならないということである。それは、生産とも消費とも独立し、貨幣が貨幣であるのはそれが貨幣として使われているからであるという、あの靴ひも飛翔術によってのみ支えられている純粋に社会的な虚構なのである。だが、ここに貨幣の秘密がある。貨幣とはまさに社会的な虚構であるが故に、欲求の二重の一致という実体的な制約を取り除き、物々交換では不可能な交換を実体的に可能にさせてくれる働きをする。実体と虚構という伝統的な二分法が、ここではものの見事に破られてしまっていることになる。

ところで、靴ひも飛翔術によって貨幣を支えることに成功した経済では、人々は自分の生産物を貨幣に換え、その貨幣を必要な消費財に換えることになる。商品を貨幣に換えることを普通、われわれは「売る」と言い、貨幣を商品に換えることを「買う」という。商品を日常的な意味で売り買いする場を「市場」と名づけるならば、これはまさに市場というものが、われわれの理論モデルの中に内生的に生み出されたことを意味することになる。

実は、貨幣と市場とがともにあの靴ひも飛翔術の産物にほかならないというこの結論は、貨幣経済の働きに関して、われわれをいくつかの有益な観察に導いてくれるはずである。

5 貨幣経済の二つの困難

物々交換がすべての商品を対称的に扱う交換形態であるのに対して、貨幣交換とは、任意に選ばれた一つの商品に、特別の社会的な役割を与える非対称的な交換形態である。

実際、ひとたび貝殻が貨幣として用いられはじめると、貝殻以外の商品が交換される島々はすべて実質的な機能を停止してしまう。鋳物師がいくら鋳物を直接酒に交換したいと望んでも、それは不可能である。好むと好まざるとにかかわらず、酒を手に入れるためには貝殻を手に入れなければならず、貝殻を手に入れるためには鋳物を貝殻に交換しなければならない。

「貨幣は商品を買い、商品は貨幣を買うが、商品は商品を買えない」(R・クラウワー)のである。貨幣の誕生とは、それ故、あのケインズの「有効需要不足問題」の誕生でもあるのである。(1)

また、貝殻による貨幣交換は、貝殻以外の商品が交換されるべき島々を閉鎖するかわりに、貝殻と何か他の商品が交換される島々にすべての交換活動を集中する。そして、われわれはまさにこれらの島々こそそれらの商品が売り買いされる「市場」として機能していることを見た。鋳物が売り買いされる市場とは、鋳物と貝殻が交換される島のことであり、酒が売り買いされる市場とは、酒と貝殻が交換される島のことなのである。

だが、同時にこのことは、貨幣として用いられている貝殻だけは他の商品と物々交換され続けていることを意味している。アダム・スミス以来の多くの経済学者は、貨幣経済なるものを分析する際に、貨幣の「需給」という言葉を何の疑問も持たずに使い続けてきた。

鋳物には鋳物市場があり、コメにもコメ市場があり、外国の貨幣にも外国為替市場があり、将来の貨幣にすら債券市場なるものがある。だが、貨幣の場合、自分自身の物々交換の場を他のすべての商品の市場に転化してしまうことによって、自分自身を売り買いする市場を持つことができないのである。それはNプラス一番目の商品ではなく、市場の需給法則が作用し得ない、商品ならざる商品となっている。

貨幣経済には、それ故、大きな穴が開いている。貨幣に需給法則が作用しないということは、貨幣以外の商品の総需要と総供給とがつねに乖離する危険にさらされていることを意味している(これは、「セーの法則」が成り立っていないというふうに言い換えてもよい)。そして、実際に総需要と総供給が乖離する時、経済はあのヴィクセル的な「不均衡累積過程」に投げ出されてしまう可能性を持つことになるのである。(2)

貨幣交換の成立——それは、欲求の二重の一致という物々交換の困難を取り除く代わりに、われわれの経済に、ケインズ的な有効需要不足の問題とヴィクセル的な不均衡累積過程の可能性という二つの困難をもたらしたことになる。もちろん、これは、あの「靴ひも飛翔術」という悪魔の秘法を用いたことの代償であるに違いない。(3)

注

（1）ケインズの有効需要原理については、『不均衡動学の理論』（岩波書店、一九八七年）を参照のこと。

（2）ヴィクセルの不均衡累積過程についても、同じく『不均衡動学の理論』を参照のこと。

（3）このエッセイの内容は以下の論文においてより厳密に展開されている。Katsuhito Iwai, "The bootstrap theory of money—a search-theoretic foundation of monetary economics," *Structural Change & Economic Dynamics*, 7(4) Dec. 1996 ; Katsuhito Iwai, "Evolution of money," in U. Pagano & A. Nicita eds., *The Evolution of Economic Diversity*, (Routledge, 2001).

ヒト、モノ、法人

1 普遍論争と日米経済摩擦

はたして「ネコ」なるものは実在しているのかしていないのか?

これは、中世スコラ哲学のいわゆる「普遍論争」からはじまって、今なお哲学者を悩ましている問題である。もちろん、まだ名前のないわが家の猫、隣のミケ、筋向かいのシロ、車屋のクロ、遠くの国に住むムルは、疑いなく実在しているはずである。問題は、一匹一匹の猫のことでなく、それらを総称した普遍概念としての「ネコ」なるものがそれ自体として実在しているのかどうかということなのである。

この問いにたいしては、従来おおきくいって二つの立場が表明されてきた。「唯名論(ノミナリズム)」と「実念論(リアリズム)」である。唯名論によれば、普遍概念とはたんなる名前でしかなく、それを構成する個々の事物と独立には実在していないという。実念論によれば、普遍概念とは個々の事物とは独立のれっきとした実在であるということになる。すなわち、「ネコ」とはたんなる名前であるという立場と、れっきとした実在であるという立場とが千年近くも争っているのである。

たしかに、普遍概念としての「ネコ」がそれ自体として実在しようとしまいと、われわれの日常生活にとってはどうでも良いことのようにみえる。だが、この悠久千年の哲学的対立が、いま現在日米経済摩擦というまったく思いもかけないかたちで再登場しているということになると、話は少々ちがってくる。

一九九〇年一月一七日の「日本経済新聞」の第一面に、「米USX系化学会社買収」という大見出しで、三菱商事がアメリカのアステリック・ケミカル社の現経営陣と組んだLBO（買収先の資産を担保にした借金による会社買収）を計画していることが報じられている。翌一八日の同じく「日本経済新聞」。今度は「三井銀行と太陽神戸銀行、重複取引先を一本化」という見出しが八面にある。四月に三井銀行と太陽神戸銀行が合併した後、新銀行の持株比率が独禁法で定められた上限の五パーセントを越してしまう取引先については、その超過分を両行の関連会社にふり分けたり、取引先同士で相互に株式を持ち合ってもらう方針をとるという記事がのっている。

一方で、アメリカにおいて一九六〇年代から盛んになり、八〇年代にはいってLBOという魔術の利用によってさらに大流行となり、現在ようやく下火になりつつある会社買収の動きのなかに、日本の会社が遅ればせながらも進出しつつあることを告げる報道があり、他方で、「株主安定工作」の名のもとに系列会社どうしが株式を持ち合うという慣行が、日本の国内においてあいも変わらず続けられている事実を告げる報道がある。きびすを接するようにして新聞に報道されたこれら二つの相反する動きは、近年危機的な様相を呈している日米間の経済摩擦の縮図としてとらえることができるだろう。

だが、これからわたしは、現在のアメリカと日本とをそれぞれ舞台にするこの二つの対立する動きは、まさにあの唯名論と実念論とのあいだの対立にほかならないことをしめしてみようと思うのである。ただし、このばあい、対立は、「ネコ」なるものがそれ自体として実在するかどうかという問いをめぐるものではなく、「法人」なるものがそれ自体として実在するかどうかという問いをめぐるものなのである。

それでは、この「法人」とはいったい何なのだろうか?

2　ヒト、モノ、法人

法律の概説書をひらいてみよう。そうすると、たとえば、「法人とは自然人にあらずして法律上〈人〉たる取扱いを受くるものを言ふ」（末広厳太郎）というような定義がみつかるはずである。すなわち、「法人」とは、本来ヒトではないが法律上あたかもヒトのようにあつかわれるモノのことを指しているのである。

ところで、一般の経済学の教科書にえがかれている市場交換のモデルにおいては、ヒトとモノとのあいだにはなんと単純で明確な境界線がひかれていることだろう。そこでは、ヒトはあくまでもヒト、モノはあくまでもモノである。ヒトはモノを所有し、モノはヒトに所有される。ヒトは所有権の主体であり、モノは所有権の客体である。ヒトがほかのヒトを所有しているならば、それは古代の奴隷制社会であり、モノがヒトを所有しているならば、それは疎外論を読みすぎたSF作家の物語である。じじつ、近代社会においてはヒトとモノとが所有者と所有物として厳格に対立しているからこそ、ヒトとヒトとは市場においてそれぞれが所有しているモノとモノとをおたがいに自由に交換できるのである。ヒトとヒトがモノとモノを交換する——これが、市場経済における商品交換の基本図式なのである。

資本主義とは、まさにこの単純なヒトとモノとの関係を基礎として成立した経済体制である。すなわち、個人で企業を経営する古典的な資本家は、じぶんの個人的な所有物である生産手段をもちいて生産活動をおこない、できあがった製品をじぶんの個人的な所有物として販売する。資本家は所有権の主体としてのヒトであり、生産手段や製品は所有権の客体としてのモノである。ここでも、ヒトはあくまでもヒトであり、モノはあくまでもモノである。(そして、これと同様に、資本主義社会における労働者は、じぶんの労働力をひとつのモノとして所有しているヒトとして市場にあらわれることになる。モノとしての労働力の買い手は、もちろん資本家である。)

しかしながら、みずからの規模をたえず拡大していくことを自己目的としている資本主義は、遠い昔からさまざまなかたちの共同企業を発達させてきた。たとえば、古代ローマには海上貿易のための商社が数多く存在していたことが知られているし、十一世紀のヨーロッパにおけるいわゆる商業の復活以後、いちはやくカンパーニャとよばれる共同企業がフィレンツェを本拠地として大々的に地中海貿易をおこないはじめていたこともよく知られている。(そして、日本でも江戸時代の中期にはいると近江出身の中井家が共同企業の形態をとった全国的な商業経営をはじめることになる。)もちろん、個人企業が拡大して複数の個人が資本を出し合う共同企業になっても、原則的にはヒトとモノとの関係はかわらない。そのばあい、個人企業においては単数形のヒトが単独でモノを所有しているのにたいして、複数形のヒトが共同でモノを所有しているのにすぎないことになる。じっさい、フィレンツェやジェノヴァやヴェネチアのカンパーニャの場合、同じパンを分けあう仲間というその字義どおり、共同出資者はほぼ完全な共同責任を企業活動にかんして分かちもっていた。そこでは、共同企業とは複数の個人の集まり以上のものでも以下のものでもなかったのである。

だが、量は質に転化する。じつは、このような個人企業から共同企業への企業規模の拡大過程のなかに、教科書的なヒトとモノとのあいだの関係をくつがえしてしまう契機が隠されていたのである。

いうまでもなく、近代の資本主義社会においてはじつに多種多様な共同企業が存在しており、ほかの個人やほかの共同企業とのあいだでじつに多種多様な交換関係にまきこまれてしまうことになる。もちろん、これらの共同企業への出資者が少人数であるときには、それをフィレンツェのカンパーニャのように複数の個人の集まりとしてとりあつかってもそれほど支障はない。だが、経営資金の拡大によって共同出資者が多人数になってくると、出資者全員がいちいち共同名義で交渉にのぞんだり、出資者全員がいちいち共同名義で契約をむすばなければならないというのでは、経済活動がひどく不便になってくる。そこで、このような共同企業と個人さらには共同企業どうしの利害関係を法律的に整理するために、一定の基準をみたした共同企業にはその出資者ひとりひとりとは独立した権利義務の主体性を認める法律制度が導入されるようになる。これによって、共同企業それ自体があたかも人格をもつひとりの人間であるかのように、ほかの個人やほかの共同企業と自由な交換関係をとりむすぶことができるようになったのである。

これによって、共同企業は、ヒトとしてあつかわれるヒトでないモノとしての「法人」に転化することになる。法人となった共同企業は一般に「会社」とよばれている。(1)

3　法人論争

法人とは、法律の世界のなかに構築されたフィクション(擬制)である。それは、ひとつの共同企業をあたかもひとりのヒトであるかのようにあつかうことによって、複数のヒトが共同でモノを所有することにともなう複雑な交換関係を、単数のヒトが単独でモノを所有するときの単純な商品交換の図式でおきかえる役目をはたしている。

この「法人」なるものをめぐって、かつて「法人論争」とよばれる論争がたたかわされた。近代法学における最大の論争のひとつに数えられているこの論争は、法人の本質とはなんぞやという、いささか大時代的な問いをめぐる論争であったが、いまだにその最終的な決着をみていないといわれている。よく知られているように、この論争には、「法人擬制説」、「法人否認説」、そして「法人実在説」とよばれる三つの学説が参加した。(2)

法人という概念を法理論のなかに最初に明確なかたちで基礎づけようとした学説は、法人擬制説である。十九世紀ドイツ最大のローマ法学者サヴィニーを代表者とするこの学説は、自由な意志をもつ個人のみが本来的な法的主体者であり、法人なるものは国家権力によって法律の目的のために人為的にあたえられたたんなるフィクションにすぎないと主張した。法人とは、それゆえ、意志もなければ自覚もない、法律の世界のなかでのみ成立しうる純粋に観念的存在だということになる。

この法人擬制説には、君主によって特許状を与えられなかったすべての団体の不法性を主張したローマ法の影響が色濃くみられ、法人が成立するかどうかの基準はまったく国家権力の恣意にまかされていた。これにたいして、たとえばイェリングやブリンツによって十九世紀の後半から二十世紀の初頭にわたって提唱された法人否認説は、法人をたんなる法的なフィクションとみなす点では法人擬制説をそのまま継承するが、その成立の根拠を国家権力ではなく法人から現実に利益をうけている個々の構成員にもとめる点で法人擬制説から区別される。(その意味で、法人擬制説が君主権の存在をとなえた絶対王政のイデオロギーという側面をもっていたのにたいして、法人否認説は市民社会の法人観を代表するものであるといわれることがある。)すなわち、法人否認説は、法人とは複数の人間をまきこむ複雑な交換関係を単一化するためのたんなる法律的な記号にすぎず、どのような法人でも究極的にはそれを構成する複数の個人のあいだの関係に還元することができると主張することになる。それゆえ、その構成員から独立した法人それ自体などというものは社会的に実在しえないということになるのである。

最後に、この法人否認説と真っ向から対立する立場を表明したのが法人実在説である。それは、法人とはたんなる法的なフィクションであるのではなく、実質的な意味でもその構成員とは独立に権利義務の主体として現実に活動しているひとつの社会的な実在であると主張する学説である。そして、そのもっとも古典的な学説である十九世紀後半のドイツ法学者ギールケの法人有機体説によれば、社会的な活動のために個人が集まってつくりあげる法人の内部においてはたんなる個人と個人の直接的な関係とは異なる法人独自の関係が生みだされ、法人はそれ自体としての意志すらもつ社会的な有機体となることを主張する。法人の法的な主体性とは、まさにそれが社会的にもっている実質的な主体性の反映にすぎないのだということになるのである。

ここまで読みすすめれば、この法人論争がまさにあの普遍論争の一変種であることはもはや明らかだろう。普遍論争とは、普遍概念としての「ネコ」とはたんなる名前であるとする立場とれっきとした実在であるという立場との対立であった。「ネコ」という言葉を「法人」という言葉でおきかえたら、これはそっくりそのまま法人否認説と法人実在説との対立に読みかえることができる。(ここでは、議論の単純化のために、法人擬制説を法人否認説の前身として理解しておこう。[3]) 一方の法人否認説は「法人」とはたんなる法律的な記号にすぎないと主張し、他方の法人実在説は「法人」はれっきとした社会的な実在であると主張する。一方は「法人」をその構成員である複数の個人のたんなる集まりに還元してしまい、他方は「法人」をその構成員である個人とは独立した実体とみなすのである。

だが、このような読みかえの作業自体はそれほど面白いものではない。われわれにとって本当に面白いのは、この法人という制度そのもののなかに、法人否認説と法人実在説というふたつの対立する学説をともども現実的に証明してしまうようなパラドクスがはらまれているということなのである。

なぜならば、法人という制度の導入は、共同企業が外部とむすぶ交換関係を単純にする反面、その内部の所有関係をはるかに複雑にしてしまう効果をもってしまうからである。

じじつ、法人となった共同企業は、みずからの内部におけるヒトとモノとのあいだに入りこみ、まさにヒトとモノとのあいだの両義的な存在になってしまうのである。

これから、このことを、法人化された共同企業のもっとも発達した形態であるといわれている「株式会社」についてみてみよう。

4 ヒトとモノのあいだ

株式会社として記録にのこっている最古の例は、一五五三年から一五五五年にかけてイギリスで設立されたモスコヴィ会社であるといわれている。だが、すでに十三世紀あたりから、イタリアのヴェネチアやジェノヴァではほぼ株式会社とみなしうる会社組織がパルテスとかルオギという名前で存在していたこともまた知られている。いずれにせよ、ある会社が「株式会社」とみなされるためには、それはふたつの基準をみたしていなければならない。まず第一に、その会社の出資者全員の有限責任性である。すなわち、各出資者はじぶんの出資分以上には会社の債務の返済についての責任を問われることがない。これによって、出資にかんするリスクが大幅に軽減され、零細な資本の所有者の参加が容易になるのである。そして第二に、資本金の証券化である。会社の資本金はすべて株式に分割され、その株式を表象する株券は市場で自由に売り買いされるということである。これによって、出資者は会社の経営活動に直接たずさわる必要がなく、いつでも好きなときに株券を売って投資した資本を回収することができることになるのである。

ところで、共同企業としての株式会社を実質的に構成しているのは、共同出資者としての株主と生産手段や生産物からなる企業資産――つまり、ヒトとモノ――である。(取引相手、債権者、従業員は、すくなくとも法律の上では企業にとっての外部者である。)しかしながら、株式会社が法人であるということは、ヒトとしての株主とモノとしての資産との関係がもはや所有の主体と客体という直接的な関係性を失っていることを意味しているのである。

株式会社において企業の資産を所有しているのは株主ではない。その直接の所有者は法人としての会社なのである。じっさい、まさにそれだからこそ、会社はひとりの法的な主体として外部の個人や会社と交換関係にはいることができたのである。もちろん、会社そのものの所有者は株主である。だが、企業資産にかんしては、株主といえども株式所有によってあたえられている利益配当請求権や総会議決権を通して間接的に支配をおよぼすことができるにすぎない。その意味で、ここでは法人としての会社がヒトとモノとのあいだに入りこみ、共同企業の内部にヒト対会社と会社対モノという二重の所有関係をつくりだしていることになる。その意味で、法人としての会社とはヒトとモノとのあいだの存在にほかならない。

それだけではない。法人としての会社はヒトとモノとのあいだに入りこむことによって、それ自身モノにたいしてはヒト、ヒトにたいしてはモノであるという両義的な存在となってしまうのである。なぜならば、それは、企業資産との関係においては所有権の主体としてあらわれるのと同時に、株主との関係においては所有権の客体としてあらわれることになるからである。

ヒトにたいしてはモノ、モノにたいしてはヒト——だが、法人としての株式会社のこのような両義性が企業の内部に閉じこめられているかぎり、それはせいぜい法人否認説と法人実在説との対立をひきおこす程度のパラドクスであるにすぎないだろう。だが、じつは、近代の株式会社制度には、この両義性を外在化し、会社を純粋にモノにしてしまう仕掛けと純粋にヒトにしてしまうさらにパラドクスにみちた仕掛けが仕組まれているのである。

まず会社を純粋にモノにする仕掛けからみてみよう。

5　法人否認説

資本主義社会ではすべてのモノが商品になる。株主というヒトにたいしてはモノである会社もとうぜん商品となり、市場で売り買いされることになる。モノとしての会社を売り買いする市場——それは、もちろん株式市場のことである。だが、ここで重要なのは、株式市場で直接売り買いされるのは、会社にたいする利益配当請求権や総会議決権を意味する株式であり、会社の資産そのものではないということである。じつは、ここに、株式会社において所有関係を二重化したことの意義がある。なぜならば、会社の株式がひとりのヒトからべつのヒトへとその所有主を移転しても、会社と企業資産とのあいだの所有関係は変わらないからである。株主にたいしてはモノにすぎない会社も、このような所有関係の二重性によって、企業資産にたいするヒトとしての主体性を原則として確保しつづけることができるのである。いや、できるはずである、といったほうがよいだろう。

なぜならば、もし、だれかがある会社の株式の過半数を株式市場で買い取ることに成功したらどうだろうか？

そのときその人は、その会社の支配株主となり、株主総会における議決権を独占することが可能になる。とうぜん、その人は会社の資産を自由に処分する権利も得ることになるのである。そのとき、株式市場における会社の株式の買収が、会社の資産そのものの買収と同義語になってしまうことになる。すなわち、会社は、企業資産というモノにたいするヒトとしての主体性を完全に奪いさられ、支配株主の自由裁量にまかせられる純粋なるモノの地位に転落してしまうのである。

じっさい、近年たとえばアメリカの株式市場を舞台として暗躍している会社乗っ取り屋の商売とは、まさにこの原理の応用にほかならないのである。かれらはつねに、株式の市場価格が会社資産のバラ売り価格を下回っている会社を鵜の目鷹の目で探している。そういう条件にあった会社が運よく見つかると、かれらはさっそく株主相手にTOB（買収を目的とした公開の株式買付け）をおこなう。株式投資をたんなる利殖の手段と考えている零細な大衆株主は、現状の市場株価よりも高い価格をつけてくれるTOBを一般に歓迎し、容易に株式買付けの申し入れに応じることになるだろう。ときによっては、じぶんの首が危なくなった経営陣が対抗してTOBをかけたり、もっと貪欲な乗っ取り屋が新たなTOBをかけて漁夫の利をねらったりすることがあるかもしれない。このようなTOB合戦に打ち勝ち、首尾よく過半数の株式を手にいれることができたならば、わが乗っ取り屋は支配株主の権限を行使して会社を株式市場からひきあげ、その資産をバラ売りしはじめることになる。会社資産のバラ売り価格と株式の買い取り費用との差がそのままかれらの儲けになるわけである。買収相手の会社の資産を担保に借金をするLBOの手法を駆使すれば、自己資金がまったくなくても大儲けできる、これはまことにボロい商売である。

すなわち、会社乗っ取り屋の商売とは、ヒトとしての会社を純粋なモノにすることによってなりたっているのである。本人たちの意図はどうであれ、かれらは日々あの法人否認説を実践していることになるのである。

これは、たしかに法人否認説の勝利である。だが、それはそのまま、法人実在論の敗北を意味するものなのだろうか？　答えは、すくなくとも現在の日本においては、否である。

つぎに、会社を純粋にヒトにしてしまう仕掛けをみてみよう。

6　法人実在説

民法第一条に「私権ノ享有ハ出生ニ始マル」という言葉がある。近代市民法の基本原理は何かと問われたら、それはすべての人間にたいして他人から侵されえない個人としての主体性を生まれながらに認める思想であると答えることになるだろう。古代のドレイや家父長制の下での女子供とは異なり、近代人とは他人の支配から自由な自分自身の唯一の支配者として規定されているのである。とうぜん、企業財産を所有するヒトとしての会社も、それは同時に株主に所有されるモノであるという意味で生身の人間と同一視できるはずはない……いや、ないはずである。

ところで、モノにたいしてヒトとしての会社——それは当然なにか別のモノを所有しうるはずである。また、ヒトにたいしてモノとしての会社——それは当然だれか別のヒトによって所有されうるはずである。それゆえ、ヒトとしての会社がモノとしての会社を所有することをさまたげるものは原理的にはなにもない。

じじつ、一八八九年アメリカのニュージャージー州が会社による株式の所有を許可して以来、全世界で会社がほかの会社の支配株主となってその経営を支配することが日常的におこなわれるようになった。いわゆる持株会社の設立は、アメリカではトラスト、ドイツではコンツェルン、日本では財閥といったかたちで、第二次大戦前における重化学工業化の波のなかで企業の大規模化や産業の寡占化をうながしてきたことはよく知られている。

もちろん、支配株主として傘下におさめた会社にたいしてはヒトとしてふるまう持株会社のばあいでも、それ自身の支配株主にたいしてはモノとしてふるまわざるをえない。その意味で、ここでも会社はあいかわらずヒトとモノとのあいだの存在でありつづけている。

だが、もし会社がじぶん自身の株式の過半数を所有して、じぶん自身の支配株主になることができたとしたらどうだろうか？

そのとき会社はどの株主の支配からも自由になり、じぶん自身にたいする唯一の支配者となってしまうはずである。会社はモノとしての客体性をみずから消去し、純粋なる主体としてのヒトになってしまうはずである。まさに法人それ自体の成立にほかならない。すなわち、ここに、あの法人実在論が実践的に証明されたことになる。

ただちに反論がでるだろう。なぜならば、日本の会社法はつい最近まで自社株の保有を禁止していたし、自社株の買い戻しが許されるようになった後でも（そして、自社株の買い戻しが以前から許されていたアメリカ会社法でも）自社株には総会議決権があたえられていない。たしかに、現実の資本主義社会では株式会社はじぶん自身の支配株主になることができない。

だが、窮すれば通じる。いや、すくなくとも日本においては通じる抜け道がある。日本の会社法は、会社どうしの株式の持ち合いを一定程度はみとめているのである。

たとえば、AとBという二つの会社がおたがいの株式をそれぞれ過半数所有しあっている状況を考えてみよう。A社はB社に支配されているが、そのB社はA社に支配されている。B社はA社に支配されているが、そのA社はB社に支配されている。どちらの会社も、他方の会社を仲介にするという回り道を経ながら、それぞれじぶん自身の支配者となっているのである。（厳密にいうと、このばあいはA社とB社とのあいだの支配／被支配という相互関係の連鎖が無限に続くことになり、それぞれが単独でじぶん自身の支配者となることはできない。だが、すくなくとも、A社とB社はひとつのグループとして、じぶんたち以外のどの株主の支配からも自由なのである。）自社株の過半数所有のばあいよりははるかに弱められたかたちであるにせよ、ここでも一応、法人それ自体なるものが成立していると考えることができるのである。

もちろん、日本の法律といえども、会社どうしの株式の持ち合いを無制限にみとめているわけではない。独占禁止法は、銀行による株式所有は五パーセント以下、保険会社による株式所有は一〇パーセント以下に制限しているし、商法は、過半数の株式を所有されている子会社が親会社の株式を所有することを禁じている。

しかしながら、法人自体なるものを株式の持ち合いによって成立させるためには、なにも会社の数が二つである必要はない。数多くの会社がグループを組んで相互に株式を所有し合い、協力してそれぞれの会社にたいする支配株主になるという形態ももちろん可能である。そのばあい、たしかに個々の会社の自立性は弱められるが、グループ全体として、じぶんたち以外のどの株主の支配からも自由になることだけはできるのである。

はじめに紹介した三井銀行と太陽神戸銀行の合併にかんする新聞記事の内容をくりかえすまでもなく、グループ内の会社どうしの株式の持ち合いこそ、戦後の日本経済の最大の構造的特徴のひとつにほかならない。それがトヨタや日立や松下といった大企業を親会社としたタテの企業系列グループと、三菱、三井、住友、芙蓉（富士）、第一勧銀、三和のいわゆる六大企業集団に代表される大企業どうしのヨコの結合という二つの形態に大別できるというような教科書的な話は、ここでくりかえすにはおよばないだろう。

周知のように、このような株式の持ち合いという慣行は、第二次大戦直後の財閥解体を契機にはじまった。その最大の目的は再編された企業グループ内の取引関係の安定化であったといわれているが、六〇年代からは安定株主工作の名のもとに株価のつり上げと外資による乗っ取り防止という目的も加わって、急速な進展をみることになったのである。

だが、このような会社どうしの株式の持ち合いという慣行の意識上の目的が何であったかということは、このさいどうでもよい。われわれにとって重要なのは、意識していたにせよしていないにせよ、この特殊日本的な慣行が、まさに純粋なヒトとしての法人それ自体なるものを結果としてこの世に実在させてしまうという役割をはたしているという事実なのである。

7　二つの資本主義

株式会社とは資本主義の生みだした最大の発明のひとつである。株式会社という制度を抜きにして、現代資本主義の発展を語ることはできない。そして、まさにこの発明のなかに、法人否認説を実践するアメリカ資本主義と法人実在説を実践する日本資本主義という、資本主義の二つのタイプを生みだす仕掛けが仕組まれていたのである。

現代哲学の世界のなかで、はたして普遍概念としての「ネコ」なるものが実在するとされているのかいないのか、わたしは知らない。だが、すくなくとも現在の資本主義社会のなかでは、法人という名の奇妙な「ネコ」が、あるところでは日々その実在を証明され、あるところでは日々その非在を証明されている、という奇妙な事態が生まれているのである。

ところで、はじめに紹介した三菱商事のアステリック・ケミカル買収にかんする新聞記事が告げているのは、ヒト化された日本の法人が、はるか太平洋をこえて、アメリカにおける法人のモノ化運動に加担しはじめているという事態である。法人をめぐるヒトとモノとの錯綜した関係をさらに錯綜させてしまうこの動きが、法人実在論と法人否認論とのあいだの論争に今後どのような決着をつけることになるのかはいまのところ不明である。ただ、それが日米間の経済摩擦をさらに紛糾させるであろうことは間違いない。(4)

注

（1）ただし、法人という概念そのものは資本主義とは独立に成立したもので、その存在は古いゲルマン法やローマ法典のなかに見いだすことができる。たとえばヨーロッパ中世においては、都市自治体や同業組合や教会や大学や病院といった団体が君主から一種の特権として法人格をあたえられていた。

（2）法人論争についての詳しい議論は、川島武宜『民法総則』（有斐閣、一九六五年）や我妻栄『民法総則』（岩波書店、一九六五年）といった民法の標準的な教科書を参照のこと。日本における法人論の変遷については相本宏「法人論」（星野英一編『民法講座（1）』有斐閣、一九八四年、所収）が参考になる。

（3）わたしはこのエッセイを書いた後、サヴィニーの法人擬制説を法人否認説の前身とみなすのは誤りであり、むしろわたし自身の法人論といくつかの点で共通点をもっていると考えるようになった。この点については、次注に引用されている論文を参照のこと。

（4）このエッセイを作成したさいには、『法人資本主義の構造』（日本評論社、一九七五年、教養文庫版、一九九一年）や『法人資本主義』（御茶の水書房、一九八四年、朝日文庫版、一九九一年）に代表される奥村宏氏の論考や『支配構造論』（文真堂、一九八〇年）や『脱資本主義分析』（文真堂、一九八三年）における西山忠範氏の主張に触発されたことを記しておく。当初の予定では、本論文のなかで、バーリ＝ミーンズ流の「経営者支配論」との関連でこれらの諸氏の業績に言及するはずであったが、時間不足のためにはたせなかった。

また、その後、このエッセイの内容をその中核とする論文を以下の形で発表した。Katsuhito Iwai, "Persons, Things and Corporations: Corporate Personality Controversy and Comparative Corporate Governance," *American Journal of Comparative Law*, (Fall, 1999).

企業とは何か

1　企業か市場か

「企業とは何か」というこのエッセイの題目は、すこしでも最近の経済学の事情に通じている人間には、ひどく時代遅れに聞こえるはずである。なぜならば、その問いに対する答えは、すでに五十年以上も前にロナルド・コースによって与えられており、コースはその業績によって一九九一年にめでたくノーベル経済学賞を受賞しているからである。

経済学の教科書を開いてみると、経済問題とは稀少な財やサービスをいかに配分するかという問題に帰着すると書いてある。そして、われわれ経済学者がそのための手段として職業柄最も重視してきたのは、「市場」である。ある財が不足すれば価格が上がり、売り手が供給を増やす。あるサービスが余れば価格が下がり、買い手が需要を増やす。市場とは、価格をシグナルとした売り買いによって分権的に財サービスを配分していく仕組みである。

だが、「企業の本質」と題された一九三七年の論文の中でコースが主張したのは、「企業」という存在も財サービスを配分する仕組みの一つとして理解すべきだということである。(1) 企業の経営者は、ある部署で人手が余れば、ほかの部署への配置替えを命じ、ある製品への需要が高まれば、その生産ラインの増設を決める。企業とは、一定の裁量権をもつ経営者を頂点にした階層秩序のもとで、上から下への一方的な指示にもとづいて財サービスの配分を集権的に行う仕組みであるというのである。

ここで重要なことは、コースが企業という存在を相対化して、市場と同じ平面に並べたということである。(2) なぜならば、それは直ちに「なぜ企業が存在しているのか」という問いを生みだすことになるからである。すなわち、財サービスを配分する仕組みとしてすでに市場が厳然と存在しているのに、それに加えて企業などというものが存在する理由は一体どこにあるのか、という問いである。それでは一体、なぜ企業などというものが存在しているというのだろうか？

この問いに対するコース自身の答えは、ほとんど同義反復に聞こえるものであった。すなわち、市場を使う費用が企業を使う費用よりも大きければ、市場の代わりに企業が登場するというのである。

状況が刻々と変化する市場の中で財やサービスを売り買いするためには、売り手も買い手も日々相手を探し回り、日々価格の交渉を行い、日々売買契約を結ばなければならない。また仮に長期にわたる契約を結ぶとしても、すべての不確実性に対処した契約書を書くことは不可能である。そして実際に契約書に書かれていない事態が起こってしまえば、交渉を再びやり直す必要がおきるだけでなく、契約の内容に関して裁判所で争ったりする必要が生じてしまう場合もある。コースの言う市場を使う費用とは、このような売買契約をめぐる事前的・事後的な手間のことである。

ところで、一般に労働力ほどその売買に制約がともなう商品はなく、労働市場ほど市場を使う費用が大きい市場はない。そこで、企業の経営者は労働者に対して、事前に一定の賃金を保障する代わりに、事前に決められた限度内なら交渉なしに自由に仕事を指示できる権限を委任されるという内容の契約を提示したとしよう。このような契約は一般に「雇用契約」とよばれ、それは経営者を頂点とする階層的組織の中に労働者を直接組み込むことによって、市場を使う費用を大幅に節約することになる。コースによれば、このような契約が実際に結ばれた時、市場の代わりに企業が成立したというのである。

もちろん、市場を使う費用があれば、企業を使う費用もあるはずである。コースが企業を使う費用として挙げるのは、階層的な組織の中でその経営者が情報を集権的に処理したり仕事を一方的に指示したりすることに必然的に伴う非効率性である。コースによれば、このような集権的な組織が必然的にかかえてしまう非効率性が存在することによって、財サービスの配分の多くが企業の内部ではなく市場という場で行われているというのである。

これがコースの企業理論の骨子である。それは、企業も市場も財サービスを配分するための仕組みの一つにすぎず、企業が登場するか市場が維持されるかは、市場を使う費用と企業を使う費用との相対的な大きさによるという主張である。この二つの費用は、通常の生産費用と区別するために「交換費用」と呼ばれることになる。

2　企業契約論

だが、もし企業と市場とが同じ原理で説明できるとしたならば、そもそも企業と市場とを異なったものとして区別しておく必要があるのだろうか？

確かに契約法の教科書を見てみると、市場における売り手と買い手のあいだの売買契約と企業における雇用者と被雇用者とのあいだの雇用契約とは厳しく区別されている。[3]そして実際、コース自身の企業理論は、売買契約と雇用契約が本質的に違うという大前提にたっていた。だが、アルチャンとデムセッツの二人はその区別を幻想として退けてしまう。[4]確かに企業の経営者は自分の指示通りの仕事をしない労働者を馘にする権限をもっている。しかし、それは市場において消費者が腐った野菜を売りつけた八百屋から二度と買い物をしないことと形式的には変わらないというのである。いや、企業の中の経営者が行えることで、市場の中の個人が様々に契約を組み合わせて行えないことはないというのである。もしそうならば、コースの高弟スティーヴン・チュンが宣言したように、「何が企業で何が企業でないかを議論しても意味がない」ということになる。[5]意味があるのは、一体どういう条件の下ではどういう形態の契約が採用されるのかを分析することにある。「企業」の理論とは、結局、「契約」の理論の応用問題にすぎないというわけである。

コースの企業理論は、企業を市場と同列に置くことによって、企業の存在理由を問うことから出発した。だが、その論理の行き着く先は、企業も市場も契約の一形態であるとして、企業理論そのものの存在理由を否定する結果になってしまったのである。

3 企業とは何か

しかしながら、本当に企業とは契約の一形態にすぎないのだろうか？

答えは「否」である。実は、「企業とは何か」という問いに対しては、コースよりはるか以前から一つの答えが知られていた。それは「企業とは資本家が所有する資本の総体である」というものである。もう少し詳しく言えば、企業とは単一の私的所有権によって統合され、継続的に利潤を生みだすことを目的として経営される有形無形の資本の総体であるというものである。これはおそらく、経済学者を除くすべての人びとが常識として抱いている企業の規定だろう。

この常識の健全さ（いや、正しさ）を確認するために、一つの思考実験として、「お金の成る木」を所有している人を想定してみよう。その人はお金の成る木を所有している資本家であり、お金の成る木はその人によって所有されている資本である。ここで重要なことは、この幸運な資本家が自分の所有する資本から利潤を得るためには、原材料を供給者から購入する必要も、労働者を雇用して働かせる必要も、生産物を顧客に販売する必要もない、ということである。外部となんの契約関係も結ばずに、単に資本としてのお金の成る木を所有しているだけで、その木から自動的に利潤が落ちてくる。ここでは、人が資本を単に所有しているだけで、立派に企業の体をなしているのである。

この思考実験が明らかにしたのは、企業が企業として成立するためには、基本的には「所有関係」しか必要ではないということである。そして企業の本質に所有関係を見いだすこの規定は、常識であるかどうかはともかく、コースとその後継者たちによる規定と真っ向から衝突してしまうことになるのである。

4　企業の境界とは何か

人がお金の成る木をもっていれば、それだけで一つの企業が成立してしまう。所有関係とは人が物に対してもつ関係であり、これに対して、契約関係とは物を所有する人と物を所有する人とがお互いのあいだに結ぶ関係である。言うまでもなく、契約関係は所有関係の存在を前提としており、契約関係よりも所有関係のほうが本源的な関係である。コースやその追随者がどう言おうとも、企業を契約関係に還元することは単に論理的な誤謬なのである。

だが、こう言ったからといって、わたしは企業という存在が契約関係と無縁であると主張しているのではない。事実、お金の成る木のように、資本をただ放っておくだけで自然に利潤が生みだされてくるなどという虫のいい話はそうざらにはない。企業の所有者としての資本家は、一般に原材料供給者や労働者や消費者と何らかの契約関係に入らなければ、利潤を生みだすことはできない。

そして、企業の資本家はそれぞれの契約に伴う交換費用を比較して、原材料の供給者と日々市場で価格や数量を交渉するよりも、材料を製造する機械を買い入れて自分で直接生産を始めたり、原料の供給源を自分で直接買い占めたりするかもしれない。労働者と日々市場で賃金や労働内容を交渉するよりも、労働者に固定した賃金を保障する代わりに、一定の範囲内で自由に仕事を指示できる権限をあたえられるような契約の形態――雇用契約――を選ぶかもしれない。

だがそれは、コースが言うように、市場に代わって企業が登場したことを意味するのではない。それはすでに所有関係として存在している企業が、その所有関係を拡大することによって市場の一部をその内部に取り込んだにすぎないのである。市場を使う交換費用と企業を使う交換費用との相対的な大きさは、単に企業の内部を外部の市場から分かつ「境界線」の位置を決定する役割をはたしているだけなのである。

事実、原材料のような物的な資本に関しては、資本家はその生産手段や供給源を直接所有してしまうのであって、その供給者と別の形の契約に入るわけではない。

確かに労働力に関しては話は少々複雑であり、資本家（あるいは経営者）と労働者は企業の内部においても雇用契約という名の契約関係を結んでいる。だがそれは、労働力の供給源である人間は直接は所有の対象にはなりえないという市民社会の大原則の結果にほかならないのである。事実、もし太古の時代のように人間を奴隷として（つまり物として）売り買いすることができるのならば、労働市場を使う費用が高いときには、資本家は労働者を奴隷として直接所有して、企業の中で直接自分の指揮下においてしまうはずである。（資本主義の初期段階において、労働者が奴隷に近い扱いを受けていたことは、周知の事実である。）だが、もちろん、近代の市民社会では奴隷の所有は禁じられており、資本家はいくらそう願っても労働者を奴隷のように働かせることはできない。いわゆる雇用契約とは、企業の内部では自分の労働力を一個の物のように資本家の使用に委ねざるをえない労働者が、近代社会における市民としての人格を一定程度確保しておくために結ぶものなのである。[6] それは、人と物との関係である所有関係と人と人との関係である売買契約との中間形態にほかならない。

雇用者と被雇用者とのあいだに階層的な関係を作りあげる雇用契約を企業の本質とみなしていたコースは、まさに原因と結果を取り違えていたのであり、雇用契約と売買契約とのあいだになんのちがいも見いだせないアルチャンとデムセッツは、単に混乱していたにすぎない。

結局、コースとその追随者たちの企業理論、いや契約理論は、「企業の〈境界〉はどこか」という（それ自体は大変重要な）問いと、「企業とは何か」という（それとはまったく次元を異にした）問いとを、不幸にも混同してしまっていたのである。[7]

もちろん、この混同が企業という言葉の定義に関わるだけであったら、何もここで強く言い立てる必要はなかっただろう。だがこの混同は、経済学や関連する社会科学の中に数多くの混乱をもたらしてきているのである。（雇用契約と売買契約との違いを否定して労働法論を混乱させたことは、その一つである。）以下では、それが「株式会社」の理論にもたらした混乱に的を絞って論じてみよう。

5 契約法と会社法

周知のように、日米欧といった先進的な資本主義国において中軸的な役割を果たしている大企業の多くは、「株式会社」という企業形態をとっている。だが、それにもかかわらず、従来この株式会社という存在について満足のいく経済理論および法理論が提示されてこなかった。わたしはその最大の理由の一つが、企業を契約の一形態とみなしてしまったコース流の企業理論が普及してしまったことにあると思っているのである。

実際、もし企業が単なる契約、あるいは、人口に膾炙したジェンセンとメックリングの言い回しを使えば、単なる「契約関係の束[8] (nexus of contractual relations)」にすぎないのならば、個人企業と共同企業、組合企業と会社、合名会社と合資会社と株式会社といった企業形態の区分も、それぞれに関与している契約関係の数の大小以外には何の意味をもつこともないはずである。所有と経営とが分離している巨大な株式会社の統治機構の問題も、個人企業の所有者に経営を一任された支配人が直面するインセンティブ問題と、何ら形式的に変わることはないはずである。

そして、このような立場に立つと、株式会社の設立、運営、消滅に関わる法律関係を規制することを主たる目的とする法体系としての「会社法」は必要ではなくなってしまうはずである。なぜならば、もし株式会社という存在がすべて契約関係に還元できるとするならば、それに関する法規はすべて「民法」の中の「契約法」によって取り扱われているはずであるからである。事実、コースの企業理論の影響力の強い米国では、会社法とは人びとが複雑な契約書を書く時の手助けをする模範契約書集にすぎず、強制法規 (mandatory law) としての性質をもっていないという主張が支持を集めている。[9]

だが、企業の中核に所有関係を見いだした途端に、個人企業と株式会社とを経済理論的にも法理論的にも同列に扱うことは不可能になってしまう。そのことを理解する鍵が「法人 (corporation)」である。[10]

6　法人とは何か

ここで、複数の人間が共同で出資している共同企業について考えてみよう。

いうまでもなく、共同企業もお金が成る木など持ってはいない。利潤を生み出すためには、共同企業といえども外部の供給者や労働者や消費者とのあいだに多種多様な契約関係を結ぶ必要がある。だが、共同所有にもとづく共同企業の場合、すべての出資者は契約に関する権利と義務とを等しくもつことになる。これは、契約を結ぶ際には、出資者全員が共同名義で交渉に臨み、出資者全員が共同名義で契約書に署名しなければならないことを意味するが、そのための交換費用は、出資者の数が多ければ馬鹿にできない大きさになる。また、出資者の一人が死亡したり意見の相違を理由に手を引いたりする時、あるいは新たな出資者が参加したりする時、共同企業においてはそれまでのすべての契約を書き換えることが原則として必要となる。もちろん、出資者の数が少なければ、そのような事態に備えた契約書を書くことも可能かもしれない。だが出資者の数が増えてくると、それも不可能になってしまう。これは共同企業が結ぶ契約を必然的に不完全なものにしてしまい、外部の人間が共同企業と契約関係に入ることを躊躇させてしまうことになる。

そこで、このような共同企業とその外部との契約関係を法律的に整理するために、一定の基準を満たした共同企業にはその出資者一人一人とは独立した権利義務の主体性を認める法律制度が導入されるようになる。それが「法人」という制度である。法人化された共同企業は、それ自体があたかも人格をもつ一人の人間であるかのように資産を所有することができ、外部の供給者や労働者や消費者と自由に契約関係を結ぶことができるようになる。これによって、外部と結ぶ契約関係の主体が一本化されることになり、契約のための費用や契約内容の不安定性が大幅に軽減することになるのである。

だが、この世に只飯（free lunch）は存在せず、法人制度も例外ではない。なぜならば、法人という制度の導入は、共同企業が外部とむすぶ契約関係を単純にする反面、その内部の所有関係をはるかに複雑にしてしまう効果をもってしまうからである。このことを、法人化された共同企業のもっとも発達した形態である「株式会社」について見てみよう。

7　株式会社とは何か

個人企業の内側を覗いてみると、一方に資本家がおり、他方に企業資金がある。資本家は人であり、所有の主体となる。企業資産は物であり、所有の客体となる。それゆえ、所有の主体である資本家は所有の客体である資産をいつでも自由に使う権利をもっている。

株式会社の場合も、その内側を覗くと一方には人としての株主がおり、他方には物としての会社資産がある。それゆえ、一見すると、株主と会社資産との関係は、個人企業の資本家と企業資産との関係となんら変わるところがないかのように見える。そして、実際、コース流の企業契約論によれば、株式会社と個人企業とのあいだには、概念的にはなんのちがいもないはずである。

だが、もし株主の一人が、このコース流の理論を素朴に信じて、会社の資産の一部、例えばパソコンをじぶんの所有物であると宣言して、会社の建物から持ち出したとしたら、大変である！　その株主は直ちに窃盗罪で逮捕されてしまうはずである。なぜだろうか？じつは、株主は会社の資産の所有者ではないのである。株主とは、読んで字のごとく、株式の持ち主のことであり、株主が法律上所有しているのは、株式という形で証券化された物としての会社でしかない。いくら株主が会社の主権者であると声高に主張しても、会社の資産に対しては、その株式があたえる総会議決権や利益配当請求権を通して間接的に支配を及ぼすことができるにすぎない。

では、会社の資産を所有しているのは誰なのだろうか？　それは、会社である。「法人」として、株主一人一人とは独立した権利義務の主体性をあたえられている会社それ自体が、会社資産の法律上の所有者なのである。

株式会社における株主と資産とは、それゆえ、個人企業のように直接的な所有関係によって結ばれているのではない。そこでは法人としての会社が株主と資産とのあいだに入りこみ、株主が会社を所有し、その会社が資産を所有する、という二重の所有関係を企業の中に作りだしているのである。ここでは、まさに法人としての会社が、人と物とのあいだに入りこみ、人である株主に対しては物、物である資産に対しては人としての役割をはたしているのである。

もちろん株式会社も企業であり、その中核に所有関係をもつという点では個人企業と変わらない。だがそれは、その内部の所有関係が二重化されているという点で、個人企業とは次元を異にする存在でもあるのである。個人企業をパラダイムとして展開された従来の企業理論は、そのままでは株式会社に応用することはできないことは明らかだろう。

ところで、この二重化された所有関係の中で資産の所有者となっている法人としての会社とは、精神も肉体ももたない法律上のフィクションでしかない。それゆえ、現実の会社の経営のためには、会社の名において現実に意思決定や意思表示をする生身の人間が絶対に必要となる。それが会社の経営者なのである。会社法の教科書には、経営者（とりわけ代表取締役）とは会社の代表機関であると書いてあるが、会社の代表機関とは、その人間がおこなう意思決定や意思表示が法律上そのまま会社の意思決定や意思表示とみなされることになる存在のことなのである。

個人企業の資本家に雇われる経営者と株式会社の代表機関である経営者とは、それゆえ、本質的に異なった存在である。個人企業の経営者とは、その資本家と代理契約を結んだ代理人にすぎない。事実、個人企業の資本家は、わざわざ経営者を雇わずに、直接みずから経営にたずさわることができるし、もし経営者を代理人として雇ったとしても、いつでも自由なときに馘にする権限をもっている。

これにたいして、株式会社と会社経営者との関係は、代理契約関係ではありえない。なぜならば、それ自体は精神も肉体ももたない法人としての会社が経営者と代理契約を結ぶためには、生身の人間である当の経営者を通すよりほかはないからである。もちろんこれは自己契約にほかならず、法律上の大原則として、自己契約は契約とみなされない。また、たしかに、経営者の任免権は会社の所有者である株主がもっている。だが、その株主は、株主総会において間欠的そして間接的にしかその権利を行使することができず、しかも、たとえ株主総会で個々の経営者、いや現行の経営者すべてを馘にしたとしても、その欠員はかならず補充しなければならない。株式会社が株式会社であるかぎり、株主といえども経営者という代表機関そのものを廃止することはできないのである。

じつは、株式会社とその経営者との関係は、代理契約関係ではなく、「信任関係（fiduciary relation）」としてとらえなければならないのである。すなわち、株式会社における経営者とは、信任の受託者として行動することを法律的に義務づけられている存在なのである。[11]だが、いったいそれがどういうことであるかを敷衍する紙幅は残されていない。ただ、会社法が契約法には還元されない独自の法体系としてなぜ存在しなければならないのかという問いに対する答え、そしてなぜ会社法が強制法規でなければならないのかという問いに対する答えは、まさにこの事実の中に見いだすことができるということだけは、つけ加えておいても良いだろう。[12]

注

(1) R. H. Coase, "The nature of the firm," *Economica* (1937), pp. 386-405.

(2) ここで、コースの論文が書かれた一九三〇年代には、計画経済の効率性をめぐって激しい論争が繰り広げられていたことを想起すべきだろう。コース自身、この論争に影響を受けたことを後に回想している。R. H. Coase, "The nature of the firm : Origin," *Journal of Law, Economics and Organization*, 4 (Spring 1988) ; O. Williamson and S. Winter eds., *The Nature of the Firm : Origins, Evolution, and Development*, (Oxford University Press, 1991) に再録。

(3) この点は S. Masten, "A legal basis for the firm," chap. 12 of O. Williamson and S. Winter, *op. cit.* が強調している。

(4) A. Alchian and H. Demsetz, "Production, information costs, and economic organization," *American Economic Review*, 62 (5) (1972).

(5) Steven Cheung, "The contractual nature of the firm," *Journal of Law and Economics*, 1, no. 2 (1983).

(6) この点については、森建資『雇用関係の生成』(木鐸社、一九八八年) 参照。

(7) ただし、Sanford Grossman と Oliver Hart が近年展開している企業理論は、企業を物的資産の総体と規定し、企業の内部と外部を所有権の分配の問題としてとらえ、さらに所有権を事前に契約しえなかった事態に関する残余権と規定している点で、われわれの理論と多くの共通点をもっている。しかしながらかれらは、完全な契約書が書ける世界においてはすべての資源配分は契約を通しておこなわれうるという命題から出発し、残余権の所有者として規定した企業の存在理由を（本質的な）不確実性の下では人びとが完全な契約書を書くことができないことに求めた点において、市場の不完全に企業の存在理由を求めたロナルド・コースとパラダイムを共有している。S. Grossman and O. Hart, "The costs and benefits of ownership: a theory of vertical and lateral integration," *Journal of Political Economy*, (1986), 94: 691–719; O. Hart, *Firms, Contracts and Financial Structure*, (Clarendon Press, 1995).

（8） M. Jensen and W. Meckling, "The theory of firm: managerial behavior, agency costs and ownership structure," *Journal of Financial Economics*, 3 (1976).

（9） このような立場の代表が、F. H. Easterbrook and D. Fischel, *The Economic Structure of Corporate Law*, (Harvard University Press, 1991) である。

（10） 法人と人と物との関係については、本書所収の「ヒト、モノ、法人」を参照のこと。

（11） 信任関係については本書所収の「契約と信任——市民社会の再定義」に簡単な解説がある。

（12） 「株式会社とは何か」という問題についてのより包括的な議論は、Katsuhito Iwai, "Persons, Things and Corporations: Corporate Personality Controversy and Comparative

Corporate Governance," *American Journal of Comparative Law*, (Fall, 1999) で展開されている。

V　時代とともに

資本主義「理念」の敗北

1

一九八九年一一月の「ベルリンの壁」の崩壊以来、ひとびとは「社会主義の敗北と資本主義の勝利」について語り続けてきた。

もちろん、社会主義の敗北そのものを否定するひともいる。ベルリンの壁の崩壊が意味するのは、たんにスターリン型の社会主義体制の破綻にすぎないというわけである。いや、東欧の体制変革の動きのなかにこそ根強い市民意識の伝統が見いだされるのであり、社会主義の未来は西欧的な社会民主主義に託しうるのだというのである。

だが、もし社会民主主義なるものがあるとしたら、それはあくまでも資本主義のなかの平等主義的な社会政策の追求であるだろう。そしてそれは、一昔前ならたんに修正資本主義として一蹴されてしまったはずのものである。その意味で、われわれは、資本主義に全面的に対抗する社会体制としての社会主義はベルリンの壁とともに崩壊したという、世問一般の認識から出発してみることにしよう。

その代わりここで問題にしたいのは、「社会主義の敗北」の対句としての「資本主義の勝利」という言葉についてである。いったい、社会主義の敗北はそのまま資本主義の勝利を意味するのだろうか？

この問いにたいする答えは単純ではない。なぜならば、それは「資本主義とはなにか？」という新たな問いを投げかけるからである。

2

存在と意識は乖離する。現実と理念とは乖離するといってもよいだろう。それは資本主義にかんしても同様である。それゆえ、われわれは、資本主義の「理念」を資本主義の「現実」と区別することからはじめてみよう。

資本主義の「理念」――それは、古典派経済学・マルクス経済学・新古典派経済学といった伝統的な経済学がすべて想定してきた教科書的な資本主義像のことである。そして、その最初の本格的な描き手は、いうまでもなくいま全世界で盛大に没後二百年を記念されているあのアダム・スミスにほかならない。

市場で売り買いされる商品の価格は、日々の需給の条件によってはげしく変動している。だが、スミスは、この一見混沌とした市場価格の動きが、あたかも神の見えざる手にみちびかれるように自然価格に向かっていく傾向をもっていると論じたのである。ここでスミスのいう自然価格とは、商品生産のために投じられた生産要素がすべて正常な報酬率を支払われているときの価格であり、人間の経済活動を究極的に支配する唯一普遍の自然法則を体現したものであるとされる。

「見えざる手」の発見——それは、資本主義をひとつの価格体系によって究極的に支配されている閉じたシステムとみなす、資本主義の「理念」の誕生であった。それは同時に、混沌とした経済現象の背後にある合理的な法則性を見いだす「科学」としての「経済学」の誕生でもあったのである。

その後リカードやマルクスは、スミスの自然価格論を労働価値説におきかえ、商品の価格を生産のために直接間接に投入される人間労働の大きさによって究極的に規定することになる。また、ワルラス、メンガー、ジェヴォンズによって創始された新古典派経済学は、スミスの自然価格を均衡価格と解釈しなおし、消費者の主体的な選好を考慮した限界原理をもちいて決定しなおすことになる。

もちろん、資本主義は資本の蓄積のために利潤を必要とする。それゆえ問題は、単一の価格体系に支配されている閉じたシステムから、いかに正の利潤が生みだされるかを示すことにある。一方のリカードやマルクスは、その源泉を人間労働の剰余価値生産にもとめた。産業革命によって飛躍的に向上した労働生産性により、資本家は労働者にみずから消費する商品の価値以上の価値をもつ商品を生産させうるようになったというのである。他方の新古典派経済学は、利潤率は長期的には利子率に等しくなるとし、この利子率の水準を消費者の時間選好の代価として決定することになる。だが、この二つの経済学派がいかに対立していようとも、いずれも資本主義を閉じたシステムとみなすスミスの「理念」を継承している点では変わりはない。

そして、皮肉なことに、この資本主義の「理念」のもっとも忠実な信奉者であったのは、ほかならぬ社会主義であったのである。

もし混沌とした経済現象の背後に合理的な法則性が存在しているとするならば、その法則性を意識的に支配する可能性がうまれることになる。事実、市場の「見えざる手」は、この法則性を無政府的に作用するたんなる平均として実現しているにすぎない。

社会主義とは、この市場の無政府性を廃棄し、中央集権的な国家統制のもとで、労働をはじめとする生産要素の社会的な配分を資本主義以上に「合理」的におこなうことを意図したものである。それは「見えざる手」の実在を信じ、それをいわば「見える手」におきかえる試みとして解釈することができるだろう。その意味で、社会主義とは資本主義の「理念」の真の落とし子にほかならない。

だがじつは、「現実」としての資本主義とは、資本主義の「理念」に根本的に対立するものなのである。

3

資本主義の歴史は古い。それは「ノアの洪水以前」においてすら、商人資本主義というかたちで存在していた。

古代における商業民族は、マルクスの言葉を借りれば、「いろいろな世界のあいだの隙間にいたエピクロスの神々のように」生きていたのである。たとえばフェニキア人やギリシャ人は、地中海を舞台にして小さな船をあやつり、遠く離れた地域のあいだの商品交換を仲介していた。かれらは、村と村、都市と都市、国と国との隙間にはいりこみ、一方で安いものを他方で高く売り、他方で安いものを一方で高く売る。二つの地域の価格の差異がそのままかれらの利潤となったのである。

価格の差異を仲介して利潤を生みだす——古代の商業民族が発見したこの原理こそ、まさに資本主義を「現実」に動かしてきた普遍原理にほかならない。資本主義とは、その意味で、世界がひとつの価格体系によって支配される閉じたシステムでは「ない」ことをその生存の条件とすることになる。実際、古今東西、価格の差異があるところにはどこでも資本主義が介入し、そこから利潤を生みだし続けてきたのである。

そして十八世紀の後半、資本主義はイギリスの国民経済の内側に共存する二つの価格体系を発見する。ひとつは市場における労働力と商品との交換比率（実質賃金率）であり、もうひとつは生産過程における労働の商品への変換比率（労働生産性）である。生産手段から切り放されている労働者が二番目の比率からは排除されているのにたいし、生産手段を所有している資本家はこの二つの比率のあいだをあたかも遠隔地交易の商人のように行き来できることになる。もちろん、そのあいだの差異がそのまま資本家の利潤になるのである。そして、この差異は、農村からの過剰な労働力の流出によって実質賃金率が労働生産性より低く抑えられているかぎり、安定的に存在し続けるものである。

これが、産業資本主義の原理である。それは、商人資本主義といかに異質に見えようとも、差異が利潤を生み出すという資本主義の普遍原理のひとつの形態にすぎないのである。しかしながら、この産業資本主義は、一国の経済の内部に資本主義を成立させたことによって、資本主義そのものが閉じたシステムであるという錯覚を生みだすこととなった。その錯覚の結果が、資本主義の「理念」であり、「科学」としての経済学なのである。実際、産業利潤の源泉としての賃金率と生産性との差異は、あまりにも長い間安定的であった。それゆえ、リカードやマルクスはその背後に剰余価値を生産する人間労働を見いだしてしまい、新古典派経済学は現在と将来との消費を合理的に勘案する消費者の主体的選択を見いだしてしまうことになったのである。

4

だが、差異とはなんの実体ももっておらず、いつでも消え去る運命にある。そして事実、アダム・スミスの時代から二百年、先進資本主義国の内部において産業資本主義的な利潤の源泉は消えつつある。農村の過剰労働力はすでに枯渇し、実質賃金率はたえず労働生産性に向けて押し上げられている。正の利潤を生みだしていくためには、もはや賃金率と生産性のあいだの平均的な差異に依拠することができなくなっているのである。

それゆえ、現代の資本主義が資本主義であり続けるためには、差異そのものを意識的に創りだしていくほかはない。新技術の開発、新製品の導入、新市場の開拓と、たえず新たな差異を生みださなければ利潤は得られない。新たな差異を生みだせないものは競争に敗れ、いま新しい差異もじきに古くなる。古い価格体系はたえず破壊され、新しい価格体系がたえず創造される。ここにはあの「見えざる手」は働きえず、ひとつの価格体系が安定的に確立することなど決してありえないのである。

そして、まさにこの「創造的破壊」の過程がもたらす急速な技術進歩の速度の前に、古い価格体系を墨守してきた社会主義諸国が敗退してしまったのである。だがじつは、このような資本主義の「現実」の前に本当に敗退しつつあるのは、資本主義をひとつの閉じたシステムとみなす資本主義の「理念」である。社会主義の敗北——それは、同時に、伝統的な経済学を基礎づけてきた資本主義の「理念」の敗北でもあったのである。

（一九九〇・八・一三）

歴史の終焉と歴史の現実

1

一九九一年二月、今われわれの目の前には、ペルシャ湾岸を舞台として、アメリカを主軸とする多国籍軍とサダム・フセインがひきいるイラク軍とのあいだに大規模な戦争がくりひろげられつつある。

いうまでもなく、この戦争の直接の発端は、サダム・フセインが石油権益をもとめてイラク軍をクウェートに侵攻させたことにある。それだからこそ国連の安全保障理事会はイラクにたいする武力行使をみとめる決議をおこなったのであり、その決議に裏付けられてアメリカを主軸とする多国籍軍は一月一六日にイラクへの攻撃を開始したのである。そこには、国家主権の不可侵性という国際社会における民主主義とそれを不法にも踏みにじった独裁国家の覇権主義という単純明快な対立の構図がある。ブッシュ大統領ならば、これはたんに「善」と「悪」との闘いにすぎないというだろう。

もちろん、「善」は「悪」に勝つ。それが数日先か、数カ月先か、数年先かはわかりようもない。このエッセイが活字になるころにはすでに戦争が終結している可能性だって大いにある。［付記：事実、この戦争はあっという間に終結してしまった。］いくらイラクの軍隊が世界各国の死の商人たちによって重装備されてきたといっても、最終的には、アメリカ軍の高度な軍事技術と日本やドイツから供与される潤沢な資金をそなえた多国籍軍の力によって圧倒されてしまう運命であるにちがいない。

だが、わたしは、この戦争がこのような勧善懲悪的な結末をとげてしまうであろうことにたいしてある種の恐怖を感じてしまうのである。それはけっしてサダム・フセインを支持するからでも、戦争の続行をのぞんでいるからでもない。わたしが感じているのは、このような湾岸戦争の勧善懲悪的な結末が、「歴史」というものにかんするひとつの誤謬にみちた物語をひとびとの心に定着させてしまうことにたいする恐怖なのである。

2

いまから二年前の一九八九年、西欧世界はアメリカのヘーゲル主義者フランシス・フクヤマの論文に触発されて「歴史の終焉」について熱っぽく語っていた。ソビエト連邦におけるペレストロイカの進行とそれが引き金となった東ヨーロッパの社会主義体制の崩壊によって、人類の普遍原理としての自由の理念がついに勝利をおさめたというのである。それによって、自由主義経済圏対社会主義経済圏という二つの対立してきた社会体制のあいだの冷戦構造が消滅し、自由の理念の実現を目的（end）としてきた歴史（history）があのベルリンの壁とともに終焉（end）してしまったという物語（story）である。

こんどの湾岸戦争は、一方の西欧社会の側からみれば、この「歴史の終焉」のための最後の仕上げ作業以外のなにものでもない。もちろん、フセインの独裁体制はかつて全世界の三分の一以上の地域を支配していた社会主義体制にくらべたらはるかに局地的なものである。だが、それは歴史の究極的な目的であるべき自由の理念に対抗している点では同じであり、それだからこそ国際正義の名のもとに結束した国際社会が一致協力して訓戒をあたえる必要があるというわけである。

だが、西欧社会においてひろく流布しているこのような勧善懲悪的な構図にたいして、アラブ諸国だけでなくアジアやアフリカの多くの発展途上国においては、この湾岸戦争を異なった宗教、異なった文明、異なった価値、異なった歴史のあいだの衝突の象徴とみなす意識が次第に強くなってきている。それは、ユダヤ・キリスト教対イスラム教、ヨーロッパ文明対アラブ文明、さらには西欧的価値観対非西欧的価値観といったさまざまな対立の形態をとることになる。(Pranay Gupta, "A Clash of Two Worlds," *Newsweek*, Feb. 11, 1991.) もちろん、これらの地域のひとびとがフセインのクウェート侵攻を全面的に是認しているというのではない。アラブ世界の一部をのぞけば、フセインの行動をそのまま正当化する人間は少ないだろう。だが、アメリカを中心とする多国籍軍がイラクを軍事的にたたけばたたくほど、西欧社会にたいする反発がこれらの地域における民衆意識の底流として強まっていくのである。そして、それは究極的には、西欧諸国の帝国主義的な膨張によって多くの非西欧地域が軍事的政治的経済的に支配されていたかつての植民地時代の不幸な歴史の記憶と重ね合わせられることになっていく。「歴史の終焉」を完成させるはずの多国籍軍側の軍事的な勝利は、皮肉なことにその「歴史の終焉」をさらに引き延ばす効果をもつことになるだろう。

ただし、わたしはここで、この湾岸戦争のなかに存在するこのような文明史的な対決という構図を必要以上には強調したくない。たしかにそれは否定すべくもない重要性をもっており、それぬきには湾岸戦争を語ることはできない。だが同時にわたしは、このような文明史的な対立を全面的に強調する議論は、結局、あの「歴史の終焉」という物語のたんなる裏返しにすぎないともおもうのである。それは、歴史を理念と理念とのあいだの対立抗争の過程としてえがくあのヘーゲル主義的な歴史観を裏返しのかたちで繰り返してしまう危険性をもつのである。

だが、いうまでもなく、「歴史」を現実に動かしてきたのは理念の力ではなく、資本主義の力である。それは、地域と地域、階級と階級、技術と技術といった世界のなかにある既存のあらゆる差異性を搾取するとともに、まさにそれによって地域と地域、階級と階級、技術と技術とのあいだの差異性をあらたに再編成しなおしていく言葉の真の意味での「歴史」的な過程なのである。それは近年においては先進資本主義国のあいだの技術開発をめぐる競争のなかでドイツと日本の経済力の台頭をもたらし、アメリカ経済の絶対的な優位性を失わせることになったのである。じつは、ソビエト連邦のペレストロイカと東ヨーロッパの民主化は、このような先進資本主義諸国間の技術開発をめぐる競争がひきおこした世界資本主義全体の再編成過程のなかに、従来「社会主義」とよばれていた国家主動型の産業資本主義的な経済体制がまきこまれてしまったことの結果にすぎない。

3

人類の普遍的な原理としての自由の理念の勝利を宣言する「歴史の終焉」という物語は、まさにこの世界資本主義という「歴史の現実」を隠蔽する役割をはたしているのである。ペルシャ湾岸戦争における多国籍軍側の「正義」がイラクの「不法」にたいしていつ勝利をおさめるかはいまのところ不確実である。だが、それがますますこの「歴史の終焉」という隠蔽にみちた物語を西欧社会のひとびとの心のなかに強く埋め込んでいくことだけは確実である。わたしたちはこれから、この「歴史の終焉」という物語と世界資本主義という「歴史の現実」とのあいだの矛盾がするどく露呈していく混乱にみちた世紀末に突入していくことになるだろう。その世紀末的混乱がどのような結末をむかえるかがわからなければ、二十一世紀についての展望などだれも描くことはできないのである。

（一九九一・四・一）

日本資本主義を「不純」に

1

三つ揃いを着てまるまると太った資本家が、お金がいっぱい詰まった袋を手にもちながら、やせこけた労働者たちを汗水たらして働かせている。まだマルクス主義というものがこの世に生息していた古き良き時代のメイデーに、ひとびとが持ち歩いていたプラカードの漫画である。

だが、資本家とはたんにお金をいっぱい持っている人間であるというこの常識に反して、御本尊のカール・マルクスはつぎのような定義をあたえている。資本家とは「資本の人格化」である、と。資本家がお金を持つのではない。逆に、お金が資本家を持つのである、と。

ただし、お金そのものは資本ではない。

蓄積せよ、蓄積せよ！　これがモーゼで、預言者なのだ。

資本は利潤を生むために蓄積され、生まれた利潤は資本の拡大のために蓄積される。資本とは、もう一度マルクスの言葉をもちだせば、「自分の価値を拡大する」ことを唯一の目的とする「価値の運動」である。

もちろん、資本は意識をもっていない。そこで、この運動の意識ある担い手として、価値を無限に拡大させていくことを自分の主体的な動機として内面化した人間が必要とされることになる。それが、資本の人格化としての資本家であるというわけである。

マルクス学者でもないわたしが、唐突にマルクスについての講釈をはじめたのには理由がある。わたしは、マルクスがせっかく資本という概念について抽象的に論じていながら、その人格的な担い手の定義にかんしては十分に抽象的ではなかったと主張したいからである。なにも生身の人間である資本家が資本を人格化する必要はない。

民法に「法人」という概念がある。それは、本来は人間ではないが法律上ひとりの人間としてあつかわれる物のことである。資本の人格的な担い手としてならば、この法人という抽象的な存在で十分なのである。

そして、奇妙なことに、資本が法人によって人格化されている資本主義がこの世に現実として存在している。

日本の資本主義である。

2

世に流布しているどの経済学の教科書にも、人間と物とは対極的な存在として描かれている。人間は物を所有し、物は人間に所有される。人間は所有の主体であり、物は所有の客体である。人間が人間を所有していたら、奴隷制社会であり、物が人間を所有していたら、ロボット王国である。

だが、ひとたび法人制度が成立し、複数の人間が集まって法人を設立しはじめると、人間と物とのあいだの境界がゆらぎはじめる。もちろん、法人は生身の人間ではないから物である。だが同時に、法人はあたかもひとりの人間であるかのように、みずからの名においてほかの人間や法人と契約を結ぶことができるのである。そのさい、法人を構成している個々の人間は、契約書に直接名前を書きつらねる必要はない。

人間でもなければ物でもないというこの法人の両義性を最大限に活用したのが、株式会社という制度なのである。古典的な資本主義企業においては、個人あるいは同族の資本家が生産手段としての機械や設備を直接所有していた。（そして、やせた労働者を雇って働かせた。）

だが、株式会社においては、事情はまったくちがう。資本家としての株主が所有しているのは会社の持ち分としての株式でしかない。その代わり、生産手段を法律上所有しているのは、法人としての株式会社なのである。株式会社は、それゆえ、人間としての株主にたいしては所有される客体としての役割をはたし、物としての生産手段にたいしては所有する主体としての役割をはたすことになる。それはまさに物であると同時に人間でもある。

もちろん、株主が過半数の株式を所有して株主総会を支配するならば、生産手段を自由に処分する権限を得ることができる。そのとき会社はたんなるヴェイルとなり、人間と物との区別が復活する。

だが、ここに逆説が生まれてくるのである。少なくとも論理的には、人間としての法人が物としての自分自身を所有することを妨げるものはなにもないからである。そして、もし株式会社が自分自身の株式を過半数所有して総会議決権を独占することができるならば、それは個人株主という生身の人間の支配から自由になった、純粋な主体になることができるはずである。

人間とはほかのどの主体の客体ともならない主体であると、どこかでヘーゲルは書いていた。この意味で、自分で自分を所有する株式会社とは、それ自体が人間になるといってもよいだろう。

たしかに、日本の商法は自社株保有を禁止している。［付記：その後、一九九五年の商法改正で、自社株保有が可能になったが、自社保有の株式には総会議決権をあたえていない。］だが、たとえ自分の株式を所有できなくとも、複数の会社がおたがいの株式を所有しあって総会議決権を掌握できるならば、個々の会社の単位ではなくグループ全体として自分自身を所有することになり、ヘーゲルの意味での人間になることができるはずである。周知のように、日本のなかではこの抜け道は残されており、それによっていわゆる系列グループ内の会社がおたがいの株式を持ちあい、会社乗っ取り屋をはじめとする外部の人間の支配からの自由を確保しているのである。

生身の人間としての資本家の支配が排除され、純粋な主体となった法人としての会社が資本の人格的な担い手となる。じっさい、マルクスのいうように資本が自己の拡大を唯一の目的とする価値の運動であるとしたならば、その目的の実現のためには、法人という抽象的な主体が運動の担い手となるほうがはるかに効率的である。法人は肉体をもたず、死すべき人間のように、資本の論理を脅かしかねない自分自身の主体的な欲望や思想をもつことはないからである。

人間ではなく法人が主体となった日本の資本主義——それは、ただ拡大のために拡大していく資本主義という社会機構の、まさに純粋形態にほかならないというわけである。

3

資本主義対社会主義という対立が終焉し、ひとびとが資本主義対資本主義というあらたな対立を語りはじめている現在、日本の資本主義についての議論がさかんになっている。そのなかで共通した認識となっているのは、日本の資本主義の中核をなす大会社においては、株主の会社経営にたいする発言権は弱く、経営者は内部昇進によって選ばれることによって従業員集団の代表という性格をもち、その従業員は終身雇用・年功序列・会社別組合といった慣行のもとに会社への強い帰属意識をもっているといったことである。

ここから多くの論者は、日本の会社制度が資本主義の論理から逸脱しているという結論をみちびくことになる。いわく、日本の大会社は経営家族主義的であり、人本主義的であり、労資協調ゲーム論的であり、経営者支配的であり、労働者管理企業的である、と。日本は資本主義ではないとか、生産面に結集したしのびよる社会主義であるといった宣言まである。

ここでわたしは、このような標語や宣言の背後にある事実認識にたいして、疑問を提示しようと思っているのではない。それはわたしも共有している認識である。ここでわたしが指摘したいのは、日本の会社制度の一見すると非資本主義的な特徴は、それが資本主義の純粋形態であることの結果であるという可能性についてなのである。

重要なのは、株主が会社の主体ではないということは、そのまま従業員や経営者が会社の主権者や支配者になることを意味するわけではないということである。(たとえば、かつてのバーリ＝ミーンズ流の経営者支配論をめぐる論争が不毛なものに終わってしまったのは、擁護派も批判派も、ともに株主が会社を支配しているのか経営者が会社を支配しているのかという二律背反の図式にとらわれていたからである。）法人としての会社それ自体が、会社の主体となることもできるからである。

ただ、いくら人格化された存在であるといっても、会社それ自体には計画を立てる頭も、意志を伝える口も、機械を操る手も、原料や製品を運ぶ足もあるわけではない。ここに、日本の大会社において経営者と従業員がはたす役割がある。かれらは会社の頭や口や手や足といった器官として、計画を立て、意志を伝え、機械を操り、原料や製品を運ぶのである。そして、器官（organs）とは、たんに語呂合わせではなく機関（organs）という意味でもある。すなわち、経営者と従業員は、程度の差はあれ、ともに会社を代表する機関として、会社の名のもとに拡大のための拡大というその目的を遂行することになるのである。本来は株主を意味するはずの社員という言葉が、日本では経営者と正規の従業員すべてを指し示すようになっているのは、まさに象徴的である。

たしかに、従業員の終身雇用・年功序列・会社別組合、さらには経営者の内部昇進といった日本的な労使慣行について、伝統的なイエ制度や戦時下の経済統制、さらには戦後の民主化運動といった非資本主義的な要因の影響を否定することはできない。だが、同時にこれらの慣行が、会社の永続的な拡大を前提とした枠組みとして戦後の高度成長期に普遍化したものであり、しかもそれは、会社の規模を一層拡大するという純粋に資本主義的な目的の遂行のためにはそれなりの経済合理性をもった仕組みとして理解しうることは、最近の研究が示唆するところである。

4

近年、いわゆるバブル経済崩壊の余塵のなかで、つい最近までは成功物語しか聞くことのなかった日本資本主義が、内外のさまざまな批判にさらされるようになった。ここではそれらの批判について論ずる余裕はない。ただ、いえることは、日本の資本主義がはらむ多くの問題点は、それが生身の人間の支配を排除することによって、法人なるものを資本の人格的な担い手とした、資本主義の純粋形態を実現してしまったことから生まれてきたものだということである。

いま求められているのは、この純粋な日本の資本主義を「不純」にすることである。メイデーのプラカードに漫画として描くには、たしかにむずかしいスローガンではあるが。

（一九九二・五・二五）

市民社会と日本社会

今年［一九九二年］はほんとうにめでたい年であった。なにしろ佐川急便事件があった年だからである。だが、それがどうしてめでたいことなのかを説明するにはいささかの寄り道が必要である。

1

今から三年前の一九八九年、ポーランド、ハンガリー、東ドイツ、チェコスロバキア、ブルガリア、ルーマニアと、東欧の社会主義国でつぎつぎと民主化革命が沸きおこった。わたしたちはそのめまぐるしい動きをテレビの画面を通して見ながら、だれもが若々しい革命勢力の側にたってその成功をわがことのように喜んだものであった。そして昨年の夏、ソビエト連邦において保守派のクーデターの失敗が連邦体制の解体をまねいた。わたしたちはその一連の出来事をテレビの画面を通して見ながら、だれもが真剣な面もちの改革派のひとびとにたいする連帯意識とともに一喜一憂したものであった。

あのときわたしたちは、だれもが西側諸国の一員としてテレビの画面をながめていたのであり、だれもが東欧やソ連における社会主義体制の崩壊という事態を、じぶんたちもそれに帰依している西洋的な自由の理念と民主主義の勝利として喜んでいたのである。

2

おりしも一九八九年の夏、アメリカ国務省に勤務するフランシス・フクヤマという日系人が書いた「歴史の終わり?」という奇妙な題名の論文が発表された。ヘーゲル的な概念装置で身を固めたこの論文のなかでフクヤマは、自由の理念にもとづく西洋の民主主義は、世襲君主制との闘いに勝ち、ファシズムとの闘いに勝ち、そして共産主義との闘いにも勝利をほぼ手中にし、二十一世紀を前にしてまさに唯一の正当性をもつ政治体制として確立したと主張した。人間の「歴史」が、ヘーゲルのいうように、さまざまなイデオロギーやさまざまな政治体制のあいだの闘争によって展開していくものならば、もはやそのような闘争の余地がなくなってしまった今、「歴史」は「終わり」にたっしてしまったのだと宣言したのである。

この論文は、発表の直後にその命題を実証するかのようにして東欧諸国で民主化革命がおこったこともあり、またたくまに全世界的な論争をひきおこすことになった。そして、それに触発されて、わたしたちもこの日本のなかで侃々諤々の議論をしたものだった。

実のところ、「歴史の終わり?」をめぐるこの論争は、二重の意味でわたしたちの自尊心をくすぐるものであった。それはまず第一に、たとえ生粋のアメリカ市民であったとしても、日本人の血をうけ日本人の名をもつ人物が西洋的な自由の理念の勝利を世界にむけて宣言したという心地よい事実がある。そして第二に、この論争が、フクヤマの先生のそのまた先生であったヘーゲル解釈学者のアレクサンドル・コジェーヴが日本について語っている有名な文章を、わたしたちに心地よく思い起こさせてくれることになったからである。

『ヘーゲル読解入門』という書物のなかのある脚注でコジェーヴは、三百年もの長きにわたる鎖国時代のあいだに、日本人は能楽や茶道、華道などの実践によってスノビズムの頂点をきわめたと述べ、その純粋に形式的な価値にもとづく生活様式をまさに「歴史の終わり」以降の時代における究極の人間のあり方として提示したのである。そして、かれは「最近日本と西洋世界とのあいだにはじまった相互交流は、結局、日本人を再び野蛮にするのではなく、(ロシア人を含めた)西洋人を《日本化する》ことに帰着することだろう」と主張することになる。

3

じっさい、一九八九年という年は、わたしたちが得意の絶頂にあった年である。日本経済は長期にわたる好景気の真っ只中にあり、日本企業の成長志向は世のあらゆる賛辞の的であった。一人あたりの国民所得はアメリカと並び、一人あたりの資産総額はアメリカのそれをはるかに凌駕した。そして、この豊かさのなかで、わたしたちは配当のためではなく値上がりをもとめて株を買い、住むためではなく転売のために土地を買い、モノそのものの有用性のためではなくそれがもつ差異性をもとめて消費にはげんだ。わたしたちは、たとえ能楽や茶道や華道などとは無縁ではあっても、けっして実体には向かおうとはしないという意味でのスノビズムに身をゆだねることによって、じぶんたちは西洋社会の未来をすでに先取りしており、モダンを跳び越したポスト・モダンの世界を現実に生きているという実感さえもつことになったのである。

しかしながら、わたしたちがポスト・モダンの気分にひたって、東欧の民主革命やソ連の解体をすでに歴史の先を行くものの余裕をもって眺めているあいだに、まさにその一連の出来事によって、わたしたち自身を直接まきこむ地政学的な転換がおきていたのである。

東欧やソ連の社会主義が崩壊したといっても、それはたんに欧州大陸から社会主義が一掃されたことを意味するにすぎない。事実、東欧で民主化革命がはじまる寸前に、同じく民主化をもとめて天安門広場に集まった中国の学生たちは軍部の戦車によって無慈悲に蹴ちらされてしまっている。欧州を離れれば、その中国をはじめとして、北朝鮮もヴェトナムもラオスもミャンマーもキューバも、すくなくとも建て前としてはいまだに社会主義を標榜しつづけている。そして、カリブの海に浮かんでいるキューバにおいて万一あのカストロ首相が失脚するような事態がおこるならば、国家体制としての社会主義とはアジアに固有な政治体制となってしまうのである。すべての欧米諸国が捨てさってしまった社会主義をいまだに墨守しているアジアの国々——この厳然たる事実は、いま、フクヤマの言葉でもなくコジェーヴの言葉でもなく、そもそものご本尊であるヘーゲルその人のつぎのような言葉を亡霊のように甦らせることになったのである。

東洋は一人のものが自由であることしか知らなかったし、今もそうである。ギリシャ・ローマの世界は少数のものが自由であることを知り、ゲルマン世界はすべてのものが自由であることを知っている。（『歴史哲学』）

東洋は専制的な政治体制によって自由を抑圧しつづけ、ギリシャ・ローマの伝統を受け継ぐ西洋（ゲルマン世界）は民主的な政治体制によって自由を実現するにいたる。ここでは、みずからを特殊化することによって歴史を停滞させる東洋と、みずからを普遍化することによって歴史を終わらせる西洋とが対立させられている。

すなわち、共産主義か自由主義かというイデオロギーの対立の下にこの世のすべての差異性を覆い隠してきた東西の冷戦が決着したとたん、もう一つの東西対立の図式が呼び覚まされてしまったのである。それは、この東洋対西洋という天地開闢以来の地政学的対立である。そして、この対立の図式とともに、日本という国が歴史的にも地理的にもアジアの一員であるという事実がいやおうなしに呼び覚まされてしまったのである。

4

もちろん、八九年におけるわたしたちならば、このような対立の図式をつきつけられたとしても、それを即座に笑いとばしてしまったことだろう。天安門事件などというのは対岸の火事でしかない。日本という国は最高度に発達した資本主義国であり、アジア的停滞と欧米的成熟といったヘーゲル的対立の図式をとうの昔に超越してしまっているのだといって。

だが、一九九二年のわたしたちは、それとは違った認識をもつようになっている。

ここでわたしたちは日本という国が資本主義国であることを否定しようとしているのではない。いや、逆である。生身の人間ではなく抽象的な法人が資本の人格的な担い手となっている日本の資本主義とは、ただ成長のために成長をもとめる資本主義という経済機構のまさに純粋形態を実現しているとさえ言えるのである。それは現在のところバブルの崩壊や景気の長期にわたる低迷という困難をかかえてはいるが、いつの日か景気が反転したあかつきには、ふたたびそれ本来の成長志向をとりもどすにちがいない。

違いは、まさにこの資本主義という経済機構が、自由の理念と民主主義にもとづくいわゆる市民社会とは別物であると気がついたことにあるのである。

一九九二年――日本の国会においていわゆる佐川急便問題をめぐる論戦が闘わされることになった。だが、テレビの静止画面を通してわたしたちが見ることになったのは、「自由」と「民主」を名のる政権政党の自由の理念とも民主主義ともまったく無縁な行動様式であり、「革新」を自称する在野政党の革新性からまったく縁遠い行動様式であった。じっさい、来る日も来る日もあのようなものと鼻をつき合わせて過ごせば、もう幻想は不可能であろう。わたしたちの代議人の行動は、いうまでもなくわたしたち自身の反映である。わたしたちははじめて、じぶんたちがアジア的停滞と欧米的成熟といったヘーゲル的対立の図式のいったいどちら側に属しているかを理解するにいたったのである。いや、理解せざるをえなかったのである。

5

自己にたいする幻想は、少なければ少ないほど良い。資本主義の完成度ではなく市民社会の成熟度という座標軸において、わたしたちは西洋社会の一員などではなく、ましてその未来を先取りしているのではないということを知ったのは、まことにめでたいことである。明治維新以来、欧米の資本主義国家に追いつくことをわたしたちは唯一の目標としてきた。自由の理念にもとづく民主主義がわたしたちの新たなる目標となるのならば、そのための第一歩はじぶんと目標との距離を正確に測ることにあるのである。

（一九九二・一二・三〇）

憲法九条および皇室典範改正私案

1

私は、日本の憲法九条と皇室典範は次のように改正すべきだと考えています。

憲法九条については、日本国民は、一、自らの防衛、二、国連の指揮下にある平和維持活動、三、内外の災害救助、の三つの目的にその活動を限定した軍隊を保持することを世界に明言した内容に改正します。

皇室典範については、一、皇族は男女ともに皇位継承の資格をもち、二、皇位継承資格者はその資格を放棄する権利をもち、三、天皇自身も自らの意志で皇位を退く権利をもつ、という内容に改正します。皇位継承の資格を放棄した旧皇族は、一国民として、参政権をはじめとするすべての市民権を享受しうることになります。

憲法九条の改正も皇室典範の改正も私がはじめて言い出したことではありません。いずれも左右のさまざまな政治的立場から繰り返し主張されてきたことです。ただ私は、この二つの改正案をどちらも欠かせない一対のものとして提示したいと思っているのです。なぜ私がそう思っているのかは、これから順を追って説明していくつもりです。

2

私は知ってしまった。だから私には責任がある。

これはルワンダでの大量殺戮の目撃者の発言です。アメリカのニュース番組で耳にして以来、私の頭から離れない言葉です。

ボスニアでの民族浄化作戦よりも、カルガモ親子のお堀端の散歩のほうがテレビで大きく報道される日本です。だが、その住民である私たちでも番組をCNNやBBCに切り替えれば、いやでも「知る」ことになります。テレビだけではありません。インターネットはもちろん、新聞雑誌や書籍を通してでさえ、私たちは世界で何が起こっているのかをいやおうなしに「知って」しまうのです。

これが冷戦時代であったなら、遠くの土地の紛争について私たちが「責任」を感じる必要などなかったでしょう。冷戦とはすべての紛争を米ソの代理戦争に還元してしまう装置でした。そこではどちらか一方の当事者に加担せずに、紛争の解決のために力を貸すことは不可能でした。それゆえ世界中のすべての人間は世界市民である以前に、親米か親ソかという役割を演じざるをえなかったのです。

冷戦は終わりました。それは平和な日本に住む私たちですら世界市民としての「責任」を負ってしまうことを意味するのです。

ここに憲法九条の問題が浮上してくるのです。

私は一九四七年に生まれました。同じ年に施行された日本国憲法とは、もの心がついてからずっと神聖にして不可侵の存在でした。とくに九条は人類の未来を先取りした平和思想の表明として、誇るべき日本の財産だと思っていました。

もちろん九条は空洞化して久しい。九条の条文を素直に読めば、(芦田修正による曖昧さを考慮しても)それが自衛隊を含めた一切の戦力の保持を禁じていることは明らかです。九条が禁じる戦力に自衛隊は含まれないという政府の見解は、詭弁でしかありません。しかしながら、日本にはすでに長い間自衛隊が存在し、しかも国民からも一定の支持を得てきました。

どのような法律でもそれに違反する事実を長く放置すると、立法的に廃止手続きをとらなくても法的な効力を失ってしまうと言われています。その意味で九条はもはや法として機能していない。これは、立憲国家の憲法が「最高法規」としての規範性を失ってしまったということなのです。

それにもかかわらず、今に至るまで九条は私にとって神聖にして不可侵なままでした。

おそらく多くの日本の国民にとっても同様であったはずです。今、世界市民としての責任が問われる時代になっても、私たちはともすればそれを神聖不可侵なものとして、神棚に祭り上げておこうとします。

憲法とは神が与えたものではなく、人間が作るものです。本来、一国の憲法とは国民の総意の表明なのです。たとえば、日本が国連の指揮する平和維持軍に参加するか否かの決断を迫られたとします。その時日本が世界の人々に向かって、日本には九条があるので参加が禁じられていると言うことは、本末転倒しています。もし、日本の国民が世界市民として平和維持軍に参加したいという意志があれば、憲法を改正すればよい。いや、改正することこそ、国民主権を標榜する立憲国家の義務なのです。

ところが、日本ではこのような簡単な論理が大新聞の論説ですら通りません。大新聞が良心的であればあるほどそうなのです。それは、いくら空洞化したとはいえ、九条の存在そのものが、軍国日本の復活を願う勢力に対する歯止めとして働いてきた事実を高く評価してきたからです。

もし九条を変えてしまったら、日本は第二次大戦のあやまちを繰り返すのではないか。いくら目的を限定しても、いったん憲法で戦力の保持が認められれば、訳の分からぬうちに軍部が暴走し、ふたたび軍国主義に逆戻りするのではないか。それはこの日本の現実において、ほとんど根拠のない恐れでしょう。だが、それは現実以上に現実的な力として、私たち日本の国民、そしてそれ以上に世界の人々をとらえてしまっている根源的な恐れなのです。

一体この恐れはどこから来るのでしょうか。答えは簡単です。現行の象徴天皇制から来るのです。

3

憲法を開くと、第三条にこう書いてあります。天皇の国事に関するすべての行為は内閣の助言と承認を必要とし、内閣がその責任を負う、と。すなわち、日本の天皇が行うことは、すべて日本政府の意思によるものであり、それは国民主権の下では、私たち国民自身の意志を象徴するものなのです。これが象徴天皇制というものの意味です。

問題はこの憲法上の規定と現実の天皇制との大きな乖離です。日本列島の歴史の中にいつしか成り成りてきた天皇制は、今日まで連綿と続いてきました。その中に生まれた私たちにとって、天皇とは私たちの意志を超えて、既にそして常に存在してきたもののように見えています。私たちは、過去のみならず現在においても、自分たちがその天皇に対して主権者であるという意識をもてない。今の象徴天皇制は、私たちの意志を象徴するどころか、私たちが自分で自分の国の運命を選べないことのまさに象徴となっているのです。

実はこのことは、天皇自身が天皇であることを選ぶことができないということと表裏一体をなしています。天皇には、職業選択の自由も居住の自由も信教の自由もなく、選挙権も被選挙権もない。そもそも天皇には、即位を辞退する自由も自らの意志で退位する自由もないのです。国民が自らの運命を選べないことと、天皇が天皇であることを選べないこととは、合わせ鏡のように互いの主体性の不可能を映し合っているのです。ここに真の意味での無責任体系が成立します。

その良い例が、天皇の「お言葉」の問題です。象徴天皇制においては、本来ならば天皇の言葉は私たち国民自身の言葉であるはずです。だが日本の現実の中では、多くの国民にとって天皇の言葉は天皇の「お言葉」であり、それに対して、自分たちが責任を負っているとはとうてい思うことができないのです。それでいて、天皇自身もその「お言葉」にかんして責任をもつことができません。

今の日本の中心に一つの空洞があります。それは、自らは主権を奪われ、他からは主権を奪う構造的な空洞です。この空洞があるかぎり、日本の国民は自らの国の運命に自ら責任をとることができず、世界の人々に根源的な恐れをあたえ続けることになるのです。

現在の皇室は国民の一定の支持を得ています。この現実の中で天皇制を見直す第一歩として、冒頭の皇室典範の改正案があります。そこでは、天皇とは国民の意志の象徴という憲法上の役割を自ら選びとった人間となります。制度としての天皇と歴史的な意味を担った天皇とが区別され、それによってはじめて国民は、天皇に対する本来的な主権者としての意識をもつことが可能になるのです。

4

今まで改憲を声高に言う人は、良い意味では現実を見る人であり、悪い意味では国威を発揚する人でした。護憲を声高に言う人は、良い意味では平和を祈願する人であり、悪い意味では現実を見ない人でした。もし憲法九条を改正するとしたら、皇室典範の改正と一対のものにする。そうすることによってはじめて、主体性をもった世界市民として、現実を見つめつつ平和を祈願することが可能になるのではないでしょうか。これが私の二十一世紀の日本への提言です。

（一九九六・八・九）

後記：このエッセイは、朝日新聞フォーラム二十一委員として寄稿を委嘱された「二十一世紀への提言」として書かれたものである。だが、提出した原稿は「説得力がない」というコメントとともに掲載を拒否されてしまった。驚いた私は直ちに抗議し、その後二カ月以上にわたって交渉を続けた。掲載拒否の理由は、結局、当初危惧していた天皇制の問題によるのではなく、憲法九条の改正を論じた部分が新聞社の基本方針と合わないということであった。最終的には掲載は許可されたが、その条件は、長さを三分の二に縮小し、しかも敗戦記念日の前後に、九条改正派の論考として九条擁護派の人の主張と同一紙面に並べるというものであった。私は、説得力があるかないかは別にして、このようなエッセイが朝日新聞という媒体に掲載されることと自体がフォーラム二十一委員としての最大の貢献だと考え、そのような形で掲載されることにやむなく同意した。ここに載録したものは、当初新聞社に提出した原稿にもとづいている。

大きなアメリカ、小さなアメリカ

1

二十五年ぶりにローマを訪れました。そこで気付いたことが二つほどあります。一つはアメリカの存在の小ささ、もう一つはアメリカの存在の大きさです。

ローマの町は観光客であふれています。耳を澄ますと、ドイツ語、日本語、中国語、フランス語、韓国語、英語――ありとあらゆる国の言葉が聞こえてきます。四半世紀前にはどこに行っても英語しか聞こえてこなかったのに、何と言う様変わりでしょう。

ところが一歩、観光客相手の店に入るとどうでしょう。そこはアメリカが支配する世界です。どの国の観光客もなまりのある英語で店員と交渉しています。代金支払いもドルの小切手やアメリカのクレジットカードで済ませています。

かくも存在の小さくなったアメリカがなぜかくも存在を大きくしているのか。これはローマの町を歩く一人のアジア人の頭だけをよぎった疑問ではないはずです。現代の世界について少しでも考えたことのある人間なら、だれもが抱く疑問であるはずです。アメリカの存在の大きさ――それはアメリカの貨幣であるドル、アメリカの言語である英語がそれぞれ基軸通貨、基軸言語として使われていることにほかなりません。

2

では、基軸通貨、そして基軸言語とはなんでしょうか。単に世界の多くの人々がアメリカ製品をドルで買ってもドルは基軸通貨ではなく、アメリカ人と英語で話しても英語は基軸言語ではありません。

ドルが基軸通貨であるとは、日本人がイタリアでドルを使って買い物をし、チェコの商社とインドの商社がドル立てで取引をすることなのです。英語が基軸言語であるとは、日本人がイタリア人と英語で会話し、台湾の学者とチリの学者が英語で共同論文を書くことなのです。アメリカの貨幣と言語でしかないドルと英語が、アメリカを介在せずに世界中で流通しているということなのです。

ローマの町で私が見いだしたのは、まさに非対称的な構造を持つ世界の縮図だったのです。一方には、自国の貨幣と言語が他のすべての国々で使われる唯一の基軸国アメリカがあり、他方には、そのアメリカの貨幣と言語を媒介として互いに交渉せざるをえない他のすべての非基軸国があるのです。

もちろん、これは極端な図式です。現実には、非基軸国同士の直接的な接触も盛んですし、地域地域に小基軸国もありますし、欧州連合（EU）や東南アジア諸国連合（ASEAN）のような地域共同体への動きもあります。だが、認識の第一歩は図式化にあります。

ソ連が崩壊したとき、冷戦時代の思考を引きずっていた人々は、世界が覇権国アメリカによって一元的に支配される図を大まじめに描いていました。だが、私が今見出した基軸国と非基軸国の関係は、支配と非支配の関係として理解すべきではありません。

確かに、ドルが基軸通貨となるきっかけは、かつてのアメリカ経済の圧倒的な強さにあります。だが、今、世界中の人々がドルを持っているのは、必ずしもアメリカ製品を買うためではありません。それは世界中の人がそのドルを貨幣として受け入れるからであり、その世界中の人がドルを受け入れるのは、やはり世界中の人がドルを受け入れるからにすぎないのです。

ここに働いているのは、貨幣が貨幣であるのは、それが貨幣として使われているからであるという貨幣の自己循環論法です。そして、この自己循環論法によって、アメリカ経済の地盤沈下にもかかわらず全世界でアメリカのドルが使われているのです。小さなアメリカと大きなアメリカとが共存しているのです。

3

さて、基軸通貨であることには大きな利益が伴います。例えば日本の円が海外に持ち出されたとしても、それはいつかまた日本製品の購入のために戻ってきます。非基軸通貨国は自国の生産に見合った額の貨幣しか流通させることができないのです。

ところがアメリカ政府の発行するドル札やアメリカの銀行の創造するドル預金の一部は、日本からイタリア、イタリアからドイツ、ドイツから台湾へ、と回遊しつづけ、アメリカには戻ってきません。アメリカは自国の生産に見合う以上のドルを流通させることができるのです。もちろん、アメリカはその分だけ他国の製品を余分に購買できますから、これは本当の丸もうけです。この丸もうけのことを、経済学ではシニョレッジ（君主特権）と呼んでいます。

特権は乱用と背中合わせです。基軸通貨国は大いなる誘惑にさらされているのです。基軸通貨を過剰に発行する誘惑です。何しろドルを発行すればするほどもうかるのですから、これほど大きな誘惑はありません。だが、この誘惑に負けると大変です。それが引き起こす世界全体のインフレは基軸通貨の価値に対する信用を失墜させ、その行き着く先は世界貿易の混乱による大恐慌です。

それゆえ次のことが言えます。基軸通貨国は普通の資本主義国として振る舞ってはならない、と。基軸通貨国が基軸通貨国であるかぎり、その行動には全世界的な責任が課されるのです。たとえ自国の貨幣であろうとも、基軸通貨は世界全体の利益を考慮して発行されねばならないのです。

皮肉なことに、冷戦時代のアメリカは資本主義陣営の盟主として、ある種の自己規律をもって行動していました。だが、冷戦末期から、かつての盟友であった欧州や東アジアとの競争が激化し始めると、アメリカは内向きの姿勢を強めるようになりました。

近年には自国の貿易赤字改善の方策として、ドル価値の意図的な引き下げを試み始めています。とくに純債務国に転落した一九八六年以降、その負担を軽減しうる切り下げの誘惑はますます強まっているはずです。

基軸通貨国のアメリカが単なる一資本主義国として振る舞いつつあるのです。大きなアメリカと小さなアメリカとの間の対立――これが二十一世紀に向かう世界経済が抱える最大の難問の一つです。

4

この難問にどう対処すればよいのでしょうか。理想論で済むならば、全世界的に管理される世界貨幣への移行を唱えておくだけでよいでしょう。だが、貨幣は生き物です。ドルは上からの強制によって流通しているわけではないのです。人工的な世界貨幣の導入の試みは、エスペラント語の普及と同様、ことごとく失敗してきました。

世界は非対称的な構造を持っているのです。その構造の中で、基軸国と非基軸国とが運命共同体をなしていることを私たちは認識しなければなりません。

当然のことながら、基軸国であるアメリカは基軸国としての責任を自覚した行動を取るべきです。だがより重要なのは、非基軸国でしかない日本のような国も自国のことだけを考えてはいられないことです。非基軸国は非基軸国として、基軸国アメリカが普通の国として行動しないよう、常に監視し、助言し、協力する共同責任を負っているのです。

私たちは従来、国際関係を支配の関係か対等の関係か、という二者択一で考えてきましたが、冷戦後の世界に求められているのは、まさにそのいずれでもない非対称的な国際協調関係なのです。それはだれの支配欲もだれの対等意識も満足させないものです。だが、世界経済の歴史の中で一つの基軸通貨体制の崩壊は決まって世界危機をもたらしたことを思い起こせば、この非対称的な国際協調関係に賭けられた二十一世紀の賭け金は大変に大きなものであるはずです。

さて次は基軸言語としての英語について語らねばなりません。だがここでは、今まで貨幣について述べたことは言語についても言えるはずだ、と述べるだけにとどめておきます。それについて詳しく論ずるには、今よりはるかに大きな紙幅を必要とするからです。なにしろ歴史によれば、一つの基軸通貨体制の寿命はせいぜい百年、二百年であったのに対し、あのラテン語はローマ帝国滅亡の後、千年にもわたって欧州の基軸言語としての地位を保っていたのですから。

（一九九七・五・三〇）

契約と信任——市民社会の再定義

「身分から契約へ」——これは、十九世紀イギリスの法制史家ヘンリー・メイン卿の言葉である。

メイン卿によれば、近代の市民社会とは、固定的な身分関係から解放された、自由で平等な個人の存在を前提とした社会である。そこでは、国家の役割は個人に自由な活動の場を保障することに制限され、社会を形づくる一切の人間関係は、対等な個人と個人とが自由に取り結ぶ契約関係に解消されることになるという。

1

冒頭から社会科の教科書のような話をしたのには、理由がある。明治維新から百三十年、戦後改革から五十年、急速な資本主義的発展をとげてきた日本社会は今、長引く不況、相次ぐ金融破綻、繰り返される官民のスキャンダル、混乱する政治など、明らかな閉塞状況におちいっている。この状況に危機感をいだく多くの論者が、日本社会の再生を目指して様々な提言を行っていることは周知の通りである。その内容は多岐にわたるが、基本テーゼは一つである。

「日本は今、第三の改革を課題としている。……明治、戦後の国づくりの成果の陰で置き忘れた市民社会形成の課題を改めて突き付けられているからだ。……自助努力と自己責任がキーワードになる。主役は国ではなく市民（個人）なのだ。」（「日本経済新聞」「二〇二〇年からの警鐘」）

私はこのような提言の中に、十九世紀のあのメイン卿の言葉の残響を聞き取っているのである。

ところで、この私もこの危機感を共有している。そして、日本社会を再生するためには、まず何よりも市民社会へ向けての改革が必要だという提言にも、全面的な賛意を表明する。だが、もしこれで話が済むのならば、何も私がこの貴重な紙面を費やす理由はない。今日あえてこの場を借りるのは、実は右のような提言が想定している古典的な市民社会像に関して、異議を唱えてみたいからである。

と言っても、西欧的な市民社会の冷たさをアジア的な共同体の暖かさによって超克するというような話をしたいのではない。（市民社会とは、西欧のものではなく、人類のものである。）逆に私は、市民社会という社会の内容をさらに拡充する必要があると思っているのである。これまでの市民社会に関する議論が依拠してきた「身分から契約へ」というメイン卿の公式を、畏れ多くも、「身分から契約と信任へ」と修正したいと思っているのである。

2

ここで突然登場した「信任」という言葉は、英語のFIDUCIARYに当たる日本語として、仮に採用してみたものである。信託や寄託や委任といった、部分的に意味が重なる法律用語が多くて紛らわしいが、信任とは「他の人のために一定の仕事を行うことを信頼によって任されていること」と定義される。重要なことは、それが契約とは異質の概念であるということである。

たとえば無意識の状態で運ばれてきた患者を手術する医者を考えてみよう。この患者は自ら契約を結ぶことができない。だがそれにもかかわらず、医者は医者であることによって、患者のために手術を行う権限をもっている。ここでは医者は、患者の生命をまさに信頼によって任されている。

これは極端な例のように見えるが、そうではない。この世には未成年や精神障害者や痴呆老人など、法律上あるいは事実上、契約の主体となりえない人間は多く、彼らのために財産管理などをする後見人はやはり信任の関係に置かれている。

さらにこの世には、会社や財団、地方や中央の政府といった人ではない人——法人——

が多数生息している。法人とは契約関係の法的な主体ではあるが、それ自体は精神も肉体ももたない単なる擬制でしかない。それゆえ、会社や財団や政府には、そのために経営や管理や行政を行う生身の人間――自然人――が必要となる。それが会社役員や財団理事や政府官僚の役割であり、それぞれ会社や財団や政府に対して信任関係に置かれることになる。

いや、信任関係とはさらに大きな広がりをもっている。

今度は、通常の患者と医者の関係を考えてみよう。それは医療契約という正真正銘の契約関係である。だが、患者は患者であり、医者は医者である。患者と医者との間には、医療知識に関して大きな開きがあり、たとえ両者の間で契約書が交わされたとしても、医者が行う治療の内容を患者が理解できるかたちですべて特定化することは不可能であり、仮に特定化できたとしてもそれが実行されたかどうかを患者の側が確認することは不可能である。意識ある患者の場合でも、少なくとも部分的には、自分の生命を信頼によって医者に任せざるをえないのである。

一般に、契約関係であっても、当事者の間で知識や能力に大きな格差がある限り、そこには必然的に信任関係が入り込むことになる。

契約関係とは対等な個人同士の関係であり、それはそれぞれの自己利益の追求によって維持され、その結果に関しては自己責任の原則が貫かれる。それでは、対等性を欠いた一方的な人間関係である信任関係の場合、それは一体どのようにして維持されるのだろうか？

もちろん、信任された側の倫理感、とくにその職業倫理に任せるのがもっとも望ましい。そして、現に職業倫理の存在は信任関係を成立させるうえで大きな役割を果たしてきている。

ただ不幸にも、倫理感とは希少な資源であり、万人が共有しているわけではない。そして、信任関係に依存しなければならない人間は、それが濫用されたとき、まったく無抵抗な存在になってしまうのである。（倫理感の欠如した医者が患者を人体実験に使った例は、歴史上枚挙にいとまがない。）それゆえ、信任関係は法律によって厳格に規制される必要があるのである。

信任に関する法律は一般に未整備である。だが多くの場合その中核には、信任された人間が自動的に負うことになる「信任義務」なるものが置かれている。医者は医者、後見人は後見人、役員は役員、理事は理事、官僚は官僚であることによって、それぞれの立場に要求される適切な注意を払い、相手の利益にのみ忠実に仕事を行い、さらにその内容に関する情報を開示することが義務づけられるのである。（それぞれ注意義務、忠実義務、情報開示義務と言う。）信任義務を怠ると、たとえ契約書に書かれていなくとも、司法の手で裁かれなければならないのである。

すなわち、双方の自由な合意の結果として国家の介入を極力排除する契約関係に対して、一方から他方への一方的な倫理性を要求する信任関係においては、司法を中心とした国家の介入が不可欠なのである。

3

市民社会の古典的モデルとは、十八世紀のイギリス社会を背景としてアダム・スミスが描き出した「商業社会」である。それは、分業の発達の結果、誰もが商品交換によって生活するようになった社会のことを指している。その後、商業社会は市場経済と呼ばれるようになり、分業の一層の進展とともに、今では地球全体を覆い尽くすまでになっている。契約とは商品交換の法的な表現である。それゆえ、「身分から契約へ」というあのメイン卿の公式の有効性はますます高まっているように見える。

だが私は、同じ分業化という歴史過程の中にそれに修正を迫るもう一つの傾向を見いだしているのである。

分業化とは分知化・分能化でもある。分業の発達（およびそれにともなう会社制度や官僚機構の拡大）は、医者や経営者や行政官だけでなく、法律家や技術者やファンド・マネージャーといった、それぞれ特定の分野において高度な知識や能力をもつ専門家を数多く創り出してきた。言うまでもなく、この傾向は現在進行しつつある資本主義の高度情報化によって、ますます強められている。今、すべての人間は何らかの分野の専門家であると言うことすらできる。そして、専門家が専門家として他人のために仕事をする時、そこには知識や能力の大きな格差が生まれ、たとえ契約関係であっても、必ず信任関係が入り込むことになるのである。

「身分から契約へ」ではなく「身分から契約と信任へ」――情報資本主義の下、私たちは今、契約と信任という二つの異質な人間関係を軸とする、新たな市民社会像を構築する必要に迫られている。それは同時に、国家なるものに対して、個人の自由な活動の場の保障という消極的な役割だけではなく、信任関係の法的な規制という積極的な役割を与えることでもある。

グローバル化の名の下に国家の黄昏が語られている現在、日本社会の市民社会に向けた改革のためには、逆説的だが、市民と国家の相互依存関係を今一度確認することが必要なのである。

（一九九八・一・一）

あとがき

一九九七年の春から秋にかけて、わたしはイタリアのシエナ大学に滞在し、法人理論や進化論経済学といった抽象的な研究にたずさわっていた。そのさなかに、金融危機が突如としてタイを襲い、またたく間にほかのアジア諸国に拡がっていった。当初は海の向こうの遠い出来事として眺めていただけであったわたしも、まさにその渦中にある日本列島にもどると、いやでもその重大さを認識せざるをえなくなった。そして、アジアに生きる経済学者として、この金融危機について何か書かなければならないと考えるようになった。だが、わたしの筆は遅く、事態の進展は早い。何度も書きかけては中断し、金融危機が一応の終息をみてからようやくまとめあげることができたのが、巻頭の「二十一世紀の資本主義論――グローバル市場経済の危機」と題された論文である。それは、結果として、事実を追うことよりも、事実の背後にある基本原理を明らかにすることに主眼をおく文章となった。

本書には、この書き下ろし論文のほかに、一九八五年から今日まで折にふれて書きつづってきた文章のうち、比較的多くの読者に開かれていると思われるものを集めてみた。それ以前の文章を集めた『ヴェニスの商人の資本論』の「あとがき」においてわたしは、資本主義という逆説的な社会機構とその根底にある貨幣という逆説をめぐってこれからも語り続けていくことになるだろうと書いた。実際、本書に収められた文章の多くは、資本主義について、貨幣について、手を変え品を変え同じことを語っている。そして、おそらくこれからもわたしは、資本主義について、貨幣について、手を変え品を変え同じことを語り続けていくにちがいない。

それと同時に、ここ十年、わたしは日本経済や日本社会のありかたに関しても、さまざまな角度から検討する機会をもつことになった。その過程で、法人制度について、市民社会について、わたしなりの理論的発見をすることができた。本書の後半に収められたいくつかの文章は、その発見をいささかの興奮とともに記録したものである。わたしはこれからしばらく、法人制度について、市民社会について、集中的に思考していこうと考えている。本書は、そのための出発点でもある。

本書ができあがるまでには、実に多くのひとびとの協力をいただいた。とくに、その編集作業は、『ヴェニスの商人の資本論』や『貨幣論』と同じく、筑摩書房編集部の間宮幹彦氏にお任せした。文章の選定から装幀の発案にいたるまで、氏のいつもながらの綿密な仕事には、感謝という以外のなんの言葉もない。

なお、本書に集められた文章は、巻頭論文以外は、すべてすでになんらかの形で発表されたものである。だが、本書に収録するに際しては、字数や表現に制約がある新聞や雑誌に掲載された文章ではなく、わたしの手元に保存してある原稿を基底にし、それに大小さまざまな改訂をほどこした。

二〇〇〇年一月一日

岩井克人

文庫版へのあとがき

『二十一世紀の資本主義論』は、一九八五年に出版された『ヴェニスの商人の資本論』に続く、私の二番目のエッセイ集である。この二つのエッセイ集の間にはなんと十五年の歳月が流れてしまっている。それはひとえに、どんなに短い文章でも、書くということは、私にとっては恐ろしく時間のかかる作業であったからである。本全体の題名ともなった「二十一世紀の資本主義論」という巻頭論文は、一番枚数も長く、一番書くのに時間を費やした文章である。だが、どの文章も、長さに関係なく、それにかけた苦労という意味では、わたしにとって等価である。それゆえ、どの文章を読んでいただいても、苦労が報われる喜びという意味からは、わたしにとっては等価である。

巻頭論文は、その題名にこめられた気負いから見られるように、もっとも包括的な主題を扱っている。『二十一世紀の資本主義論』が単行本として出版された時には、まさにこの巻頭論文から順を追って読んでいく読者を想定していた。だが、単行本よりも広範な読者を想定する文庫本の場合、それとは別の読み方をしていただいても、いっこうに構わない。たとえば、「短いエッセイ」と題された第II部や「時代とともに」と題された第V部に集められた文章から読み始め、次に第III部に収録された三つの文学的な「長いエッセイ」に目を通し、最後に巻頭論文や「経済学をめぐって」と題された第IV部に入るのも、一つの読み方であるだろう。本とは、一度出版されてしまえば、基本的には著者の手を離れ、読者の所有物となってしまう。それをどのように読むかは、読者にお任せしたい。

ところで、本書の単行本の「あとがき」の日付は、二〇〇〇年一月一日となっている。二十世紀最後の年の正月である。二十世紀という世紀がどういう世紀であったかについては、さまざまな論説がある。だが、それが、資本主義に対抗する社会体制としての社会主義が壮大なる失敗に終わった世紀として、長く記憶されることだけは間違いない。もちろん、資本主義社会も、さまざまな矛盾を抱えており、どのような意味においても理想社会ではない。しかしながら、すでに自由というものを知ってしまった二十一世紀の人類にとって、もはや社会主義にも、そしてかつての共同体にも戻ることは不可能である。なぜならば、自由とは、国家による命令も共同体による規制もうけずに、みずからの目的を追求できることであり、資本主義とは、まさにその自由を経済活動において行使することにほかならないからである。たしかに、資本主義は、拝金主義を助長し、バブルと不況を繰り返し、経済格差を再生産し、地球環境を攪乱し、人口爆発や人口衰退を招いたりする。だが、それだからといって、資本主義を抑圧してしまうことは、自由そのものを抑圧することなってしまうのである。

私たちは、好むと好まざるとにかかわらず、資本主義の中で生きていかざるをえない。二十一世紀という世紀について思考するための第一歩は、まさにこの事実を認識することにあるのである。

このエッセイ集では、長らく私の学問的な関心の中心を占めていた資本主義論や貨幣論に加えて、法人論や市民社会論についての文章も収められている。この小さな文庫本が、すでに二十一世紀に生き始めている読者にとって、資本主義の中で生きるという宿命の中で、何が可能であり、何をなすべきかを考察していくための、ひとつの手がかりになってくれることを願っている。

二〇〇六年五月

岩井克人

初出一覧　＊印は収録にあたって改題

二十一世紀の資本主義論　書き下ろし
＊インターネット資本主義と電子貨幣「ＩｎｔｅｒＣｏｍｍｕｎｉｃａｔｉｏｎ」Ｎｏ・13
　一九九五年七月一日
売買と買売「新潮」一九八六年一〇月号
＊商業には名前がなかった「読売新聞」一九八七年七月二一日夕刊
＊資本主義と「人間」「朝日新聞」一九八五年四月二日夕刊
＊マルジャーナの知恵「毎日新聞」一九八六年一月二七日夕刊
＊ジョン・ローの「システム」「読売新聞」一九八五年七月一八日夕刊
西鶴の大晦日「現代思想」一九八六年九月臨時増刊号
美しきヘレネーの話「季刊思潮」第一号　一九八八年六月
ボッグス氏の犯罪「批評空間」第II期第一号　一九九四年四月一日
＊マクロ経済学とは何か「ＡＥＲＡ Ｍｏｏｋ 新経済学がわかる」一九九八年六月一〇日
ケインズとシュムペーター「日本経済新聞」一九八五年四月三〇日、五月一～四日朝刊
無限性の経済学「日本経済新聞」一九八六年九月六、八～一二日朝刊
貨幣の「靴ひも」理論「日本経済新聞」一九八八年八月六、九～一三日朝刊

ヒト、モノ、法人「日本経済新聞」一九九〇年三月一～三、五、六日朝刊

企業とは何か「日本経済新聞」一九九六年三月六～九、一一、一二日朝刊

*資本主義「理念」の敗北「日本経済新聞」一九九〇年八月一三日朝刊

歴史の終焉と歴史の現実「Ｐｈａｓｅ」Ｎｏ・80 一九九一年四月一日

*日本資本主義を「不純」に「日本経済新聞」一九九二年五月二五日朝刊

*市民社会と日本社会「日本経済新聞」一九九二年一二月三〇日朝刊

*憲法九条および皇室典範改正私案「朝日新聞」一九九六年八月九日朝刊

*大きなアメリカ、小さなアメリカ「朝日新聞」一九九七年五月三〇日朝刊

*契約と信任「日本経済新聞」一九九八年一月一日朝刊

ちくま学芸文庫

二十一世紀《にじゅういっせいき》の資本主義論《しほんしゅぎろん》

二〇〇六年七月十日　第一刷発行
二〇二二年六月五日　第十刷発行

著　者　岩井克人（いわい・かつひと）
発行者　喜入冬子
発行所　株式会社　筑摩書房
東京都台東区蔵前二―五―三　〒一一一―八七五五
電話番号　〇三―五六八七―二六〇一（代表）
装幀者　安野光雅
印刷所　明和印刷株式会社
製本所　株式会社積信堂

ISBN4-480-08998-5 C0133